JN106522

世界3万人の
ハイパフォーマー分析
でわかった

成功し続ける人の6つの習慣

High Performance Habits

Brendon Burchard
ブレンドン・バーチャード
和田美樹
訳

Discover

HIGH PERFORMANCE HABITS

by Brendon Burchard

Copyright © 2017 by High Performance Research, LLC.
Published by arrangement with Folio Literary Management, LLC and Tuttle-Mori Agency.

世界3万人のハイパフォーマー分析でわかった

成功し続ける人の6つの習慣

CONTENTS

先天的な資質を超える：ハイパフォーマンスの探求

SECTION ONE

個人のパフォーマンスを高める3つの習慣

第1章 ［成功し続ける人の習慣1］ すべてを明確にする：目標設定

第2章 エネルギーを高める：心身の健康

［成功し続ける人の習慣2］

第3章

［成功し続ける人の習慣3］

必然性を高める

SECTION TWO

社会的価値を高める3つの習慣

第5章

［成功し続ける人の習慣5］

他者への影響力を高める：説得力・社交スキル

第6章

［成功し続ける人の習慣6］

恐怖をコントロールする：勇気

注釈

本文中の注釈のＰＤＦを二次元バーコードから
ダウンロードできます。
より詳しく知りたい方は、ぜひご確認ください。

https://d21.co.jp/download/ref/performance.pdf

購入者限定特典
「成功を維持する秘訣」

オリジナルコンテンツを二次元バーコードから
ダウンロードできます。
書籍の内容とあわせて読むことで、
６つの習慣について、より理解を深めることができます。

ユーザー名 ▶ discover3046
パスワード ▶ performance

https://d21.co.jp/special/performance

はじめに

「どうして高みを望むことがそんなに怖いのかな？」

私は、大きなオークのデスクの向こうにいるリンにそう問いかけた。
彼女は深く座り直し、一瞬、窓の外を見つめる。ここは42階のオフィスだが、見下ろす海から、目線の高さまで朝霧が立ちのぼっていた。

この質問が彼女に嫌がられることは、訊く前からわかっていた。

リンは、いわゆる「優秀な人材」の一人だ。集中力が高く、仕事をバリバリこなし、クリティカルシンキング（批判的思考）やリーダーシップに長けている。この5年で大きな昇進を3度も果たした。みんなに、次世代リーダーとか、「素養」があると称賛されている、そんな人物だ。
だから、そんな彼女に「怖い」という表現は似つかわしくなく感じるかもしれない。

でも、私は見抜いていた。

彼女は私に視線を戻し、答え始めた。

「いやぁ、別にそういうわけではないと思うんですけど……」

私は身を乗り出して首を横に振った。

するとリンは思い直したようにうなずき、乱れてもいない茶色い髪に手櫛を入れた。

もうごまかしは利かないと悟ったようだ。

「そうですね、おっしゃるとおりかもしれません。私は次のレベルに進むことを恐れてるんです」

その理由を尋ねると、彼女はこう答えた。

「それは、今の段階ですでにいっぱいいっぱいだからです」

すごい人が、すごいワケ

本書は、すごい人がすごいワケと、そうでない人が、自身の可能性を自ら妨げているワケについて書いたものだ。卓越した人、うまくいかない人、そして挑戦さえしない多くの人たちが、それぞれそうなっている理由を、明確かつ的確に示した。

私は、ハイパフォーマーコーチとして、リンのような人たちと多くかかわってきた。成果を出す人たちは、グリットと勢いをバネに、長く懸命な努力を続けるが、まさかのタイミングで停滞したり、情熱を失って燃え尽きてしまったりすることもある。

傍で見ている人には、ただコツコツと着実に進んでいるように見えるが、デキる人本人は心の奥底で、大量の優先事項や機会に飲み込まれ、手足をばたつかせている感覚を覚えていることが多いのだ。何にフォーカスし、どうすれば、自信を持って成功

グリット
重要な目標に向かって努力を続ける不屈の精神。心理学者のアンジェラ・ダックワースによって提唱された。

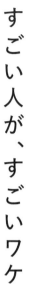

を安定的に再現したり拡大できたりするのだろう。これまでの人生で大きな成長を遂げてきたものの、成功を持続させるための思考と行動の原理原則が定まっていない。実際に能力はある。でも、自分は、一段階上の成功に必要となることをさばききれないかもしれない……とか、大失策を犯すかもしれない……と、絶えず恐れている人が多い。

なぜ苦労を想像して怖気づくのか？　一方で、なぜ一部の人たちは、その認識を振り切り、さらなる高みを目指し、多くの人がうらやんだり、高嶺の花とするような、生き生きと満ち足りた人生と、長期にわたる豊かさを享受できるのだろうか？

本書は、この現象を理解するために、私の20年にわたる研究、10年にわたるエリートレベルのパフォーマンスコーチングから得た洞察、そして世界中の成果を出し続ける人びとに関する膨大なデータをまとめたものである。このデータは、アンケート調査や、構造化面接、専門的な評価手法をもちいて抽出した。これらを利用して、単に成果を出せる人になるだけではなく、**ハイパフォーマー——すなわち、長期的に、心身の幸せと、目に見える成功の両方を達成し続ける人——になるために必要なこと**を明らかにする。

構造化面接
全員に事前に決めておいた同じ質問をする面接手法。

その探求を進めるなかで、**世に広まっている「成功」神話の真実を暴いていこう。**たとえば、グリットや、意志力、練習、また生まれ持った長所や才能だけでは次のレベルに進めない理由を明かす。付加価値を高め、他者をリードし、競合する優先事項や複雑なプロジェクトを管理することが求められる世界では、それだけでは不十分なのだ。

成功し続けるためには、個人的な情熱や努力以上のものを検討する必要がある。**自分の好きなこと、いいと思うこと、生まれつき得意なことの範囲を大きく超えなければ、到底行きつけない。**なぜなら、世の中にとっては、他者にどれだけ有意味な貢献をするかが大事で、あなた個人の長所や個性など二の次だからだ。

あなたの可能性を引き出す「すごい習慣」

これからお伝えする内容は、「これを実践すれば超人になれる」とか「ハイパフォーマーになるためにはそうなる必要がある」と説くものではない。**あなたの可能性を最大限に引き出す方法**だ。人生のさまざまな状況、さまざまな領域での長期的成功に自らを確実に導くための、思考と行動の原理原則と、実証済みの一連の習慣が身につく。

本書で提供する情報を武器にすれば、あなたは、自分の潜在能力を存分に発揮し、心身ともに生気に満ち、他者のことも卓越するよう導く力を持ち、深い充実感にあふれるだろう。しっかりしたパーパスと自己規律をもって行動に移せば、あなたは人生とキャリアの大転換期を迎えることになる。以前にも増してすごい人になるだろう。

パーパス
自身の存在意義や志。

仕事で新しいプロジェクトを始めたり、大胆な新しい夢を追いかけたりするのに、成功に本当に必要なことは何かなどと二度と迷わなくなっているはずだ。

自分のエネルギーをどこに集中させ、どうすれば最大限の貢献ができるかを知ることによって、これまでにないバイタリティと自信がわいてくるだろう。人生初期の成功を収めた後も、どうすれば成長し続けることができるのかがわかる。非常に優秀な人たちと肩を並べて仕事をしたり競争したりするような場面でも、自分がどのように考え、何をすべきかが、正確にわかるようになる。

そして、自分にこう言えるようになるだろう。
「どうすれば常に最大限の能力を発揮できるのかがやっとわかった。課題を解決する自信がついたし、成功を阻む障害を乗り越える力も十分についた。もう一生困らない」

本書で扱う6つの習慣は、多様な性格やさまざまな状況で有効であることが実証されている。フォーチュン500企業のCEOから、芸能人、オリンピック選手、子育てをする親、また世界的レベルの専門家から高校生に至るまで、あらゆる社会的立場の人びとの成果が劇的に変わるのを見てきた。科学的に裏づけられた、効果実証済みの、本格的な人生改革術を探している人には、本書こそがその答えである。

なぜこの本か？ なぜ今か？

私は世界の何百万人もの人びとに自己啓発や能力開発のトレーニングを行ってきた。

そのなかで、特に昨今、どこへ行っても肌で感じること。それは、人びとが、**どうすれば競争に勝てるのか、どうすることが、自分や家族、あるいはキャリアにとって正しい決断なのかわからず、大きな不安に苛《さいな》まれている**ことだ。

自身をスケールアップさせたいが疲れ切っている。懸命に努力しているのにどうしても壁を突破できない。やる気はあるが、自分が具体的に何を望んでいるのかわからない。夢に向かって突き進みたい気持ちはあるが、頭がどうかしているという批判や失敗が怖くて挑戦できない。

それに加えて、容赦ないタスク量、自己不信、仕事以外の面倒な義務や責任、圧倒的な選択肢と責任の量……。疲れるのは当たり前だ。状況が改善されることはけっしてなく、この先も生活の雑事に追われ混迷と失望が渦巻く海を泳ぎ続ける自分をイメージしている人があまりにも多い。

あなたも心当たりがあるなら気をつけたほうがよい。そして、希望を持ち、変化を起こす気があったとしても、正しい方向性と習慣を持っていなければ、刺激に欠け、目的意識を持てず、満たされない人生を送ることになるかもしれない。

もちろん、幸せですばらしい人生を送っている人もたくさんいるが、そうであっても一貫性に問題があるケースが少なくない。**自分の有能さを実感し、時にはピークパフォーマンスを出せたりしても、ピークの向こうには、必ず険しい崖がある。**そのため、パフォーマンスの激しいアップダウンにうんざりし、どうすれば、成長と成功を高い状態に維持できるのか考えているはずだ。彼らに必要なのは、より良い精神状態や気分に入るための秘訣だけでなく、人生とキャリアをトータルでレベルアップさせるための、本格的なスキルと手法なのだ。

それは簡単なことではない。人生をあらゆる意味でレベルアップさせたいという願望は誰にでもあるが、多くの人は、リンのように、夢を追い求めることで弊害が生じることをひどく心配している。人間関係の破綻、経済的破綻、世間からの嘲笑、過剰なストレス、といったものだ。誰でも、そういうことが気になるときはある。

何かを成し遂げる方法を知ってはいても、現状すでに忙しく、ストレスをためながら無理をしているために、将来展望をわざと描かないようにしていないだろうか？

ピークパフォーマンス
パフォーマンスの頂点、すなわち最大限の能力を発揮できる状態。

あなたは、自分のパフォーマンスを一時的にあげることはできるかもしれない。だが仕事のあるプロジェクトは楽勝で成功しても、別の似たようなプロジェクトでは苦戦したり、ある社交場面ではスターになれても、別の社交場面ではそうでなかったり、自分のやる気を出す方法を知ってはいても、Netflixを3シーズン分一気見しただけで一日を終え自己嫌悪に陥る日があったりしないだろうか。

一方で、自分よりも成長が速い人たちがいることにも気づいているかもしれない。複数のプロジェクトを次から次へと優雅にやってのけ、どんな障害があっても必ず成功する同輩の姿を見たことがあるだろう。たとえどんな状況、どんなチーム、どんな会社、どんな業界に放り込まれても、やってのけそうな人だ。

彼らはいったい何者で、どんな秘密を持っているのか？　彼らこそが成果を出し続ける人びとであり、その秘密は彼らの習慣にある。うれしいことに、あなたも、その一人になれる。**バックグラウンドや、性格、短所、活動分野にかかわらず、同じ習慣を活用することができる**のだ。正しいトレーニングをして習慣を身につければ、誰でもハイパフォーマーになれる。私はそのためにこの本を書いたのだから。

成功の基準が変わった

私たちは、平凡な日常と、自分が夢見るすばらしい人生とのあいだにギャップを感じている。それは、この何十年のあいだに、**成功の基準が変わった**からだ。

50年前は、世渡りも競争に勝つことも、今より簡単だったかもしれない。それは、**成功の基準が単純だった**からだ。言い方に違いはあれ、たいていはこんな感じだ。

「懸命に働け。ルールを守れ。頭を低くして、控えめにしていろ。ゴチャゴチャ質問するな。リーダーに従え。時間をかけてクビにならないスキルを習得せよ！」

だが20年ほど前にその基準がつぎのように変わった。

「懸命に働け。ルールを破れ。頭を高くして、堂々としていろ——楽観主義者が勝つ。専門家に質問せよ。君がリーダーだ。急いで答えを出せ！」

今はすべてが混沌としている。仕事が予測可能で、自分が周囲に期待されていることが「決まっていた」時代は終わった。変化が加速した。上司、恋人、顧客が常に新しいものを求めている。しかも今すぐ欲しいと。

あなたの仕事は、サイロ化が解消された分、かつてのように単純ではなくなった。さらにストレスを高めているのが、**すべてがつながっている環境**だ。何か1つ間違えると、ネットワーク全体の他のものにも影響が及んでしまう。ミスはもはや自分1人の問題ではない。皆に知られる全体的な問題となった。

世界は変わった。確実性が低下する一方、期待されることは増えた。今の私たちには、懸命に働け、ルールに従え、頭を低くあるいは高く、といったスローガンこそないが、このような不文律的な規範があるのだ。

「のんびりした朝食時の様子を投稿して友人たちを感心させ、そんなに懸命に働いていないフリをしつつ、裏で懸命に働け。ルールはないのだから、指示待ちをするな。クビにならないよう努力せよ。いつ何が起こるかわからないのだから。質問するのは

サイロ化
組織内の部署や業務に応じた複数の情報システムがバラバラに管理され、情報共有や連携が難しかった状態。

いいが、誰かが答えを知っていると期待するな。各自が先頭に立つことになっているので、リーダーは存在しない。だからとりあえず自分の得意なことを見つけ、そこに付加価値をつけろ。どうせ何事も完全には理解できないから、ひたすら変化に対応し続けよ。明日になればまたすべてが変わるのだから」

こんな環境は不安であるばかりではない。混沌の中で競争に勝つのは、水深3メートルの濁った水の底で走ろうとするようなものだ。先が見えない。必死にもがくが前に進めない。藁をもつかむ気持ちで助けを、水辺を、命綱を探すが、水面も階段も見つからない。あなたはまじめな心がまえと強い労働意欲を持っていたが、それらをどこで生かせばいいのかさえわからない。周囲から頼りにされているが、彼らに指し示す方向もわからない。

溺れているとまでは感じなくても、停滞は感じているかもしれない。あるいは、自分が取り残され、沈んでいくような気がするとか。たしかにあなたは、情熱とグリットと努力だけでここまで勝ち抜いてきた。いくつかの山をのぼってきた。だが、次のような問いに頭を抱えてはいないだろうか。

これからどこへ向かうのか？　どうすればさらなる高みにのぼれるのか？
なぜ他の人たちは私より早くのぼっていくのか？
いつになったらリラックスして落ち着くことができるのか？
仕事とは、常にこうも退屈なものなのか？
私は本当に自分にとって最高の人生を送っているだろうか？

あなたに必要なのは、自分の能力を最大限に発揮するための、確実な一連の具体的行動なのだ。ハイパフォーマーを研究すれば、彼らの成功を後押しするシステムが、日常に組み込まれていることがわかるだろう。**システムこそが、プロと初心者を分かち、科学と机上の空論を分かつもの**なのだ。システムがなければ、仮説を検証することも、進捗状況を追うことも、卓越した結果を繰り返し出すこともできない。自己啓発と能力開発におけるそのシステムや手順とは、つまるところ**習慣**である。

だが、どんな習慣が効果的なのだろう？

よく耳にするアドバイスを信じるな！

私たちがよく耳にするアドバイスはこんな感じだ。

「懸命に働け」
「情熱的であれ」
「自分の強みに集中せよ」
「練習を積め」
「根気強く続けよ」
「感謝の気持ちを持て」

たしかに人受けがよく、ポジティブで、役に立つアドバイスだ。堅実で、いつの時代にも通用する。間違いのない真理。卒業式のスピーチの鉄板ネタとしても確実だ。

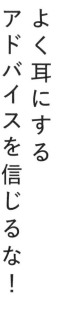

だが、このアドバイスは適切だろうか？

あなたの知り合いに、これらすべてを地で行っているにもかかわらず、自分の望むレベルの成功や人生の充実度には程遠い勤勉な人びとはいないだろうか？

何十億人もの勤勉な労働者が社会の底辺にいるのが現実ではないだろうか？　あなたの地元にも、仕事への情熱は熱いのに停滞している人たちがたくさんいないだろうか？　自分の強みを知ってはいても、それを明確にしきれていないために、新しいプロジェクトが始まっても何をすればいいのかまったくわからず、自分より能力の低い人たちに追い抜かれてばかりいる人を何人も見ていないだろうか？

彼らには「**1万時間の法則**」と言われるように、修練が足りないのだろうか？　だがいくら練習しても、全員が優勝できるわけではない。では姿勢が問題？　もっと感謝し、いろいろなことに気をつけるべきなのだろうか？　しかし、すべてをありがたがって将来性のない仕事や人間関係に耐えている人たちはたくさんいる。

だとすれば、いったい何がダメなのだろうか？

1万時間の法則
マルコム・グラッドウェルが提唱した、ある分野で成功するには1万時間の努力が必要であるという考え方。

よりよい方法の模索

実は私もそんな一人だった。若かった私は溺れていた。19歳のとき、初めて愛した女性と別れて落ち込み、自殺を考えるようになった。まさに暗黒の時代だった。

皮肉なことに、当時の私をボロボロの精神状態から救い出してくれたのは交通事故だった。友人が運転する車に乗っていて、時速85マイル（約137キロ）で走行中に高速道路からはみ出してしまった。2人とも血まみれで恐怖に怯えながらも、命を取り留めた。この事故は、私に「モータリティ・モチベーション」と呼ぶ意欲を授け、私の人生を変えた。

人生は言葉では言い表せないほど尊い。セカンドチャンスを与えられたら――毎朝も、毎回の決断も、セカンドチャンスになる――一度落ち着いて、自分が本当は何者なのか、本当は何を望んでいるのか、はっきりさせてみよう。私の場合、自分が望ん

モータリティ・モチベーション
死を意識すると時間をありがたく感じられるようになること

でいたのは、命を絶ったりすることではなく、生きることだと気づいた。失恋はしたが、愛したい気持ちはなくなっていなかった。セカンドチャンス、すなわち第2の人生を与えられたと考えていた私は、それを意味あるものにして、世の中に変化をもたらしたいと思った。「LIVE. LOVE. MATTER.（生きよ。愛せよ。重要な存在になれ）」、それが私のスローガンになった。同時に私は変わろうと決めた。そして、もっと熱く、人とつながり、貢献できる人生を送るための答えを探し始めた。

まず誰もが思いつくようなありきたりなことをした。自己啓発本を読みあさり、心理学の授業をとり、セルフモチベーション講座のCDを聴いた。自己啓発セミナーにも行ったし、彼らに教えられたやり方に従った。懸命に働き、情熱を持ち、自分の強みに集中し、練習を重ね、根気強く続け、その過程で感謝の気持ちを忘れなかった。結果は大成功。私の人生をがらっと変えてくれた。数年間で、良い仕事、良い彼女、良い友人、悪くない住まいに恵まれたのだ。ありがたいことばかりだった。

ところが、こうした基本的なグッドアドバイスを実践している最中にも停滞が始まり、人生がさほど進展しない時期が6〜7年続いた。もどかしかった。懸命に働き、情熱と感謝の念を持っているのに進めない、進歩を実感できないというのはなかなか苛立たしいものだ。そして神経が磨り減る。力を発揮できることもたまにあるが、疲れ果てていることのほうが多かった。グリットがあり、報酬もそれなりに得ているが、やりがいが感じられない。やる気はあるのだが、たいした勢いが出ない。他者とかかわっても、本当に心を通わせることができない。価値を付加しても、物事を進展させるには至っていない。そんな状況は、私たちの望む人生の展望ではない。

何をもってそう言えたのかわからないが、自分はある程度の成功を収めた。だが自己規律も、能力も、貢献も、自分の望むレベルとは程遠い。もっと速く学び、もっと役に立ち、もっとこの旅路を楽しむために、日常、そしてあらゆる新しい状況下で何をすべきかという厳密なプランが欲しいと思った。

私がこの過程で気づいたのは、「懸命に働け」「情熱的であれ」「自分の強みに集中せよ」といった**従来の成功への定石は、大部分において個別の成果や、人生初期の成功を念頭に置いたもの**だということだ。

これらを守っていれば、あなたは土俵に上がることができ、取り組みを続けることができる。だが、出だしの成功を収めた後はどうだろうか。

良い成績を取る、やりたいことが見つかる、就職する、夢が実現し始める、専門性が身についてくる、お金が貯まる、恋をする、勢いがつく、といったことがいったんかなったら、次はどうするのか？

一流になりたい、リーダーになりたい、長期的な功績を残したい、などの自己実現に役立つ方法は？

どうすれば、次のレベルの成功に到達するために必要な自信を生み出るか？

どうすれば、喜びをもって長期的に成功を持続させることができるか？

どうすれば、他者も同様に成功できるよう意欲をかき立て、力づけることができるか？

これらの問いの答えを見つけ出すことが私の執念となり、最終的には職業となった。

パフォーマンスにまつわる教訓

本書は、以後20年間の探究の集大成だ。私が解明に努めたのは、次の3つの問いだ。

1 個人やチームによって、早く成功し、それを長期的に維持できる人と、そうでない人がいるのはなぜか？

2 成功できる人の中にも、その過程がしんどい人と、なんともない人がいるのはなぜか？

3 そもそも人はどんな動機でより高いレベルの成功を目指すのか？ また、どんな習慣、トレーニング、サポートが、研鑽のスピードアップに役立つのか？

こうした問いへの私の取り組みと研究は、ハイパフォーマンス研究として知られるようになり、私は数多くの、世界で最も成功し、最も幸福度の高い人びとを対象に、インタビューや、コーチング、トレーニングを行うようになった。そこには、企業のCEO、有名人、ハイレベルな起業家、オプラ・ウィンフリーやアッシャーなどの芸能人もいれば、子育てをする親、数十の業界の専門職、そして私のオンライン講座やトレーニング動画の受講者、**195カ国160万人以上**が含まれる。

仕事の舞台は、張り詰めた空気の役員室や、スーパーボウル（全米アメフト優勝決定戦）のロッカールーム、オリンピックの競技場、億万長者たちと同乗したプライベート・ヘリコプターなどもあった一方、世界各国のレストランで食卓を囲みながら、受講生や、調査の被験者、人生向上を目指す一般の人たちと話すことも多かった。

そうした活動の産物として、ハイパフォーマンス関連で世界一の人気を誇るオンライン講座や、最大の購読者数を持つニュースレター、アンケート調査で集めたハイパフォーマーの性格特性の最大のデータセットができた。

ハイパフォーマンス・インスティテュートの設立もその一環だ。この研究所では、成果を出し続ける人がどのように考え、行動し、他者に影響を与え、成功しているのかについて研究し、世界で唯一有効性が確認されたハイパフォーマンス診断や、この分野で初のハイパフォーマンスコーチ認定プログラム「Certified High Performance

Coaching™」を創設した。

ハイパフォーマンス・インスティテュートは、幸運にも、世界のどの組織よりも数多いハイパフォーマーの育成、コーチング、能力測定を行っている。私自身で、年間200人以上のエリートレベルのハイパフォーマンスコーチを認定している。

本書には、こうした取り組みから得られた洞察が満載だ。20年にわたる私自身の自己啓発と自己実験だけでなく、何千人ものクライアントへのコーチング介入から得られたデータ、対面講習の参加者数千人の詳細なビフォー・アフター評価、各分野の第一人者数百人を対象とした構造化面接、学術文献のレビューから集めた洞察、講座受講生や、1億回以上再生されている無料のオンライン・トレーニング動画視聴者からの何十万ものコメント。膨大なデータセットと20年の経験をもとに、プライベート生活と仕事の両方で効果が実証された習慣を発見した。その過程で学んだ教訓を以下にまとめる。

正しい習慣を身につければ、どんな活動分野でも、誰でも劇的に成果を挙げ、成果を出し続けることができる

パフォーマンスは、年齢、学歴、収入、人種、国籍、性別とは強い相関関係を持たない。よく使われる成功できない言い訳の多くは、理由として単に間違っている。高いパフォーマンスは、ある種の人間が発揮するものではなく、ある種の習慣によって実現するのだ。それが私の呼ぶところの「成功し続ける人の習慣」である。

その習慣は、**経験や、長所、性格、社会的立場に関係なく、誰でも身につけることができる。**これ以上前進できず悩んでいる人は、本書を読めば、人生を再生させ、競争に勝ち、潜在能力を十分に発揮できるようになる。また、すでに成功している人は、次のレベルに到達するために活用できる。

習慣にも良し悪しがある

人生と仕事で自分の可能性を最大限に発揮するための習慣にも、ピンからキリまであることがわかった。効果的な習慣を手に入れるためには、日常でどのような行動を選び、どのように順序づけるかが重要となる。私の研究チームの特筆すべき成果を挙げるとすれば、**どの習慣が最も重要なのか、そして、その習慣を強化し、持続させるには、どのような行動をすればいいのかを解明した**点だ。

たとえば、感謝日記。これを始めれば、より幸せを感じられるだろう。だがそれだけで、新しい朝のルーティンを始めただけで、生活や人生全体のパフォーマンスと幸福感を大きく向上させることができるだろうか？

では、どこに重点を置けばいいのか。それこそ本書でこれから紹介する6つの習慣だ。（ちなみに答えはノーだ）そして習慣には、**戦術的に競争に勝つためのものと、戦略的に人生を楽しむためのもの、2種類がある**ことも学んでもらう。

課題は、タスクの完了自体ではなく、価値観と一致した行動

これを読んでいるあなたの課題は、おそらく、タスクをこなすこと自体ではないだろう。あなたは、目標を設定し、チェックリストを作成し、ToDoリストをやっつける方法はすでに知っていて、自分の選んだ分野で卓越することに力を注いでいるはずだ。それなのにけっこうなストレスと重圧を感じているのではないだろうか。

いくら遂行能力があっても、すべてのデキる人が本書で学ぶべきことがある。それ

は、**あなたが優秀なばかりに周囲が多くの仕事を振ってくるかもしれないが、そんなことをされる筋合いはない**ということだ。「できるタスク＝重要なタスク」とは限らない。できることがたくさんあるあなたにとって重要な問いは、「どうすればより多くのことをこなせるか？」ではない。**「自分がどう生きたいか？」**なのだ。達成すること自体が目的化し、ひたすら外的成功を追い求める生活から脱出しよう。

「絶対」は成長とパフォーマンスの敵である

この世界の混沌の中で「絶対」を求める人のなんと多いことか！「絶対」は愚か者が夢みること、つまりはペテン師の売り文句だ。**「絶対」という言葉は、最終的にはあなたの判断を鈍らせ、間違った、あるいは思い込みの限界を植えつけ、ネガティブ思考につながる無意識の習慣をつくり、あなたがライバルに追い越される隙をつくる。**

信じて疑わない人は、新しいことを学ぶ姿勢がなく、定説にきわめて弱く、イノベーターに不意打ちを食らって、先を越される可能性が高い。一方、成果を出し続ける人は、若さゆえの「絶対」への欲求を卒業し、好奇心と本物の自信に置き換える。

テクノロジーでは私たちは救われない

私たちは、新しいガジェットが自分たちを、より賢く、速く、良くしてくれるという、魅力的な世界像を信奉してきた。だが、そのブームの裏側も見え始めている。

道具は知恵の代わりにはならない。世界中のあらゆるガジェットを手に入れ、歩数から、睡眠時間、心拍数、一日の一瞬一瞬までを記録し、スコア化し、ゲーム化する「自己定量化」のムーブメントに飛びつくのはいい。だが、常にインターネットにつながり、追跡していても、孤独で悩んでいる人もたくさんいる。さまざまなアプリや測定値にはアクセスしていても、自分の本当の志や魂を見失っている人も多い。

テクノロジーも私たちの生活を向上させてくれるが、最も効果的なのは、結局のところ、高いパフォーマンスを発揮するためのシンプルな人間の習慣だ。

高いパフォーマンスを出し続ける

本書における「(高い)パフォーマンス」とは、**長期にわたり、一貫して、標準的基準を超えた成功を収める**ことを意味する。

ハイパフォーマーは、その活動分野における成功がどのように定義されるにせよ、ともかく、より長く、より優れた成果を出し続ける人や、チーム、企業、文化などを指す。しかしパフォーマンスの高さは、たゆみない向上のみを意味するわけではない。多くの人は、向上はしていても、大成功というほどではなく、前進のペースがその他大勢と同じでゆっくりなのだ。また進歩はしていても、真の意味で大きな影響を及ぼす人は少ない。ハイパフォーマーは常識を打ち破り、常に期待値や成果を上回る。

またパフォーマンスの高さは、単に専門知識を深めることとも違う。新しいスキルや言語を習得したり、チェスの名人や世界的ピアニスト、CEOになったりするだけではハイパフォーマーとは言えない。**成功し続ける人は、いかなる分野であれ、単一のタスクやスキルに長けていることに加えて、専門的な知識やスキルを補完する周辺能力も習得している。**成功を長続きさせ、他者をリードするための複数のスキルセットを持つ。人生の複数の領域で卓越できる習慣を実践しているのだ。

スーパーボウルで優勝したクォーターバックは、ボールの投げ方だけを知っているわけではなく、メンタルの強さや、栄養学、自己規律、筋力や柔軟性のトレーニング、契約交渉、セルフブランディングなど、さまざまなことをマスターする必要があったはずだ。どのようなキャリアでも、ハイパフォーマンスの領域に到達できる人は、その仕事に付随する多くの領域において有能でなければならない。

「長期にわたり、一貫して」という言い方は重複表現のように聞こえるかもしれない。だが実は**「長期にわたり」と「一貫して」は、似て非なる意味を持つ。**

ハイパフォーマーなら、10年間努力を重ねてきた末に、最後の最後で成功するといった、ラストスパートで成功のフィニッシュラインを突破するようなサプライズウィナーにはならない。彼らは繰り返し期待を上回る仕事をする。彼らの努力には、同僚には真似できない一貫性があるのだ。

この「長期にわたり、一貫して、標準的基準を超えた成功を収める」には、自分の心身の幸せを守り、良好な人間関係を維持し、他者に貢献しながらレベルアップできるようになる習慣が必要だ。**自分自身を追い込んでしまっては、基準を上回る成果は出せない。**

「強みに集中せよ」とか「1万時間の法則」といった、よく知られた教えでは対応しきれないのはここだ。すばらしい強みを持っているが、成功を追い求めるあまり健康を害し、パフォーマンスを維持できない人はたくさんいる。また、練習に異常なほど打ち込んだり、時間をかけたりするあまり、自分の持続的成長を支えてくれるはずの人間関係を棒に振ってしまう人も多い。上達を助けてくれていたコーチを遠ざけてしまう、恋人や配偶者との関係が壊れる、感情的にも疲弊して続けられなくなる、投資家を怒らせ、成長し続けるための資金が入ってこなくなる、といった事態に陥るのだ。

あなたには、成功するだけでなく、ポジティブな感情と人間関係に満ちた健全な人生を送ってもらいたい。

高いパフォーマンスを出すことは、私が定義しているとおり、またデータでも裏づけられているとおり、なんとしてでも競争に勝とうとするものではない。人生のあらゆる領域で優位に立ち、それらを豊かにする習慣を身につけることを最重要課題とする。

本書の提唱する習慣は、個人だけでなくチームや組織にも有効だ。

今、経営幹部の多くが、エンゲージメントやパフォーマンスの低い企業文化と闘っている。彼らは大胆なビジョンを持って、社員を駆り立てたいと躍起になっている一方で、社員が燃え尽きていることに気づいてもいる。本書から、自社を健全化し、パフォーマンスを発揮できる可能性を知ることができるはずだ。

自社の卓越性を強化したいリーダーに伝えたい。これを実践すれば、あなたの組織はきっと前回よりも健全に、迅速に、自信を持って、一段階上の成功に到達できる。より良い生き方やリーダーシップは存在し、その方法は解明されている。本書で紹介する習慣は、的確で、実行可能で、再現性、拡張性があり、持続可能である。

ハイパフォーマーについてわかったこと

さて、長期にわたり、一貫して、標準的基準を超えた成功を収める人びとについて、私たちが発見したこととは何か？　それは次のようなことだ。

同輩よりも高い成果をあげているが、感じているストレスは彼らより低い

成功を重ねるにつれ、より多くの負荷と不安が生じ、それらに笑って耐えなければならないという俗説は、神話にすぎない。あなたは、生き残るために戦ったり、尻を叩かれてやり抜いたり、燃え尽きたりする多くの人びとの苦労とは程遠い、並外れた人生を送ることができる。ハイパフォーマーとて、絶対にストレスを感じないわけではなく、しっかり感じている。ただ、彼らは対処が上手い。**レジリエンスが高く、疲れや注意散漫、重圧などに見舞われてもパフォーマンスがさほど低下しない**のだ。

レジリエンス
困難から立ち直る力。

挑戦が大好きで、逆境にめげず目標を達成する自信を持っている

人生におけるわずかな苦労も避けたがる人があまりにも多い。自分には対処しきれないのではないか、批判されたり拒絶されたりするのではないかと恐れている。だがハイパフォーマーは違う。自分を疑うことが絶対ないわけではないが、**新しいことを試すのを楽しみにし、自分自身の問題解決能力を信じている。**困難に尻込みしない姿勢は、人生における進歩に役立つだけでなく、周囲の人びとをも感化する。

同輩よりも健康的である

彼らはより健康的な食事をし、運動もよくしている。ハイパフォーマンス指標のスコアが上位5パーセントのハイパフォーマーが週に3回以上運動をしている割合は、残りの95パーセントに比べて、40パーセント高い。誰もが健康を望むが、成功を目指すなら健康などにかまっていられないのではと思う人も多いだろう。だが、それは間違いだ。私たちの調査では、**ハイパフォーマーたちは、精神的にも、感情的にも、肉**

体的にも、仲間より活力があると繰り返し示されている。

幸福感が高い

多くのことを成し遂げても満足できない人がいるが、これはハイパフォーマーには当てはまらない。私たちが発見した成功し続けるための習慣はどれも、たとえ単一で実践したとしても、人生の幸福度を高めてくれる。だが本書の6つの習慣をまとめて実践すれば、卓越した能力が身につくだけでなく、より幸せにもなれる。それがデータで証明されているのだ。**ハイパフォーマーに特徴的な心の状態——エンゲージメント、喜び、自信といったポジティブな感情は、あなたも持つことができる。**

人望が厚い

ハイパフォーマーは、自分が能力で追い越した仲間からも真に尊敬されている。なぜかというと、自分のエゴよりも周囲への貢献を優先しているからだ。彼らは、相手に尊敬・重視・感謝されていると感じさせ、その人自身をハイパフォーマーに育てるように接しながら人を動かす技を心得ているのだ。

より高い学業成績や、より高いポジションでの成功を収める

ハイパフォーマンスはＧＰＡと統計的に相関している。大学スポーツ選手２００人を対象に私たちが行った調査では、パフォーマンスの潜在能力を測定する評価ツールである**ハイパフォーマンス指標のスコアが高いほど、ＧＰＡも高い**ことが判明した。また、ハイパフォーマーは、企業のＣＥＯや経営幹部になる確率も高い。成功し続ける習慣が、リーダーシップの発揮や組織内での昇進に役立つからだ。

GPA
Grade Point Averageの略。高校・大学の各履修科目の5段階評価を数値に換算した評定平均値。

従来的な報酬に関係なく情熱的に仕事をする

パフォーマンスの高さは、報酬とは相関しない。つまり、給与の額いかんでハイレベルな成果が出る確率や能力が変わることはない。ハイパフォーマーたちが懸命に働くのは、お金のためではなく、必要性と呼ばれるもののためである。勲章的なものや賞賛やボーナスのためでもなく、やりがいのためだけにがんばっている。そのため、

彼らはアンケート調査でも、必ずと言っていいほど、収入レベルに関係なく、やりがいを感じていると答えている。そして「仕事が割に合わない」「働きぶりが評価されない」と感じることはめったにない。それは、**彼ら自身が、パーパスをもって仕事に取り組んでいる**からである。パーパスがあると、より高いエンゲージメントと自信と満足感を実感できるのだ。

（正当に）アサーティブである

ハイパフォーマーが新しいことに臆せず飛び込んだり、はっきり意見を言ったりするのは、「勝つ」ためとか競うためではない。彼らのアサーティブネスは、**新しい考えを共有したり、複雑な会話に入っていったり、本音や夢を語ったり、自分のために立ち上がったりする勇気を持つ**という習慣のひとつに起因する。彼らはまた、他者のために主張したり、他者の考えを積極的に支持したりすることも普通の人より多いと、調査結果が示している。率直でインクルーシブなリーダーにいつでもなれるのだ。

アサーティブ
高姿勢や攻撃的にならずに言うべきことをはっきり言う態度。

インクルーシブ
多様性を認め合うこと。

自分の強みを超えた視点で貢献をする

自分の生まれつきの「強み」に焦点を当てるべきだという神話がある。だが、自分探しの時代はもうとっくに終わった。成長・貢献ができ、リーダーシップをとれる人間になるためには、生まれつきの資質を超えて、自己を開発していく必要がある。ハイパフォーマーはそれを心得ており、「自分の強みを探す」ことよりも「状況に応じた貢献」、すなわち、変えなければならないところを探り、それを変えられる人間に成長することを意識している。「自分は何者か？　自分は何が得意なのか？」と問うよりも「ここで必要とされている仕事は何か？　それを実現するには自分がどのように成長し、どのように他者を導けばいいのか？」と問う。実際アンケートでも、**ハイパフォーマーたちが、自分の強みを伸ばす努力を他の人以上にしているとは示されなかった。**ハイパフォーマーの優位性は、個々の強みに起因するものではない。

桁外れに生産的で、質の高いアウトプットを大量に生み出せる

彼らは、いかなる分野でも、重要で質の高いアウトプットを他の人より多く生み出す。ハイパフォーマーは単にたくさんのことをこなすのではなく、**その関心分野で重要性の高いことを多く成し遂げる**のだ。彼らは、常に重要なことのみを重要視することが重要だと意識している。そのフォーカスと、意味のあるアウトプットだけを生み出そうとする努力が、彼らの卓越性を高めている。

適応力のあるサーバントリーダーである

私の研究が、流行りの世界のトップエキスパート研究と一線を画しているのは、**孤高のエキスパートや並外れた人物を追い求めてはいない**点だ。

ハイパフォーマーは、周囲の人間に大きな影響と価値を与える。多くの場合、困難な状況に適応し、部下も成功や貢献ができるよう導くことができるリーダーである。彼らは、そんなリーダーとして、複数のプロジェクトを渡り歩いても、繰り返し成功する。たとえどんな状況、どんなチーム、どんな会社、どんな業界に放り込まれても、やってのける。それは、他者にもポジティブな影響を与えて引き上げる能力があってこそだ。単なる天才や一匹狼には無理だろう。**ハイパフォーマーは、スキルを育てる**

サーバントリーダー
部下を支配するのではなく、明確な指示を与えたうえで、部下が仕事をしやすいよう環境を整え支えるリーダー。

だけでなく、人をも育てる。

こうして特徴を列挙すると、ハイパフォーマーはまるで無敵の必殺仕事人のように聞こえるかもしれない。だが、それはまったく違う。これらは、ハイパフォーマーの一般的特徴を概略的に述べただけで、当然、個人差や多様性が入る余地はいくらでもある。10人が10人とも上記に当てはまるわけではない。それでも、本書で紹介する習慣を実践していれば、ここに挙げた利点を自分のものにし、並外れた人生を送れる可能性がだんだん高まってくる。

上記の特徴が、まだ一つも自分に当てはまらなくても、心配は無用だ。ハイパフォーマーとてその資質を持って生まれたわけではない。私が100万人以上にトレーニングを行ってきた経験から言えるのは、**ハイパフォーマーに超人は存在しない**ということだ。そのパフォーマンスは、生まれつきの長所ではなく、ある行動を続けた結果。それらを習慣として身につければ、ほぼどのような活動分野でもハイパフォーマンスに到達できる。その結果は、測定可能かつ証明可能なのだ。

HP6
――成功し続ける6つの習慣

私の研究とトレーニングのアプローチは、**特定の習慣が、競争優位性をもたらし、平均的な人を高いパフォーマンスを出せる人に変える**、という発想に基づいている点が特徴である。ハイパフォーマーは、長期的な成功に到達し、それを持続させるのに最も重要な6つの習慣を、意識的あるいは成り行き上必然的に身につけたにすぎない。

私たちはその6つの習慣を「HP6」と呼んでいる。1. 明確性、2. エネルギー、3. 必然性、4. 生産性、5. 影響力、6. 勇気から成る。これらは、ハイパフォーマーがあらゆる目標、プロジェクト、チーム、人にかかわるうえで、継続的に行っていることを類型化したものである。どの習慣も、人生のあらゆる場面で、学習可能、改良可能そして展開可能だ。これらは、今日からでも使え、あなたを向上させる。後章でそれぞれについて述べ、習慣を確立するための行動を紹介していく。

だがＨＰ６に入る前に、**「習慣」**という言葉についてひと言述べておきたい。

習慣は一般的に、**何かを繰り返し行ううちに、そうするのが癖になること**を指す。私たちは、覚えやすい単純な行動を繰り返し、それに対する報酬を得ると、じきに、意識せずとも自然にできるようになる。靴ひもの結び方、車の運転、キーボード入力。何度も繰り返したことから、自動的な動作になる。


だが本書で述べるＨＰ６は、そのような習慣ではない。意識せずにできるようになるようなものではなく、大きな戦いに挑んだり、山頂を目指して努力したり、他者をリードしたりする際に、**しっかり意識すべき心の習慣**だ。自身の人格を強化し、成功の確率を高めるために、意識的に選択し、念頭に置き、継続的に見直す必要がある。

パフォーマンスを向上させるうえで本当に大事な心の習慣は、無意識にできるようなものではない。長くやってさえいれば自然に、あるいは簡単にできるようになるものではないのだ。なぜなら、より大きな成功を求めるほど、世界がより複雑になっていくからである。高いところへ行けば行くほど、足元に気を配る必要がある。

これらの習慣は、一朝一夕には身につかない。実践するには、特に新しい状況が生まれた際は、かなり神経を注ぐ必要がある。行き詰ったり、新しいプロジェクトを始めたり、自分の進歩を測定したり、他者を導こうとしたりするたびに意識しなければならないのだ。パイロットが行う飛行前点検のような、事前確認用チェックリストとして必要なのである。

だが、これはむしろいいことだと私は思っている。自分のクライアントが、無意識に、受動的反応として、あるいは、衝動的に人に勝とうとしてしまうのは、私の望むところではない。**勝つために何をすべきかを知ったうえで、しっかりした意図とパーパスを持って実行してほしい**のだ。あなたには、自分のしていることを自分で仕切り、意識し、明確にできるようになってほしい。そうすれば、自分のパフォーマンスがどんどん向上していくのがわかり、他者の向上をも助けることができる。

これから学んでもらう成功し続ける人の習慣を実践できるようになるには、かなりの努力が必要になるが、努力を尻込みしないでほしい。

チャンスの扉をノックした結果、「努力」が現れても、驚いてはいけない。

人生を向上させるうえで肝心なのは、たやすさではなく、成長である。6つの習慣は、絶えず注意と努力を払う必要があっても、あなたに大きな変化をもたらすことは、データでも明らかになっている。高いパフォーマンスを出すには、人生のあらゆる場面で生涯にわたってこれらの習慣を意識し、実践し、養っていく努力が必要なのだ。

真の成功——すなわち、全体的かつ長期的な成功は、生まれ持ったものや、確実なこと、便利なこと、考えずに済むことからは得られない。多くの場合、偉大さへの旅路は、あなたの中で、挑戦や貢献を必要とする大目的のほうが、心地よさや「絶対」を求める気持ちよりも重要になった瞬間に始まる。

あなたが今持っているスキルや強みは、一段階上の成功に到達するにはおそらく不十分だろう。したがって、弱点を克服し、新たな強みを伸ばし、新たな習慣に挑戦し、自分の考える限界や才能を超える努力をする必要がないほうがおかしい。あなたにとって容易なことに集中すればいいという安易な解決策を提唱するつもりはないのはそのためだ。この先、多大な努力が必要になるだろう。

あなただけの成功マニュアル

習慣の他に多くの人の足かせとなっている要因は何だろう？　私の経験から思うに、自分は次のレベルに進む資格がない、まだ早いと感じている人が多い。自分の価値を疑ったり、昇進や資格、賞などの外的な承認が必要と思ったりして、より大きなことに着手できないでいるのだ。

そうした考えはもちろん間違っている。**あなたにも、他の誰もと同様に、並外れた成功を収める権利はある。**そして、あなたが自分らしく生きはじめるのに誰の許可も必要ない。必要なのは計画だけだ。約束する。本書にはその計画が記されている。

また「どうして今あるものに満足できないのか？」という声が強い環境で、より大きな成功を追い求めずに生きてきた人も少なくない。そう言う人たちは、ハイパフォーマーのことを知らない。今あるものに大いに満足しながら、成長と貢献をしようと努力する道もあるのだ。だから、自分の人生を良くしたいという野心を、他人にとやかく言わせないことだ。

何があっても、周囲に遠慮して自分自身や自分の夢を小さく見せてはいけない。**より多くを望むことは悪いことではない。**新たな野心を恐れなくていい。ただ、前回よりもっと焦点を絞り、もっと鮮やかに、もっと満足感を持てるようにその夢に到達する方法を学んでおこう。

次章では、ハイパフォーマンスの6つの習慣「HP6」を紹介し、それらをどのように特定したのかを詳しく説明していく。どのような科学に基づいて発見されたものなのかを知れば、このアプローチの意味合いと効力がより深く理解できるだろう。

そして6つの習慣の1つひとつを取り上げていく。各習慣に1章を割いて、その習慣を確立するための行動を3つずつ伝授する。

先に断っておきたいことがある。

1つめ。私は、あなたのガイドとなり、新しい考え方を提示し、その過程であなたを挑発し、あなたが本当に大事なことにもっと意識を向けるよう導いていく。時折熱くなりすぎることもあるかもしれないが、そこのところはお許しいただきたい。10年にわたってすごい人たちをコーチングしてきた経験から、努力の先に待つ結果のすばらしさを知っているがゆえのことなのだ。

2つめ。私は、ポッドキャスターや学者とは違い、測定可能な結果を出さなければ報酬を得られない。そして、世界中のあらゆる社会的立場の個人とチームに対してその結果を出してきた。実践者がどう変わるかを目の当たりにしてきたのだ。そして今この瞬間も、それについて書くだけでワクワクしている。私がこのことをぜひ広めたいと思う情熱の源泉は、効果が現れた受講生たちを見てきた経験だ。しかもその効果は、データによって繰り返し証明されている。しばしば私のテンションが高くなりすぎる点もご容赦願いたい。この研究の話になると、どうしても熱が入ってしまうのだ。

最後にもうひとつ。本書のなかで、ときにあなたに厳しい質問をしたり、面倒くさそう、あるいはやりにくそうな行動を提案したりする箇所がある。対面のコーチングセッションでは、「全力を出すよう私が圧をかけたり、はっぱをかけたり、強く求めたりすることもあります」と、前もって承諾を求めている。それと同じだ。この本を選んでくれたあなたは、すでに旅路への覚悟ができているはずだと信じている。

ここで、後の章では触れない事柄も1つ述べておきたい。私は本書をできるだけ実用的なものにするよう腐心した。**あなたの知らない人たちのエピソードや、あなたがおそらく気にかけないであろう学術的詳細などよりも、あなたの人生を良くするために使える戦略を優先している。**

だから、この本が人間心理学や達成の科学のバイブル本だと言うつもりはない。本書は、私が20年の経験から得た洞察を、あなたのために、実践的なロードマップに濃縮しようという試みだ。ただし、取り扱う範囲がこれだけ広いと、どうしても一般論や答えのない問いを排除できず、私はせめてそれらを指摘することに最善を尽くすしかなかった。

本書の内容を実践的な習慣に絞り込むのは難しかった。初稿は1498ページに及んでしまい、何を削るか、難しい選択を迫られた。その判断をするのに役立ったのが、非常に多くのハイパフォーマーに教わった、前述のアドバイスだった。

常に重要なことのみを重要視することが重要。

本書における「重要なこと」は、あなたがすごい人になるための習慣を教えること。

それらの習慣を概念的に理解し、自信を持って実践できるようにすることだ。

結局カットすることになったのは、読みものとしてはおもしろく、考えさせられるコンテンツだ。歴史上の人物や、現代の指導者のプロフィール、実験室での実験に関する興味深いエピソードなど。なぜなら、こうした内容は、本書よりも、私のブログやポッドキャストに向いていると考えたからだ。

このような選択をしたのは、本書を、ケーススタディや学術的メモを集めた本というより、ユーザーマニュアル的なものにするためだ。ハイパフォーマーとのコーチングセッションの場面描写や、私たちの幅広い研究結果もたくさん紹介しているが、大部分において、あなたが一段階上に到達するために実際になすべきことに主眼を置いている。ヒューマン・エピソードやケーススタディをもっと見たい方は、私のウェブサイトBrendon.comより、ブログやポッドキャストをチェックしてほしい。そして、学術的なアプローチや、私たちの方法論をより深く知りたい方はHighPerformanceInstitute.comを閲覧してほしい。

本書は、あなたが生涯にわたって何度読み返しても、有用性、正確性を保てるよう、時代に左右されずに役立つ指南を心がけた。よく受講生から、私は、ハイパフォーマンスの習慣や行動を、どう実践して今に至るのかと訊かれるので、私個人の例も共有している。とはいえ、それもつまるところ私自身がハイパフォーマーたちから学んだ振る舞いを実践しただけである。

あなたのパフォーマンスを向上させるうえで最も重要なのは6つの習慣なので、特定のハイパフォーマーの食生活やら、子ども時代、愛読書、朝のルーティン、愛用アプリといったディテールに多くのページを割いていない。個人差が大きいだけでなく、どれもパフォーマンスとの強い相関関係が認められていないからだ。ハイパフォーマーの人となりや個人生活ではなく、パフォーマンスについて、実証済みのルーティンを伝授する。

とにもかくにも、この本の主役はあなただ。あなた自身が持つべき考え方、人生において意識的に実践すべき習慣や行動について、きっと多くのヒントがあるはずだ。

さあ、今すぐはじめよう

あなたが多忙なのはわかっている。今日だってすべきことがたくさんあるだろう。私に好奇心をかき立てられ、すぐにでも人生向上に取り組もうと意欲を燃やしているかもしれない。

一方、あなたの関心がすぐさま行動に結びつかない可能性も想定される。そこで、まずは今日、はじめの一歩を踏み出すために、今すぐできることを2つ提案したい。

1 私のウェブサイトでパフォーマンス診断を受ける

安心してほしい。診断は無料で、所要時間もたった5~7分だ。結果は、ハイパフォーマンスと相関する6つのカテゴリーのスコアで提示される。うまく行っているカテゴリーと行っていないカテゴリーがわかる。この診断によって、自分の現在のキャリア路線で、長期的目標や夢を達成できる確率が予測できる。診断のスコアが出たら、講座案内や、その他の情報を見ることができる。そしてそのリンクや結果を仲間とシェアすることも可能だ。自分と他の人たちのスコアを比較するのは歓迎だが、必ず本書に戻って、向上の方法を学んでほしい。

2 今日中に第1章と第2章を読む

そう、今すぐにだ。そんなに時間はかからない。とりあえず次の2章を読むことに専念すれば、目標が何であれ、あなたの長期的成功を助ける、統計的に有意な要因がわかる。向上するための測定可能な方法を学び取ることができ、もう二度と、長期的成功を達成するためには何が一番重要なのか迷うこともなくなるだろう。

ハイパフォーマンスは、あなたにも発揮できる。並外れた人生があなたを待っている。さあ、今日からはじめよう。

先天的な
資質を超える:
ハイパフォーマンスの
探求

私の人生を変えた1通のメール

ブレンドンへ

私は性格診断のMBTIでINTJ型でした。しかし、それでわかった私の性格や能力がどう成功につながるかについては、まったく言及がありませんでした。今のことも、数年先のことも。

またストレングス・ファインダーによる私の上位2つの強みは「成長促進」と「達成欲」でした。これらもやはり、私の物事を成し遂げたり、具体的な成果をあげたりする能力はどうなのかは教えてくれません。

そしてコルベで最もスコアが高い指標は「クイック・スタート（変化への志向性）」です。でもこれがわかったところで何の意味もありません。生まれてから長いあいだ実生活に適応するために、不得意な領域、「ファクト・ファインダー（詳細な事実や情報への志向性）」「フォロー・スルー（秩序や規則性への志向性）」「インプレメンター（空間や物体を扱う器用さ）」も私なりにも向上させてきたからです。

MBTI
世界50カ国で採用されている、ユングのタイプ論に基づいた性格診断、マイヤーズ・ブリッグス・タイプ指標。93の質問にYes/Noで答えると、16種類の性格タイプの1つに分類される。

ストレングス・ファインダー
アメリカのギャラップ社が開発した「強みの元＝才能」を見つけ出す「クリフトンストレングス・テスト」。上位資質5つが診断できる。

私は緑色より青が好き。

チンパンジーよりはライオンに近い。

グリットはあるが、ものぐさで、四角よりは丸に自分を重ねる。地中海式食事が多いがハンバーガーも好き。人と接するのは好きだが、しばらくすると、紅茶と分厚い本を抱え一人きりになりたくなる。週に1回ホール・フーズで食料品を買うが、ランチは、安いメキシコ料理に行くことが多い。

こうしたことはどれも、私の能力や成功確率、将来のパフォーマンスの指標としてはまったく意味をなしません。


だからお願いですから、私を型にはめて特定の「タイプ」に分類したり、私の「強み」や育ちが何らかの優位性をもたらすと仮定するのはやめていただけませんか。どのような手法であれ、人をタイプ分けしてもろくなことはありません。あなたも、こうした診断は、私自身について探求し学ぶためのものであり、私をタイプ分けしたり誘導したりする目的ではないと言ってはいますよね。

しかし、私の「強み」とされるものがわかってもなお、それが競争に役立つことは

コルベ
教育者、起業家、コンサルタントのキャシー・コルベが開発した「コルベAインデックス」。人の生得的本能と行動傾向を4つの指標に分け、それぞれの割合を出す。

ありません。**私の生まれながらの傾向は、キャリアでは役目を果たさないのです。**

私がどんな人間かとか、私が何を好むか、私が何を生まれつき得意とするかなんて、誰が知ったことかという場合が少なからずあるのです。大事なのは、私が任務を果たせるようにレベルアップできるかどうかであり、任務を私の限られた強みに合わせてレベルダウンさせられるかどうかではありません。

あなたは、人のバックグラウンドについてもよく訊きますよね。私は中西部の出身ですが、今はカリフォルニアに住んでいます。私の母は、女手一つで私と妹を育ててくれました。昼は美容師、夜はビュッフェレストランの受付をしていました。父は、私が14歳のときに、母と私たちを捨てて出ていきました。私の学校の成績は普通。いじめられたことは1～2回しかありません。大学時代はゴルフが大好きでした。大学卒業後の5年間で、最悪の恋愛を2度経験しました。解雇されたことも1度あります。でもいい友達が何人かできたおかげで、徐々に自信がつきました。今の仕事に出会ったのは偶然のようなものですが、すばらしいと思っています。

こうしたバックグラウンドの中にも、私の潜在能力を示唆する要素は皆無です。今の私が人より抜きん出るための決定的なヒントや道筋はどこにもありません。

正直に言わせてください。あなたは好んで性格診断を使ったり、バックグラウンドを訊いたりしていますよね。しかし、過去や生い立ちのストーリーは誰にだってあるものですから、それらが人に優位性をもたらしているわけではないのは明白です。

私の言いたいこと。それは、自己分析ならいくらでも自分でできるということです。私があなたにコーチングを頼んだのは、次のレベルに進むために何をすべきかを教えてほしかったからです。

性格うんぬんに関係なく役に立つのは、どんな習慣や行動なのでしょうか? ハイパフォーマーがどんな人たちなのかではなく、彼らが、具体的に何をしているのかを詳しく教えてください。どんなプロジェクトにも適用でき、再現可能な行動。そのくらいの具体性がほしい。それが究極の目当てです。

あなたがそれを見つけてくれるなら、私はクライアントとして生涯あなたについていきます。さもなければ、そろそろお別れすべきかと思います。

私にこのメールを送ってきたのは、私がコーチングを始めた頃のクライアント、トムだ。これは私にとって、控えめに言っても驚きだった。トムは、重役として成功している、心やさしい人だった。とても協力的で、いつでも新しいことに躊躇なく挑戦した。そんな彼が、「究極の目当て」を私が提示できなければ関係解消という最後通告をしてくるなんて、まったく意外だったのだ。そして、その後の彼との会話はさらに単刀直入で、彼は苛立ちまで見せていた。

トムは成果を求めていたのに、どうすればそれが得られるのか、私はわかっていなかったのだ。

これは10年前の話である。私がどこにでもいる普通のライフコーチだった当時、クライアントのパフォーマンスを向上させる方策を考えるのに、４つのステップを踏むのがスタンダードな手法だった。

たいていの場合、まず、クライアントが何を望んでいるのか、それを邪魔している**「リミティング・ビリーフ」**が何なのかを知るための質問をする。また、過去についても聞き出し、今の行動に影響を与えていそうな出来事を特定しようとした。

第2ステップは、診断ツールによる、**性格のスタイル、傾向、嗜好の特定**だ。その

リミティング・ビリーフ
自分自信にブレーキをかけている思い込み。

人が自分自身をより深く知り、成功に役立ちそうな行動を見つけるためにやっていた。よく使われたツールは、マイヤーズ・ブリッグス、クリフトン・ストレングス・ファインダー、コルベATMインデックス、DiSC®性格診断などだ。クライアントにこれらを受けさせるために、ライフコーチが各ツールの認定資格を持つ専門家やコンサルタントを雇うことが多かった。

第3ステップは、**360度評価**だ。コーチが、クライアントの職場の勤務評価を丹念にチェックしたり、職場の人たちに聞き込みを行ったりし、その人が周囲からどう見られているか、何を求められているかを探る。クライアントと一緒に暮らしている人たち、働いている人たちの双方から話を聞く。

第4ステップは、クライアントが実際に生み出している**アウトプットの評価**だ。過去の仕事の実績から、その人がどのような際立った功績を残しているか、良い成果を生み出すのに役立った業務プロセスは何か、どんな手柄を立てるのを好むのかを探る。

私もこれらすべてを慣例どおりに行っていたのだ。トムは、目に見えるデータや結果報告書を好んだので、私たちは各種診断とそれについての考察に多くの時間を費やした。また、さまざまな診断ツールを専門に扱うハイレベルなコンサルタントを数人雇った。分析結果は、バインダー数冊に及んだ。

こうしてクライアントの特性や、才能、成績、生まれ育ちや経歴を知ったにもかかわらず、私はその後2年間にわたって、失敗続きのトムを見ているだけで、申しわけない気持ちでいっぱいだった。彼がなぜ、自分の望む結果を出せないのかわからなかったのだ。彼があのメールを送ってきたのはそんな矢先だった。

成功の要因は努力で伸ばすことができる

トムのメールから早10年。私は幸運にも、世界最大級の自己啓発と能力開発のラボ（調査研究会社）を持つに至った。世界中のオーディエンスとプラットフォームを実験室に見立ててそう呼んでいるのだ。本書を執筆中の今現在、オーディエンスには、Facebookページのフォロワー1000万人以上、ニュースレターの購読者200万人以上、オンライン講座やトレーニング動画の修了者150万人、数日間のライブ・

ハイパフォーマンス・セミナーの参加者数千人、モチベーションや、心理学、人生改革に関する書籍やブログの読者数百万人、YouTubeチャンネルの登録者50万人以上が含まれる。このオーディエンスのおかげで、私の自己啓発の動画チャンネルは総再生回数が1億回を超えた。

このオーディエンスのユニークな点は、**視聴の目的が、自己啓発のアドバイスとトレーニングに絞られている**ことだ。彼らは私たちに、人びとが何に悩んでいるのか、人生で何を望んでいるのか、彼らを変えるには何が役立つのか、という知見を提供してくれる。私たちハイパフォーマンス・インスティテュートでは、この膨大な一般支持者を、アンケート調査やインタビューの実施、受講者の行動やコメントからのデータ収集、オンライン講習や一対一のパフォーマンスコーチングのビフォー・アフター評価に利用させてもらっているのだ。私たちは、人の行動やハイパフォーマンスについて何か知りたいと思うたびに、このラボへ行って、洞察を得るのだ。

この膨大なオーディエンスやデータセットから私たちが学んだことは、一般的な常識と重なる部分も多い。**成功するためには、努力や情熱、練習、レジリエンス、そし**

て人間力のほうが、往々にして、IQや、生まれつきの才能や、出自よりも重要だったりする。私たちが研究から得た知識は、成功や一流のパフォーマンスに関する現代の研究とも一致しており、驚くようなことは何もない。最新の社会科学の文献を1つでも読めばわかるはずだが、だいたいどんな活動分野でも、成功をもたらす要因というのは、概して努力で変えたり伸ばしたりできるものなのだ。以下に例を挙げよう。

- 心の持ち方
- 好きな道に注ぐ力と、それを追求する執念深さ
- 練習量
- 他者への理解と接し方
- 目標達成を目指すうえでの自己規律と一貫性
- 損失からの立ち直り方
- 脳と身体を鍛え、心身の健康を維持するための運動

私たちの研究および科学文献や学術文献から浮かび上がってきたのは、「**特定のタイプの人」が成功するのではなく、いかなる社会的立場であっても「一連の特定の習**

慣を実践する人」が成功するものである、という洞察だ。「その習慣を実践するのに最も効果的な行動は何か?」という問いが、本書執筆の動機となった。

何が重要かを見つける

私たちが過去数年にわたって集中的に研究してきたのは、人が長期的な成功を収める手助けをするうえで、最大の効果をもたらすのは何かということだ。それで見つけた答えは、トムが直感していたことと同じで、**ハイパフォーマーは、普通の人とは違うやり方で物事を行っており、その習慣は、本人の性格や過去、嗜好に関係なく、すべてのプロジェクト(そしてほとんどすべての状況)でも再現できる**ということだ。

私たちはさらに、分野に関係なくパフォーマンスの成果に最も大きな違いをもたらす習慣を6つ発見した。あなたの最大の長所や生まれつきの能力も、それらを支える習慣がなければ意味を成さないのだ。

どのような習慣が最も重要かを明らかにするために、私たちは、関連する概念を、学術文献や、私たちの世界規模のラボ、そして3000回を超えるコーチングセッションから拾い集めた。そしてそれらのインプットをすべて整理し、構造化面接でハイパフォーマーに尋ねる設問を作成した。

ハイパフォーマーの特定には、質問内容にどの程度当てはまるかを尋ねるアンケートや、客観的なパフォーマンス測定（学業成績、スポーツ成績、客観的な業績や財務成果など）といった、標準的な社会科学の手法を使った。

たとえばアンケート調査では、次のような記述がどの程度当てはまるかを尋ねた。

- 私は、仲間のほとんどからハイパフォーマーだと思われている。
- 私は過去数年間、総じて高いレベルの成功を維持してきた。
- 「高いパフォーマンス＝長期にわたって成功すること」と定義するなら、私は、他の大多数の人に比べて、ハイパフォーマーだと言える。
- 私は、主な関心分野において、仲間よりも長く成功を収めてきた。

以上のような記述が自分に強く当てはまると回答した人たちに対し（そして多くの場合、対照群にも）私たちは一対一のインタビューを行った。そして自己申告のハイパフォーマーたちに、さらなるアンケート調査でこのようなことを尋ねた。

- あなたが新たなプロジェクトを始める際に、成功するために絶えず意識的に行っていることは何ですか？
- プライベートと仕事の双方において、あなたが大事なことにフォーカスし、エネルギーにあふれ、クリエイティブで、生産的で、優秀であり続けるために役立つルーティンを教えてください。
- 始めたけれどもやめた習慣、必ず効果があり続けている習慣を教えてください。
- あなたが、新しい状況に臨むとき、逆境や失望に対応するとき、他者を助けるとき、それぞれの場面で最高のパフォーマンスを発揮するために、いつも意識的に自分に言い聞かせていることやアファメーションはありますか？
- 自分を成功に導いてくれるものを3つ、次の大きなプロジェクトで、その3つしか使えないと仮定して選んでください。

- 本当に大事な会議（あるいは試合、パフォーマンス、シーン、会話）に備えるとき、あなたはどんな準備や練習をしていますか？
- 明日、大きなチームプロジェクトを引き受けるとしたら、あなたはチームを成功に導くために、彼らに具体的に何を言い、何をしますか？
- 短期間で成果をあげるための習慣、長期的に卓越するための習慣を教えてください。
- 間近の締め切りに追われているとき、あなたはどうやって、心身の健康を維持、あるいは守っていますか？
- 自分を疑ったり、自分に失望したり、失敗しそうだと感じたとき、いつも自分に何と言い聞かせていますか？
- あなたに自信を与えてくれるものは何ですか？　また、自信が必要なときにどうやってそのスイッチをONにしていますか？
- あなたの人生であなたを支持してくれる人、支持してくれない人、支持してほしいのにしてもらえない人に対し、それぞれどのように接していますか？
- 大きな目標に向かって努力する中で、幸せと健康の維持に役立つのはどんな習慣ですか？

以上の質問のほか、数十のこれに類する質問によって、ハイパフォーマーたちが、自らの成功に最も大きな影響をもたらしていると答えた要因や習慣を絞り込んでいった。すると、20あまりの明確なテーマが浮かび上がってきた。

次に、一般人を対象に、ハイパフォーマーに自己申告してもらった質問と同じような質問でアンケート調査を実施した。そして、普通の人の答えとハイパフォーマーの答えに最も大きな差異が見られた心がけや習慣を抽出し、リストをさらに絞り込んだ。最後にその中から、意図的で、観察可能で、努力で変えることができ、訓練可能で、何より分野に関係なく効果を発揮するものを厳選した。つまり私たちが探していたのは、**1つの専門分野だけでなく、多様なテーマ領域、活動、業種で成功するのに役立つ心がけや習慣**である。誰でも、どこでも、どんな活動分野でも、何度でも適用することができ、パフォーマンスを定量的に向上させることができるものを求めていた。

最終的に、その基準にかなうものが6つ残った。
それが、ハイパフォーマンスの習慣「ＨＰ６」である。

社会的価値を
高める

生産性

影響力

勇気

4
主な関心分野での生産性を高める

特に、自分が名を上げ功績を残したいと思っている分野では、量産すべき良質なアウトプット（ＰＱＯ：Prolific Quality Output）に力を入れること。そして、ＰＱＯへのフォーカスを妨げる、気移り・目移りを（それがたとえ好機でも）最小限に抑える。

5
周囲への影響力を高める

あなたの努力や志を周囲の人びとが信じ、支持してもらいやすくなる。意識的にサポートネットワークを築かなければ、長期にわたって大きな成果をあげ続けることは、ほぼ不可能である。

6
恐怖をコントロールする

恐れや、どうなるかわからない状況、脅威、状況の変化に直面しても、自分の考えを堂々と口にしたり、大胆に行動をしたり、自分や人のために立ち上がったりする。勇気とは、たまにとる勇気ある行動を指すのではなく、常日頃から勇気ある選択をしたり毅然とした意志を示す特性を指す。

成功し続けるための 6つの習慣「HP6」

1

**自分のあり方、
他者との接し方、望んでいること、
目的や使命を明確にする**

ハイパフォーマーたちは、つぎの質問を終始一貫して自分に問う。一度明確にしたら終わりではなく、時の経過や、新たなプロジェクトや大きな取り組みのたびに更新し続けている。
「この仕事をしている自分は、どんな人間であるべきか？」「他者にどう接するべきか？」「私は何を目的とし何をしようとしているのか？」「何にフォーカスすれば、他者との連帯感や充実感を得られるか？」

2

エネルギーを高める

ベストプレーを続けるために、非常に具体的な手法をもちいて、精神力、肉体的エネルギー、ポジティブな感情に積極的に気を配る。

3

**卓越した成果を出さねばならない
必然性を高める**

自分に対し、何としてもうまくやらなければならない理由づけを積極的に行う。必然性は、あなたの個人的な基準(あなたのアイデンティティ、信念、価値観、卓越性のレベルなど)や対外的ニーズ(義理、競争、公言、締め切りなど)が組み合わさって生まれる。常に自分の行動理由を意識し、着手するのに必要な意欲やプレッシャーを感じられるよう、炎を絶やさずに燃やし続けることが大事なのだ。

個人のパフォーマンスを高める

- 明確さ
- エネルギー
- 必然性

1　すべてを明確にする
2　エネルギーを高める
3　必然性を高める
4　生産性を高める
5　影響力を高める
6　勇気を出す

私たちは、HP6を特定した後、さらなる文献調査と妥当性テストを行った。そして、6つの習慣および実証済みの成功尺度に基づいたハイパフォーマンス指標（HPI）を策定した。

195カ国、3万人以上の人びとに対してHPIのパイロット版を試し、その妥当性、信頼性、有用性を定量的に証明した。6つの習慣を総合したスコアの高さがパフォーマンスと相関するだけでなく、1つひとつの習慣の単独のスコアの高さもパフォーマンスと相関していることが判明したのである。そして、**6つの習慣をすべて一緒に実践すれば、他の重要な人生のクオリティ――たとえば全体的な幸福度や、良好な**

健康、良好な人間関係などとも相関するのである。

HP6は、あなたが学生であろうと、起業家であろうと、管理職、CEO、アスリート、子育て専業の親であろうと、成功を後押しする。HP6は、あなたがすでに成功していないないにかかわらず、次のレベルに到達させてくれるだろう。

長期的な成功を左右する要因はこの他にも、運、タイミング、周囲のサポートや応援、クリエイティブ分野における突然のブレイクなど、外的要因もいろいろ考えられるが、あなた自身でコントロールできる要因の中で考えると、HP6は、他のいかなる要因よりもパフォーマンス向上に役立つという測定結果だった。

HP6は、どんな状況でも高いパフォーマンスを出したい人に必要な6つの習慣だ。人びとから寄せられた何百種類もの個人的心がけや社会的行動を見てきた中で、劇的にパフォーマンスを向上させる効果が最も大きいと私たちが結論づけた6選である。

強みだけではまったく足りない

すでにお気づきかもしれないが、ＨＰ６にはどこにも、あなたの生まれつきの資質や才能、天性、過去、強みなどにフォーカスしようとは書かれていない。なぜなら、あなたがどれだけすばらしい性格や、天性の強み、お金、美貌、創造力を持っていようが、どんな才能を伸ばしてこようが、過去にどんな功績を収めていようが、それだけでは、さほど意味を持たないからなのだ。いくら先天的な優位性やお金や過去の功績があっても、自分が何を求めているかわからない（明確性の欠如）、疲弊していて成果をあげられない（エネルギーの欠如）、やり遂げなければという意欲やプレッシャーを感じない（必然性の欠如）、最も重要なことに的を絞ったアウトプットが生み出ない（生産性の欠如）、対人スキルがなく他者からの信用や支持を得られない（影響力の欠如）、リスクをとって自分や他者を毅然《きぜん》と擁護できない（勇気の欠如）、といった状況があると、せっかくの優位性が発揮できないのだ。ＨＰ６がないと、どんなに素質に恵まれた人でも、迷子、疲弊、無気力、非生産的、孤独、不安な状態に陥る。

人生で成功したければ、自分が無意識に、簡単に、あるいは自然にできることだけに専念したのでは不十分だ。そうではなく、意識的に自分のハードルを上げ、居心地のいい領域を卒業し、自分の偏った考えや嗜好を乗り越え、他者を理解し、愛し、奉仕し、導くよう努めてこそ、成功できるのだ。

これを言うと、二の足を踏む人が一定数いる。それは「強み」ブームの影響である。私も個人的には、自分自信をより深く知るためのツールが大好きだし、ストレングス・ファインダーを考案し「強み」革命をリードしてきた世論調査会社ギャラップは大いに尊敬している。ただ、他者を指導したり、自分が一段階上の成功を目指したりする手段として、強みを探ろうとすることはすすめない。「強み」ブームは、人間には「生得的」な強み、すなわち、持って生まれた才能があるという考えに基づいているる。せっかく「生まれながらにして」何かに長けているなら、それに専念すべきだという考えである。これはたしかに聞こえのいい定石であり、絶えず自分の短所に執着するよりはましと言える。

ただ私が強みブームに抱く最大の懸念は、**複雑で急速に変化する世界において、先天的な資質だけで頂点に立てる人などいない**、ということだ。前にも述べたとおり、あなたの先天的な資質がどんなものであれ、高みを目指すなら、生まれつき、あるいは十代の頃から自然にできていたことだけでは不十分なのだ。資質重視説にあまり説得力がないというのはそういうことだ。

不確実性に満ちた現実世界では、成長するためのハードルがどんどん上がっているので、卓越したパフォーマンスに到達し、長期的に成功するには、自分にとって簡単にできること、性に合ったことを大きく超えた能力を身につける必要がある。あなたが持って生まれた「天性の」強みだけではやっていけないのだ。

本章の冒頭で紹介したメールで、トムが「大事なのは、私が任務を果たせるようにレベルアップできるかどうかであり、任務を私の限られた強みに合わせてレベルダウンさせられるかどうかではありません」と言っている。もしあなたが、並外れた貢献をしたいという大志を抱いているなら、自分の適性を大きく超えて成長しなければならない。ハイパフォーマンスの域に達するには、弱点を克服したうえで、自分が簡単にできることや「好きなこと」を超えた、まったく別のスキルセットを身につける必要がある。当たり前のことだが、本当に自分の名を上げたいなら、より成長し、より貢献しなければならない。それは楽々と自然にできるようなものではない。

あなたが私の考え方に賛同してもしなくても、この事実は変わらない。自分の性格タイプや生得的な強みとされるものを知ったところで、不確実な環境下で、あなたの次の大きな目標達成に役立つことはないのだ。自分のタイプや強みを見極めて「適性を伸ばそう」とするのは、未踏の崖を登ってハチの巣から蜜を取ろうとする熊に「もっと熊らしくなってがんばれ」とアドバイスするようなものだ。

会社経営をしている諸君、もう、強みや性格診断に高い金を費やし、人を分類するという無駄な試みはやめ、その代わりに、誰もがパフォーマンスを上げられる、実証済みの習慣を習得させることに力を注ごう。

朗報なのは、どの習慣も、できないように「生まれついた」人などいないということ。ハイパフォーマーは、強みがいっぱいに詰まった袋を持って生まれた幸運な人間ではない。**先ほど説明した成功し続けるための習慣を、仲間よりも一貫して発揮して**

いる。ただ、それだけの違いなのである。

したがって、あなたが外向的か内向的か、ＩＮＴＪかＥＳＦＰか、キリスト教徒か無神論者か、スペイン人かシンガポール人か、アーティストかエンジニアか、マネジャーかＣＥＯか、達成者タイプか分析家タイプか、お母さんか火星人かに関係なく、成功し続けるための６つの習慣は、一つひとつが、あなたの最も重要な分野に劇的な影響を与える力を持っている。そしてすべてが組み合わされれば、あなたの人生で重要なすべての領域でのパフォーマンスに革命を起こす力を持っている。

ＨＰ６が生まれつき身についている人などいないので、努めて実行する必要がある。新しい目標やプロジェクト、夢を成功させたいと思うたびに、ＨＰ６を全開にしなければならない。潜在能力を十分に発揮できていない自分に気づくたびに、ＨＰ６を発動させるのだ。自分がうまく行かない原因がわからない人は、ぜひＨＰＩの診断を受け、どの習慣のスコアが低いか特定してみよう。その部分を改善すれば、軌道に戻ることができる。

そうした意識的なフォーカスこそが、重要な違いを生む。それによって「先天的な資質」を持つ人が成功しやすいという誤解が解けるからである。私が過去10年でサポートしてきた多くのエリートレベルのデキる人たちや、これまでのアンケート調査や各種診断を振り返ってみても、ハイパフォーマンスと、性格や、IQ、生まれつきの才能、創造性、経験、性別、人種、文化、報酬とのあいだに、一貫した相関関係は見られないのだ。

また、過去20年ほどの神経科学とポジティブ心理学においても、研究者たちが同じことに気づき、従来のモデルが覆されている。どんな先天的資質を持っているかよりも、持っているものをどう使うかのほうが、はるかに重要なのだ。あなたがどう世界を見るか、どう自分を成長させるか、どう他者を導き、困難を乗り越えて粘り強くがんばるかと比べれば、何が生まれつき得意かは、さほど重要ではない。

まれた生い立ち、すばらしい性格、クリエイティブな頭脳など、諸々の有利な条件に恵まれているのに、ソファから腰を上げない人、成功しない人を、誰でも1人や2人は知っているだろう。また、高い給料をもらっているのに、高いパフォーマンスを出せていない人も多い。組織内でチームのメンバーに資質診断を受けさせたことのある人なら、自分の強みを知り、おまけにその強みに関連した仕事をしていてもなお、すばらしい成果が出せない同僚がたくさんいると断言できるはずだ。

どんなに立派な企業文化のもとでも、ハイパフォーマーとローパフォーマーは必ず存在する。なぜかというと、パフォーマンスの高さは、特定タイプの人間の話ではないからだ。また「遺伝ガチャ」に当たったかどうか、何年働いているか、肌の色、周囲に支持者がどのくらいいるか、給料がいくらかとか、そういうことも関係ない。

問題は、成功し続けるための習慣を実践できるかどうかだ。そしてこれは、完全にあなたがコントロールできることである。

この発見はぜひとも強調しておきたい。というのも、成績不振を上に挙げたような要因のせいにしている人があまりに多いからだ。

あなたは、このような言い訳をどれだけ耳にしているだろうか。

- 「私はそもそも上昇志向の性分ではない。そもそも外交的（または直感的／カリスマ人間／受容的／誠実）ではない」
- 「私はそもそもそんなに賢くない」

- 「私はそもそも彼らのような才能に恵まれていない。そんな素質は持ち合わせていない。最適な強みの組み合わせを持っていない」
- 「私は右脳人間ではない」
- 「私には経験が足りない」
- 「私は女（黒人男性／ラテン系／中年の白人男性／移民）だから成功できない」
- 「うちの社風では支持が得られない」
- 「私の本当の価値に見合った給料がもらえれば、もっと良い仕事ができる」

私たちは、こうした理由づけが、実は、成績不振の苦しい言い訳にすぎないことにそろそろ気づくべきだ。内発的な要因がまったく関係ないと言うつもりはない。内発的要因は、特に小児期の発達においては、重要なもので、大人になってからの気分や、行動、選択、健康、人間関係などに劇的な影響を及ぼすことが明らかになっている。

内発的な要因
個人の内面にわき起こる興味・関心・情熱など。

リーダーは注意して聞いてほしい。以上に挙げた要素（性格、IQ、生まれつきの才能、創造性、経験、性別、人種、文化、報酬）はどれも、目を向けたところで、部下のパフォーマンス向上にはほとんど役立たない。こうした要素は、定義するのも、管理するのも、改善するのも容易ではない。

あなたの率いるプロジェクトチームでパフォーマンスが振るわない人に、たとえばこのようなことを言いに行くことがいかにナンセンスか、考えてみよう。


「性格さえ改善してくれたら……」

「IQさえ改善してくれたら……」

「持って生まれた資質をちょっと変えてくれたら……」

「もう少し右脳人間になってくれたら……」

「経験年数があと5年くらいあったら……」

「もう少しアジア人（または黒人／白人／男性／女性）ぽくなってくれたら……」

「ここの社風をちょっと改善してくれれば……」

「君が希望どおりの給料を取ってもっと生産的になってくれたら……」


もうおわかりだと思うが、これらは、フォーカスしても仕方のない要素なのである。

要は、チームのパフォーマンスを向上させるために、何かしらに力を注ごうとするのであれば、まずHP6から取りかかるべきだということだ。

1つの習慣が他のすべてを底上げする

HP6は、人生におけるすべてのよい習慣に適用できるという点で「**メタ的習慣**」と言える。明確化を心がければ、問いを立てる、内省する、自分の行動を観察する、自分が軌道を外れていないか評価するといった習慣もつく。エネルギーを培えば、適切な休息、健康的な食生活、運動を心がける習慣に結びつく、という具合に。

私たちの研究でわかったHP6のすばらしい点は、**1つの習慣を実践すると、全体的なパフォーマンスも向上する**ことである。たとえば、明確化ができるようになると、エネルギーも、必然性、生産性、勇気、影響力も高くなることが多い。

もう1つのすばらしい点は、すべてのHP6に、全体的な幸福感との相関が見られる点だ。どの習慣も、そのスコアが高い人ほど、幸せに暮らしているという回答率が高い**パフォーマンスだけでなく、幸福の強力な要因となる**のだ。

ハイパフォーマンスを出す「精神状態」はあるのか？

私がよく受ける質問に、長期的成功を助ける「精神状態」というのはありますか？というのがある。だが、そもそも心の状態とか、精神状態というのは、移ろいやすい一過性のものだ。それなら気分や機嫌のほうがまだ長続きする。そして最も持続するのが習慣である。私たちが習慣にフォーカスするのはそのためなのだ。

だがおそらく、人びとが本当に訊きたいのは、こういうことだろう。

「ハイパフォーマンスに達するとどんな感じがするものなのか？　それがわかれば真似から入れるのではないか？」

その答えはデータが知っている。一般のハイパフォーマー3万人以上を対象にしたアンケート調査の結果を分析してみると、明確な答えが出た。ハイパフォーマンスを発揮しているときの感覚として、**没頭感とか、喜び、そして自信**（以上、多かった順）

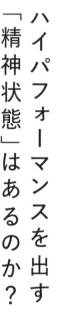

を味わっているという回答が多かった。

つまり、ハイパフォーマーたちは、自分のやっていることにすっかりのめり込み、それを楽しみ、何かを考え出せることに自信を感じているのだ。

そして自由回答の文章を分析すると、ハイパフォーマンスの域に達したときの感覚を表すのに使われた言葉の上位5位は、パーパスとフロー（「フロー状態」の「フロー」。なお似た意味の「ゾーンに入る」は、言葉でなくフレーズなので、多肢選択式質問の選択肢には入れなかったが、自由回答式の質問では、最も多い回答だった）、そして決意している、フォーカス、意図的、意識的、誠実だった。

この分析結果を参考に、これらの感覚を意図的に再現する機会をつくってみることで、気分向上だけでなく、パフォーマンス向上にも役立つだろう。だが、「強み」のときと同様、効果的な習慣を実践せずに理想の精神状態をつくるだけでは、ハイパフォーマンス到達には不十分だ。

HP6の効果を試す

HP6と本書のアドバイスは、私自身のプライベートやキャリアだけでなく、私たちの受講者やオーディエンス数十万人の人生を測定可能なほどに向上させた。彼らには、オンライン講座や、ライブセミナー、コーチングの前と後にHPIを受けてもらうのだが、皆、自分の人生が向上したことを実証するデータを見てとても喜ぶ。私たちは、受講者のハイパフォーマンスの総合スコア（および人生全体の幸福度）が上がるのを日常的に見ている。またHPIを組織に導入し、社員とチームが伸ばすべきところをピンポイントで特定するのに役立てているケースもある。

さらに、コーチングのクライアントへの介入でも、めざましい成果が出ている。私たちが育成した認定ハイパフォーマンスコーチによる3000時間分のコーチングセッションでは、数年ではなく**数週間で、人びとの行動が劇的に変わり、人生のさまざまな領域でのパフォーマンスが上がった**ことがわかっている。

とはいえ、成功し続けるための習慣が、人生におけるすべての課題を解決する特効薬というわけではない。私は、ハイパフォーマンスコーチおよび研究者として、過去10年で、ＨＰ６の否定的な証拠がないかも、よくよく探してきた。それらも喜んで本書で共有したいと思う。

私たちは、ＨＰ６が間違っている証拠がないかを確認するために、本書で紹介する習慣を実践しているのに、ハイパフォーマンスを発揮していない人を探した。積極的に明確化を心がけ、エネルギーを培い、必然性を高め、生産性を上げ、影響力を高め、勇気を示しているのに、期待された成果が出せなかったり、失敗したりする人は、果たしているのだろうか？　私個人は、そのようなケースを見たことがないが、常識で考えれば、どこかしらに例外は存在するはずだ。

また、習慣の１つが欠けていても成功できるか？　という問いも立てた。明確化が不十分なのに大成功を収める人はいるだろうか？　それはもちろんいる。勇気が足りないのに成功する人もいるだろうか？　それもきっといるだろう。

だが忘れてならないのは、本書で言う成功とは、出だしの、もしくは短期的な成功ではなく、長期的な成功であるということだ。**HP6のいずれかができていない状態が長く続くと、ハイパフォーマンス（および幸福度）のスコアが低下してくる。その状態では、潜在的能力も卓越性も最大限に発揮できないのだ。**

私たちの成果を出し続けるための習慣の説明や、HPIで使われている記述が、曖昧、あるいは解釈の余地が広すぎるという批判もあるだろう。それは、人間の行動を文章化する際に、避けては通れないリスクだ。たとえば、ある人について「グリットがある」「クリエイティブ」「外向的」「集中を維持できずに困っている」と記述すると、表現が曖昧だとか、一般化されすぎているという批判がつきまとう。

でも、だからといって、人の様子や言動を定義、測定したり、それについて教育したりする試みをやめるべきだとは考えていない。**人間心理の研究は曖昧さを伴う分野だが、それが、人をハイパフォーマーにする要因を知る手掛かりとなるなら、努力の価値はある。**効果が実証されながらも曖昧さを伴うツールを使って、成果を出し続けるための習慣を正確に記述できるよう目指すしかない。

自らが間違った思い込みをしていないかを積極的に検証した他、アンケート調査の回答者の自己申告バイアスの克服にも努めてきた。そのために、調査後に回答者の一部をランダムに選んで面談し、客観的なパフォーマンス測定の結果や、周囲の人びとのフィードバックと照らし合わせて、彼らの回答が実際の生活と一致しているのかチェックした。

結果、皆が**大部分において正直な回答を共有してくれていた**ことがわかった。それは、各自が、自分の状況を正確に評価して、改善すべき点を発見したいと望んでいたからだろう。また、まじめに質問を読んでもらうために、ところどころに逆転項目（たとえば、仕事へのやる気の高さを測定したいときに「仕事に対するやる気がわいてこない」など、あえて否定形や逆の特徴で問う設問）を仕込んだ。

私は幸運にも、この分野では世界一高い報酬を得て、最多の支持者を抱えてはいるが、これほど広範囲で複雑なテーマを扱おうとする著者や実践家なら誰でもそうであるように、誤りを免れないことは明らかである。私にも、ハイパフォーマンスについて、まだまだ学ぶべきことがたくさんある。この分野全体でまだ解明されていないこと、探求しなければならないことがたくさんあるのだ。精神疾患や、幼少期の経験、

自己申告バイアス
回答者が社会的望ましさを意識して、良い行動を過大報告したり、望ましくない行動を過小に報告したりする傾向。

社会経済的要因、神経生物学的要因は、ＨＰ６の形成と維持にどんな影響を及ぼすのか？　特定の業界、職業、学歴の人に、最大の効果を発揮するのはどの習慣なのか？

あなたには、本書全体を通して、自分自身に問いを投げかけ、私の主張に対しても疑問を持ち続けてほしい。本書の内容の何が効果的で、何が効果的でなかったか、各自でテストしてほしい。そして、この先のページに書かれたことに同意してもしなくても、自分に効果があったことのみを続け、あとは無視してくれればいい。

地図を持つべきときは、森に入る前だ

私たちの研究で１つだけ、とてもはっきりしていることがある。それは、**自分には「適切な資格」がないからといって、けっして、夢を追いかけたり、価値を付加したりするのを先延ばしにしてはいけない**ということ。ハイパフォーマンスは、より高い

レベルで卓越し、奉仕するために、常日頃から意識的に考え、行動することで達成できるのだ。そうして、自身に挑戦することで、優れた習慣を身につけ、活気づいて、自分の可能性を最大限に発揮できるようになるのである。

私の育ったモンタナ州にはこんな格言がある。

「地図を持つべきときは、森に入る前だ」

あなたは遠からず、自分のパフォーマンスが本当に重要になるような状況に直面するだろう。その日が来る前に、本書を読み、成功し続けるための6つの習慣を実践し始めよう。本書があなたの地図となり、あなたの人生を成功へと導いてくれるだろう。

次章では、その地図の目的地に印をつける。あなたが何者で、人生のその段階でどこへ行きたいのかを明確にするのだ。

HPI診断を受けてみてほしい。HighPerformanceIndicator.com で無料で受けられる。所要時間はたった数分。結果は、6つの習慣のそれぞれのスコアで提示され、あなたを「タイプ分け」したりはしない。さらにメールアドレスも入力すれば、7～10週間後にもう一度診断を受けてもらうためのリンクが届く。再診断であなたの人生が数週間でどれだけ変わり始めているかがわかるだろう。

SECTION ONE

個人のパフォーマンスを高める3つの習慣

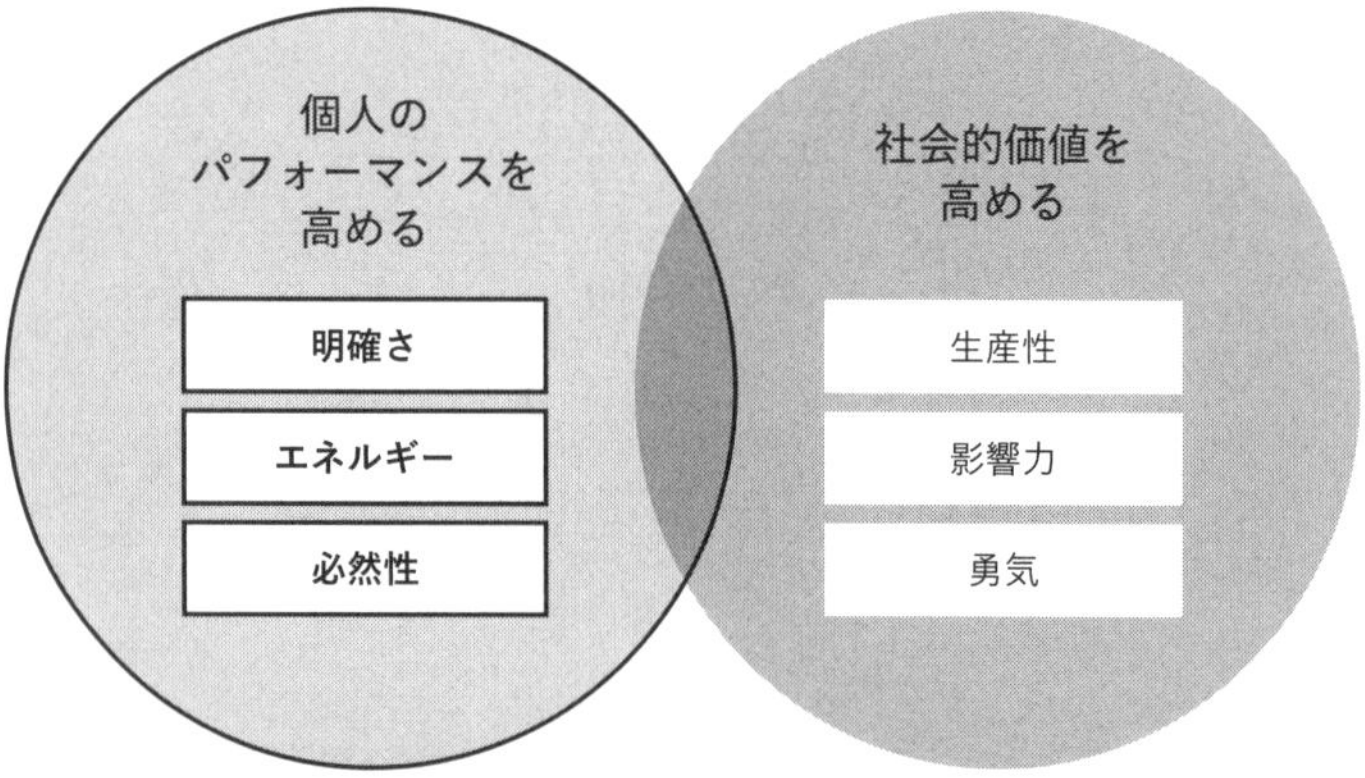

第 1 章

成功し続ける人の習慣 1

すべてを明確にする:
目標設定

SEEK CLARITY

- ▶ 4つのビジョンを描く
- ▶ どんな気持ちで臨むか決めておく
- ▶ 自分にとって何が有意味かを定義する

今私の前で泣いているケイトは「すべてを手にした」女性だ。

業界大手の企業で、数千人の社員を束ねる管理職として何十年もの経験を持ち、人望の厚いリーダーである。会社が大いに儲かっているため、同じ職位の平均の倍近い、6桁後半（7000万〜1億円）の年収を稼ぐ。だが、それを鼻にかけたりもせず、唯一自慢げに語ることと言えば、自分のチームへの賞賛くらいだ。皆の懸命な働きぶりや、互いを支え合う様子を誇りに思っている。

ケイトは人と話しているとき、どんな話題であっても、相手に心から関心を持っているのが伝わってくる。なんとも言えない慈愛に満ちた人だ。

彼女が部屋に入ってくるたびに私はこの名言を思い出す。

「世の中には2種類の人間がいる。部屋に入ってきて『我ここにあり！』とアピールするタイプと、人に『ああ、お会いできましたね！』と声をかけるタイプである」

ケイトは3人の子どもを育てている。自分の母親を15歳のときにがんで亡くしているので、子どもたちと一緒にいることをとても重視している。

最近、ケイトがまた昇進したので、夫のマイクが仕事を辞め、家で子どもの面倒を見るようになった。夫と子どもたちは、一緒に過ごす時間が増えて喜んでいる。

ケイトは、コーチとして雇った私と親睦を図ろうと、自宅でのバーベキューに招いてくれた。晴れた日の午後、郊外にある彼女の家に到着した私は、数分もしないうちに、彼女の友人4人とキッチンでワインを飲みながら談笑していた。彼女たちに、ケイトがどんな人なのかを訊くと、口々に「すばらしい人間」「ギバー（与える人）」「自分もこんなふうになりたいと思わせる人」「私たちが皆怠け者に見えてしまう成功者」などと言う。ケイトは、どんなに忙しくてもいつも自分に寄り添ってくれると評する友人もいれば、すべてをこなしながら、ルルレモン（人気のヨガウェアブランド）が着られる体型も維持していていつも感心する、と言う人もいた。「どうやってすべてを切り盛りしているんだか……」と1人が言うと、他の3人も大きくうなずく。

ほどなく、ケイトが、ちょっと話しましょうと私をホームオフィスに招き入れた。床から天井まである窓から光が差し込むその部屋は、両開きのフレンチドアを開けると、マイクがバーベキューを焼くデッキに出られるようになっている。

ケイトは普通に楽しそうにしていた。しかし、私が友人たちが彼女を絶賛していたことを伝えたとたん、彼女の声がうわずった。そう言ってもらえるのはありがたいと言うや否や、目に涙を浮かべた。顔と視線をそらせ、別のことを考え始めた様子だ。

こんなとき、私はユーモアで返すようにしている。「ついていけてない自分がいるんですけど……もしかしてあの中の1人を密かに恨んでるとか？」

「は？」彼女は一瞬困惑するも、私の冗談に気づくと、我に返った。笑って「ああ、そんなことはないです。今、ちょっと感情的になってしまっただけで」。

「そうみたいですね。どうしたのかな？」

彼女は窓の外にいる夫や友人たちに目をやった。気を取り直そうと、居住まいを正し、指の端で涙を拭う。「友達に褒めてもらえるのは、私にとってすごく大事なことなんです。ブレンドン、あなたが彼女たちやマイクに会ってくれてよかった」。彼女は再び声をうわずらせ、今度は涙をとめどなく流した。そしてまた目をそらし、下を向いて頭を横に振る。

「ごめんなさい。私の人生は今ボロボロで、どうしようもないんです」

「ボロボロ？」私は訊き返した。

彼女はうなずき、涙を拭いて、再び姿勢を正した。「バカみたいですよね。仕事にも家庭にもこんなに恵まれた女が何やら不満げで『悲劇のヒロイン』ぶってる。昼ドラじゃあるまいしね。あなたが心理セラピーをしに来たわけじゃないのも承知してます。でも、自分が恵まれた境遇にいて、人からも尊敬されていると自覚するほどに、愚痴を言いづらいんです。あなたに来てもらったのはそのためです。傍目にはわからない苦労があるんです。だからといって、同情してほしいとか、『あなたはボロボロなんかじゃない』と言ってほしいわけでもありません。ただ、吐き出したほうがいいかと思ったんです。順風満帆なのに、何かがおかしいっていうことを」

「話してみてください」

ケイトは大きく息をして言った。「あなたは、自分が、ただ流されるように物事をこなしている、その状態が長く続きすぎている、と感じたことはありませんか？」

私は心の中で自問した。流されるような生活をこのくらいなら続けてもいいという基準なんてあるのか？　でも口には出さなかった。なぜなら、私がそう感じることはないかと、彼女が訊いてきたからだ。人はよく、感情を持て余すと、その状況を客観化し、自分事を他人事に置き換えて質問してくる。

「ケイト、それは、あなた自身がそう感じてるってことですか？　流されるように仕事や用事を処理していると」

「まあ、そういうことです」


私は身を乗り出した。「流されるようにさばいていることと、ボロボロだと感じていること。この2つはどうつながっているんだろう？」


彼女は一瞬間を置いて言った。「はっきりはわかりません。だからあなたの考えが聞きたかったのです。私はいろんなことを抱えすぎています。いつも非効率なことをしていて、やってもやっても追いつかない感じです。ボロボロという気持ちはそのせいもあるでしょう。ただ私は、仕事は得意ですから、すべてを回すことができてしまう。でも流されるままにやっているだけで、そのカオス状態が……通常運転になってしまってるんです。私はいろいろなことを同時にやっていても、忙しさに溺れてはいません。ただなんだか気が立って、落ち着かないんです。わかりますか？」

「わかります。そういった気持ちに今までどう対処してきましたか？」

ケイトは自信なさげな顔で、窓の外を見た。「そこが問題なんです。私は、世の中で定石とされていることはすべて実践しています。家族と一緒に過ごし、愛せよと言われれば、ベストを尽くし、子どもたちやマイクのために良き人間であるよう心がけています。有能であれと言われれば、ToDoリストやチェックリストを使ってタスクを成し遂げます。情熱をもって仕事をせよ、粘り強く打たれ強くあれ、と言われればそのとおりにしてきました。仕事ではたくさんの男女差別を乗り越え、ここまできたんです。自分でも満足感を得ているし、人の同情を買いたいなんて少しも思いません。何が問題なのか、それが自分でもわからなくなっているんですよ、ブレンドン……」

「いや、あなたは『わかっている』と思います。話してください」

ケイトは、イスに深く座り直した。肩を落としてワインを一口すると涙があふれてきた。「こうしてすべてをやろうとして駆けずり回っているうちに、目的意識を持てなくなってきたんです。迷子になったような感じで……」

私はうなずき、これまでの経験でだいたい予想がつく次の言葉を待った。

「自分が何を求めているのかわからないんです」

あなたもきっと、ケイトのような人をたくさん知っているはずだ。ケイトは努力家で、賢くて、能力が高く、思いやりにあふれている。典型的なデキる人の例に漏れず、目標のリストをつくり、そのほとんどを達成している。だが、どうすれば人生に生気を取り戻せるのかわからないという状態になっていた。

こういう人は、すぐに習慣を変えないと困ったことになる。

とは言っても、燃え尽きてしまうわけではない。現実にデキる人が葛藤を抱えている場合、ドラマのような展開にはならない。大きな葛藤やミッドライフ・クライシスに陥り、ある週末、突然狂ったように事業や人間関係をご破算にして、すべてを投げ出す、などということにはならないのだ。

ミッドライフ・クライシス
主に40代、50代が、それまでの自分の生き方や価値観を振り返り、これでよかったのかと思い悩むこと。

デキる人は、不調に陥っても——特に自分が何を求めているのかわからないようなときは——良き兵士のように前進を続ける傾向にある。彼らは、壊れていないものを壊したくない。現状が「良好」なので、それを急に変えたりはしたくない。懸命な努力で築いてきたものから逃げ出そうとは思わない。後戻りするのも、失速するのも、同僚やライバルに追い抜かれるのも不本意だ。

でも心のどこかでは、自分のレベル、自分の生活の質はこんなものではないはず、とわかっている。ただ、今現在うまく回っているものを変えるのもどうなのか、大きな不安を感じている。デキる人にとって、悪いところを改善するのは容易だが、良いところを改悪するのは、恐ろしく勇気のいることなのだ。

そして、自分が本当に求めているものがわからないまま、がんばり続けるという選択をする人が多い。しかし、どこかの時点で、自分が何者なのか、そして「人生の現段階において」自分が何を望んでいるのかを「ごく明確に」しておかないと、すべてがほころび始める。

最初のうちは、パフォーマンスの低下はごくわずかだが、何かが違うと感じ始め、努力にブレーキをかけるようになる。少しだけ手を緩めるのだ。けれども、人生に不満を感じるわけではないので「私には感謝すべきことがたくさんある」と言う。問題は、その「感謝すべき」外的要素ではなくて、彼らが心の内に抱えている、何かがおかしいという違和感なのだ。ケイトのように、「順風満帆な生活を送っていても」、実はイライラや焦燥感を抱えていたりする。

これまで人生をかけて自分の「道」を究めてきたにもかかわらず「私は自分の本当

の道を見つけていないのかも」などと気にし始める。そして夜、オフィスの電気を消したときや、何週間もがんばり続けた末にやっと静かな時間が訪れたとき、自分の現実について、心の中で議論が始まる。

- これまでの人生でのさまざまな面倒ごとは、関与する価値があったのか？
- これは、現段階の私自身と家族にとって正しい方向性か？
- 今、仮に数カ月の休みを取って新しいことを学んだり、新しい方向に挑戦したりしたら、私は機会や昇進を逃すだろうか？
- 現状がうまく行っている中で、私が新しいことに挑戦したら、みんなに狂っていると思われるだろうか？　私の考えは馬鹿げているのか？　欲張りなのか？
- 私はもういっぱいいっぱいだ。これ以上尽くすことができるだろうか？
- 私には本当に次のレベルでプレーするだけの実力があるのか？
- 最近いろいろなことに気を取られるようになったのはどうしてか？
- 人間関係がくだらなく感じるのはどうしてか？
- どうして今頃、自信のなさを感じるのか？

こうした問答を、答えが出ないまま悶々と続けていると、ほころびが始まる。ケイトのように、これまでの人生で登頂してきた山々を振り返り、のぼるべきでなかった山もずいぶんあったかもしれないと悩むようになる。「やればできること」と「重要なこと」がイコールではないことに気づくのだ。

まもなく、日々のやる気が萎えてくる。躊躇や欲求不満を感じ始める。前に進むよりも、すでに達成した成功を守ることに意識が向いてくる。もはや何に対してもワクワクしない。だが、周囲は誰も気づかない。**デキる人はそのくらいではボロを出さないから**だ。本人がかつてのような情熱を感じていないとしても、少なくとも家や職場では、誰も困らない（もしくは単に気づかない）。

ケイトが置かれた状況が、まさにこれだった。誰も彼女が「ボロボロ」だなんて知るよしもない一方、本人はこの気持ちから逃れられないでいた。

こうした状態が進むと、やがて本人の不満が家庭や職場の人間関係に影響するようになり、周囲に気づかれる。自分への失望のストレスからとげとげしい態度になり、家族や同僚を動揺させる。その影響で、会議を忘れる、電話を取らない、折り返さない、提出が遅れる、よいアイデアが出ない、といったミスが出るようになる。仕事を「こなしているだけだ」ということが、本人にも周囲の人びとにも明らかになる。本人はワクワク感、喜び、自信を失うと同時に、パフォーマンスも低下する。

このような状況に心当たりがあるなら、本章は状況を打開する良い機会となる。大げさに聞こえるあなたは、予防策を頭に入れておこう。

まずは、自分が何者なのかを明確にしよう

本章では、人生の明確なビジョンを持つことについて論じる。明日のことをどう考え、今日重要なことを常に意識するために何をするか、という内容だ。**すべてを明確にする**という基本的な習慣は、ハイパフォーマーが長期にわたってエンゲージし、成長し、充足感を得るために役立つ。

私たちの調査では、ハイパフォーマーは同輩と比べて、自分が何者で、何を望み、そのためにどうすればいいか、どんなことを「有意味」「充実している」と感じるのかを、明確にしている。明確化ができている人ほど、ハイパフォーマンスの総合スコアが高いことが判明しているのだ。

人生のビジョンが明確な人もそうでない人も、心配はいらない。明確化は習得できるからだ。明確性は、一部の人が「生まれ持つ」特性ではない。発電所はエネルギーを「持っている」わけではなく変換している。それと同じで、人も特定の状態を「持っている」わけではなく、つくり出している。明確性も「持っている」ものではなく、つくり出すものなのだ。

だからあなたも、自分が次にほしいと思うものがひらめくまで待っていないで、自ら能動的に明確にしていこう。自問したり、リサーチしたり、新しいことをやってみたり、これまでの機会を整理・分析したり、自分に合ったものを探り出したりすることで明確化するのだ。それは、ある日外を歩いていると天から「パーパスのピアノ」が降ってきてあなたの曲を奏で、すべてが明確になる、というようなものではない。**明確化は、慎重な検討と意識的な試行の産物なのだ。**自分にさまざまなことを問い続け、人生観を磨き上げてこそ得られる。

私たちの明確化に関する調査では、成功している人は、次のような基本的な問いの答えを知っているということがわかった。

自分は何者か？（価値観、長所、短所など）
目標は？
そのための計画は？

こうした問いはごく基本的ではあるが、その答えを知ることが人生に与える影響は驚くほど大きい。

自分が何者かを明確にすることは、全体的な自尊心にも関係する。つまり、あなたがどれだけ自分自身を「知っている」かが、自分自身をどれだけ肯定しているかに結びついているのだ。また逆に、明確化ができていないことは、神経症的傾向や否定的感情と強く関連する。人生初期の成功を収めるのに自己認識がそれほど重要なのもそんな理由からだ。自分が何者で、どんなことに価値を置き、どこが長所で、どこが短所で、どこを目指したいのか、といったことの答えを知っておく必要がある。そうした知識があれば、ポジティブなセルフイメージや人生観を持てるのだ。

次に、明確かつチャレンジングな目標を持つ必要がある。私たちの何十年におよぶ研究でわかったのは、具体的で困難な目標がある人ほどパフォーマンスが高いということだ。その目標が本人が考えたものか、与えられたものかは関係ない。はっきりした「ストレッチ・ゴール（背伸びした目標）」は人の意欲をそそり、それが仕事の楽しみや、生産性、収益性、満足感につながる。人生の各領域でストレッチ・ゴールを選ぶことは、ハイパフォーマンスの良い出発点となる。

また、目標には期限を設けるべきだ。さもないと追求をやめてしまう。チャレンジングな目標は、達成するための具体的な計画——すなわち、いつどこで何をするか——があったほうが、達成率が「倍以上」になるという研究結果もある。明確な計画を持つことは、モチベーションや意志力を持つことと同じくらい重要なのだ。明確化はまた、気移りやネガティブな気分の克服にも役立つ。つまり、目標や計画がはっきりしているほど、怠け心や疲れを乗り越えて目標を達成する可能性が高まる。目の前に階段が見えていれば、それを無視するほうが難しいのだ。

以上の事実は、私たちの研究でさらに立証されている。私たちは、2万人以上を対象としたアンケート調査で、次のような記述が自分にどの程度当てはまるか、5段階で答えてもらった。スコアは「まったく当てはまらない」に1、「非常に当てはまる」に5を割り振った。

- 私は、自分がどんな人間かわかっている。自分の価値観、強み、弱みがはっきりしている。
- 私は、自分が何を望んでいるかわかっている。自分の目標や情熱がはっきりしている。
- 私は、自分の望みをかなえる方法を知っている。夢を実現するための計画がある。

結果は、**この質問への回答のスコアが高い人ほど、ハイパフォーマンスの総合スコアも高かった。**また、こうしたハイパフォーマンス指標のデータによって、明確性のスコアの高さが、自信や、全体的な幸福度、アサーティブネスの度合いと大きく相関していることもわかった。明確化ができている回答者は、自分は同輩よりもパフォーマンスが卓越している、より大きな違いを生み出していると答える傾向にある。学生の場合は、明確性のスコアが高いほどGPA（数値化された学業成績）も高い。つまり、価値観や目標、進むべき道がはっきりしている若者のほうが、GPAが高い傾向にあるということだ。

これらは誰もが常識で知っていることのように聞こえる。「自分が何者で、何を望んでいるのか認識せよ」というのは、さほど新しいアドバイスではない。それでも検討する必要はある。

あなたは、こうしたことを明確化できているだろうか？　できていないなら、まずここから始めよう。明確化をするための日誌をつけるという、とても簡単な方法を後ほど紹介する。今ここでは、本書のメリットである、あなたのパフォーマンスを目に見えて向上させるという上位概念の説明に集中したい。

まず、ケイトのように、すでに自分が何者かを知り、何十年にわたってチャレンジングな目標を設定し達成してきた人にどんなアドバイスをするのか、検討していこう。

ゴール志向の明確性

私の最新の研究テーマは、自分が何者で、何を望み、そのためにどうすればいいかを明確化しているハイパフォーマーに、特に共通して見られる世界観はあるだろうかということだ。ハイパフォーマーが人一倍はっきりさせようとしている事柄があるとすれば何だろうと考えたのだ。

それを知るために、私はハイパフォーマンス講座の受講者たちのコメントを分析したり、アチーブメントの研究者たちに相談したり、認定ハイパフォーマンスコーチにクライアントに優位性を与える要素を尋ねたりした。また、アンケート調査でハイパフォーマーだと自己申告した人約100人に対し、明確性だけにテーマを絞った構造化面接を行い、次のような質問をした。

- あなたが完全に明確化している事柄の中で、自分が同輩より高いパフォーマンスを発揮するのに役立っているものはどれですか？

- 最も重要なことを常に明確にしておくために、あなたが意識を向けていることは何ですか？
- あなたが明確化「できていない」事柄は何ですか？　それはあなたのパフォーマンスにどう影響していますか？
- あなたは、何かに迷ったり、方向性がわからなくなったりしたとき、どうしていますか？
- あなたがメンターとして指導している人に、あなたの成功要因を説明するとしたら、何と言いますか？
- 自分の価値観や長所や計画の他に、あなたが自覚している成功要因は何ですか？

調査の結果、自分が何者で何を望んでいるのかといった基本的質問のほぼすべての回答で、ハイパフォーマーたちは、**先のことに意識を向け**、どうすればそこで卓越できるかを見極める能力に長けていることが示された。彼らは、単に自分を知っているだけではない。むしろ、今の自分の性格や嗜好にはほとんど意識を向けておらず、一様に、**どんな人間でありたいか**、そしてどうすればそうなれるかを考えていた。彼らは、今の自分の強みをわかっているだけでなく、次のレベルで卓越した貢献をするために、何カ月あるいは何年のうちにどのような幅広いスキルを身につける必要があるか知っていた。彼らは、今四半期の目標を達成するための明確な計画を持っているだけでなく、より大きな夢に向けた将来のプロジェクトのリストを持っていた。彼らは、今月自分がほしいものを手に入れることだけでなく、他者が人生全般、キャリア全般で望むものを手に入れられるよう思慮を尽くしていた。

この「ゴール志向」は、自分がどうなりたいとか、どうやって自分や他者が目標を達成するかといったことにとどまらない。彼らは、これからの活動分野で自分がどのような「気持ち」でありたいかをとても明確に説明でき、自分の意欲や、満足感や成長が損なわれるのはどのような状況かも、具体的にわかっていた。

この研究から、私たちは、こうしたゴール志向の明確化を行うための具体的な行動を編み出した。

ACTION 1

4つのビジョンを描く

ハイパフォーマーたちは、「自分自身」「対人関係」「スキル」他者への「貢献」という各領域で自分がどうしたいのか、どうなりたいのかを明確にしている。私は、これら4領域における展望を「4つのビジョン」と呼んでいる。

自分自身

「汝自身を知れ」とは、2400年以上前に、古代ギリシャの都市国家デルフォイのアポロン神殿に刻まれた、不朽のアドバイスだ。だが「汝自身を『知れ』」は「将来の自分を『想像せよ』」という意味ではない。ハイパフォーマーたちは、自分自身を知ってはいるが、それにとらわれてはいない。それよりも、今より強く、有能な人間になることに意識が向いている。この**「内省」と「意図」の違い**が、ハイパフォーマーのもう1つの特徴だ。

ハイパフォーマーは、なりたい自分を普通の人よりも明確に、すらすらと表現できることを、私たちは発見した。「あなたの目指す自己像、なりたい自分を説明してもらえますか?」と質問すると、ハイパフォーマーは、すぐに、思慮深い答えを、確信をもって返してくる傾向にあった。

面接の録音をチェックすると、ハイパフォーマーたちは、こうしたことを普通の人よりも普段から考えているのが見て取れた。彼らの答えは、中身のある答え——すなわち「う〜ん」とか「そうですね〜」の後の部分が、普通の人よりも平均7〜9秒速く始まっていた。そして話が蛇行することも少なかった。なりたい最高の自分を3語で表現してくださいという質問にも、より早く、より自信に満ちた口調で答えた。

自分の行く先を明確に想像するのは、誰にとっても難しい。だから、たいていの人はやるとしても年に1度、来年の抱負を考える年末年始くらいだ。しかしハイパフォーマーたちは、自分がなれる最高の自分や、目指したい理想像について、多くの時間を費やしている。クライアントの中でHPI指標のスコアが最も高かった10人と、最も低かった10人に面接をした結果、上位10人のハイパフォーマーは、下位10人よりも、なりたい自分を考えたり、それに関係する活動を行ったりする時間が、**週に60時間多**

いことがわかった。たとえば、優れたコミュニケーション能力を持つ将来の自分をイメージしているなら、自分が他人と話しているシナリオをよく想像したりするだけでなく、実際に他人とのおしゃべりに長い時間を費やしている。将来の自己像に沿った行動を積極的にとっているのだ。

ここでのポイントは、内省的かどうかではない。ハイパフォーマーでなくても、毎週ジャーナリングをするなど、内省が得意な人はたくさんいる。だがその多くは、常に自分のことを考えてはいても、大部分がネガティブな思考だったりする。では、どこが違うか？　ポジティブな将来の自己像を思い描き、それに近づこうと積極的に取り組むところだ。この積極的な取り組みという部分が重要なのである。ハイパフォーマーは、来週、あるいは来月からそんなふうに振る舞うようにしようと思うのではなく、「現在形で」なれる最高の自分になろうとしているのだ。

これで、ゴール志向の重要性はおわかりいただけたと思う。このアドバイスを簡単な習慣に落とし込むとこうなる。

なりたい自分をもっと意識する。自分の現状の先にあるビジョンを持つ。なりたい

ジャーナリング
定期的に、あるテーマについて、自分の考えを思うままに書き出すか、決まった問いに答えて頭の中を整理していくメンタルセルフケア。

自分を思い描き、今日からその自分になったつもりで振る舞う。

そんなに難しいことではない。交通事故から立ち直るのに苦労していた19歳の私は、3つの命令形の単語に救われて、人生を逆転させることができた。「LIVE. LOVE. MATTER.（生きよ。愛せよ。重要な存在になれ）」というシンプルな言葉である。

この3つの単語は、自分の人生の明確性をチェックする基準になった。それから20年以上にわたって、毎晩ベッドで眠りにつく前に、「私は今日1日をしっかり生きたか？　人に愛情を注いだか？　重要な存在だったか？」と自問するようになった。現実には、毎晩すべての問いにきっぱり「イエス」と答えて床に就けたわけではない。誰でもそうであるように、うまく行かない日もある。だが、3つともイエスでクリアした——すなわち明確さと順調さを実感できた夜は、最高の眠りにつける。このシンプルな習慣は、これまでの人生で一番明確性をもたらしてくれた。私は今でも、この3語が刻まれたブレスレットをつけている。ブレスレットと寝る前の自問をしないと習慣が崩れるわけではないが、明確さと順調さを維持できるので続けている。

実は、ケイトにも似たようなワークをやってもらった。ケイトは、アイデンティティ形成の習慣を行えていなかったのだ。

彼女はバージョンアップした自分というものを長いこと考えていなかった。すべてがうまくいっていたからだ。

そこであるコーチングセッションで、過去数週間の生活でのさまざまな場面で、彼女自身がどんな人であったか、説明してもらった。帰宅したとき、子どもたちと遊んでいるとき、仕事のプレゼンをしているとき、友達とのやり取り、マイクとデートの最中などに、どんな言動をとったかを思い出してもらった。そしてもう一度、今度は、バージョンアップした将来の自分なら同じシーンでどう振る舞うかを思い浮かべてもらった。すると彼女は、過去数週間の自分は、数年後になりたい自分ではないと気づき始めた。誰でも、こうなったら目を覚まさなければいけない。

次にやってもらったのは、彼女がなりたい将来の自分を表す言葉を3つ選ぶことだ。それは「**生き生きしている**」「**楽しい**」「**感謝している**」だった。この中に、彼女が最近感じていた「流されるように物事をこなしている」に関係する言葉はひとつもない。

こうした単純な思考プロセスによって、フォーカスがリセットされることはままある。ケイトは、おしなべて自信に満ちた人だが、なりたい将来の自分を思い描くことをやめていたことが問題だった。**ビジョンがないから、熱も入らない**ことが彼女を苦しめていたのだ。そこで私は、彼女が選んだ3つの言葉を、スマホのアラームのラベルとして登録することを勧めた。アラームが鳴ると、3つの言葉が画面に表示され、リマインドされるようにしたのだ。

では、あなたもやってみよう。

1　過去数カ月間の次のような場面における自分を、あなた自身がどうとらえているか、記述する。パートナーと一緒にいるとき。職場。子どもといるとき。チームのメンバーといるとき。知らない人と交流するとき。

2　次にこう自問する。「これは私の目指す姿か？」「なりたい自分は、今の自分と比べて、このような場面で、どのように見え、感じ、振る舞っているだろう？」

3　なりたい自分を3つのポジティブな単語で表現するとしたら、どんな言葉か？それらはなぜあなたにとって有意味なのか？　3つの言葉が見つかったら、スマホのアラームのラベルとして登録し、1日数回鳴るように設定する。

対人関係

ハイパフォーマーたちは、他者とどう接するかについても、明確な意志を持っている。彼らが成功し、リーダーシップを発揮しているのは、そもそも高い状況認識力と社会的知性を持っているからなのだ。あらゆる大事な局面で、自分がどうあるべきか、**他者とどのように接するべきか**を心得ている。

そんなのは当たり前だろうと思うかもしれないが、あなたは自分の生活で当たり前に実践できているのかチェックしてみよう。

- 直近の会議に出る前に、参加者の一人ひとりとどう接しようか考えたか？
- 直近の電話をする前に、その相手に対しどんな口調で話そうか考えたか？
- 最近パートナーや友達と出かけたとき、どのくらいの熱量で場を盛り上げようか、計画したか？

以上のような自問は、自分の内面を見つめ、自分がどの程度はっきりした意志をもって物事に臨んでいるかを測るのに役立つセルフチェック項目だ。私の見たところ、ハイパフォーマーたちは常日頃人と接する直前に、次のような基本的な質問を自らに投げかけているようである。

- 今回の場面で、優れた人間あるいは優れたリーダーとして振る舞うにはどうすればいいか？
- 相手が必要としているのは何か？
- どんな雰囲気や方向性をつくり出そうか？

興味深い発見はまだある。ハイパフォーマーに、他者にどう接したいかの理想を表す単語を選んでもらったところ、**「思慮深い」「ありがたく思っている」「敬意を持っている」「受容的」「正直」「共感的」「愛情深い」「親切」「やさしい」「一緒にいる」「公平」**などが多く挙がった。そして、自分が他者にどう扱われたいかを最もよく表す単語を複数挙げてくださいという問いで、ハイパフォーマーたちが最も重視していたのは、尊敬されることと、ありがたがられることだった。

尊敬や敬意は、ハイパフォーマーたちとの会話にとりわけ頻繁に出てくるキーワードだ。他者から尊敬されたいし、自分も他者に敬意を払いたい。これは家庭生活も含め、人生のすべての領域に当てはまるようだ。結婚生活40年以上で「今もなお」円満だと答えたアメリカ人夫婦２００組を実地で調べた調査によると、最も多くの夫婦が重視し、強みとして挙げていたのが「尊敬」だったという。そして、離婚につながるワースト４の行動は、「批判」「自己防衛的態度」「軽蔑」「コミュニケーションの放棄」である。これらが相手にとってしごく不愉快なのは、まさに、軽視されている、敬意が欠如していると感じられるためだ。

すべてのハイパフォーマーに共通して見られるのは、
人とのポジティブな交流を期待し
それを実現しようと、絶えず意識的な努力をしていることだ。

これは万国共通に見られるハイパフォーマーの特徴だ。他者との交流に関しては、彼らは、気ままに振る舞ったりしない。しっかりした意図をもって人とかかわり、それゆえにパフォーマンスが向上するのだ。

将来のことに関しても、ハイパフォーマーは、社会における自分というものを俯瞰的に考えていることが明らかだ。自分がどのように記憶されたいか――つまり、後世に語り継がれる自らの人物像のことまで考えている。ハイパフォーマーは、今日のこと、会議でのこと、今月のＴｏＤｏリストや社会的義務のことだけでなく、「私は、愛する者たちや貢献する人びとの記憶に、どのように残りたいのか？」と「常に」考えているのである。

ケイトのコーチングをしていて、彼女が家族をとても大切にし、愛していることがよくわかった。にもかかわらず、本人は、あまりに多くのことを抱えているために、家族との時間が思うように取れていないと感じていた。一度こんなふうにこぼしたことがあった。「私はもっと家族に尽くすべきと感じるんですが、どうにも融通がつかない」。さて何が問題なのか、あなたはわかるだろうか？　常にたくさんのことを抱え、消耗しているときは、先のことまで考えが及ばない。今日を生き延びるのに精いっぱいで、明日は家族やチームとこうかかわろうという明確な意図を持てなくなるのだ。

これはデキる人が抱えがちな葛藤である。もっと良きパートナー、良き親でありたい。だが、もういっぱいいっぱいなのである。そして皆ケイトと同じ間違いをする。彼女は、良き母親や妻になるために必要なのは、もっと多くの「時間」だと思い込んでいた。いつか時間さえできれば、ずっとなりたかった、子どもたちの良き母、良き妻になれる、と思っていた。だが、あなたもご存じのように「いつか」は「絶対来ない」。私は、ケイト自身を変え、彼女の対人関係を改善するために、こんなアドバイスをした。なりたい自分が人と接している姿をあらかじめ頭に描き、毎日、それを意識して生活するよう指導した。彼女に必要なのは時間でも、あと1日待つことでもない。量の問題ではなく、質の問題だったのだ。では私がケイトにやってもらったそのワークを、あなたもぜひ試してみてほしい。

a　家族とチーム一人ひとりの名前を書き出す。

b　各人が、20年後に、「なぜ」あなたのことを大好きで尊敬しているか説明している場面を想像する。それぞれが、あなたとのかかわりを3つの単語で語らなければならないとしたら、彼らにどんな言葉を使ってほしいか？

c　次回その人と顔を合わせるとき、上で選んだ3つの特性を発揮する機会だと思うようにする。3つの言葉を目標にし、その特性を体現するのだ。なりたい自分に「今すぐ」なりきってみよう。これでその人との関係性を復活させることができるだろう。

私はケイトに始終言っていた。明確で強力な意志があれば、「流されるように物事をこなす」ようなことはやりたくてもできないと。

スキル

私たちが次に発見したのは、ハイパフォーマーたちは、自分が将来成功するために今身につけるべきスキルを、とても明確に認識しているということだ。「来年もっと成果を発揮するために今習得しようとしているスキルを3つ挙げてください」という質問を投げても、彼らは空欄回答などしない。

私は、フォーチュン500企業の経営幹部へのコーチングを頼まれると、受講者に、私の前でカレンダーを開いてもらい、数日後、数週間後、数カ月後の予定を話してもらう。それでわかったのは、HPI指数が高い幹部は、低い幹部に比べ、より多くの時間を、学びの時間として確保しているという傾向だ。オンライン・トレーニングに

1時間、エグゼクティブ・コーチングに1時間、読書に1時間、そして趣味の習い事（ピアノ、外国語、料理など）に1時間といった具合に予定が入っている。自分を成長させるためのマイ・カリキュラムを組んで、積極的に学習しているのだ。そうした予定は、いろいろなスキルを身につけようという彼らの願望の反映である。たとえばオンライン・トレーニングは、プログラミングや財務管理の方法を学ぶため、エグゼクティブ・トレーニングは、傾聴のスキルを学ぶため、読書は、戦略や、会議での傾聴、ストーリー開発などについて学ぶため、そして習い事も、単に楽しむだけの趣味ではなく、スキルを積極的に習得するつもりでやっている。

そしてハイパフォーマーの学習の最大の特徴は、私がＰＦＩ（Primary Field of Interest）と呼ぶ、**主な関心分野に的を絞って取り組んでいる**点だ。彼らは、やみくもにいろいろなことを習っているわけではなく、自分が情熱を持っている関心事にポイントを絞り、その領域でのスキル習得のために活動や日課を設定している。たとえば音楽好きなら、学びたいジャンルを専門に勉強しているのだ。つまり**彼らのＰＦＩは「ピンポイント」なのである。**ただ「音楽」に興味があると言って、あらゆる領域——ギターを弾く、オーケストラに入る、バンドのボーカルをやるなど、手当たり次第に挑戦したりはしない。たとえば、5弦ギターというマニアックなジャンルに的を絞り、一流の先生を探し、「興味本位」ではなく、**真剣にスキルを習得する**人向けのレッスンに時間を費やす。言い換えれば、自分の情熱がはっきりわかっており、その技能をマスターするために時間を割いているのだ。つまり、**ハイパフォーマーは、学習や習い事にも、ゼネラリストではなくスペシャリストとして取り組んでいる。**

では、ここまでである程度把握してもらっている私のキャリアを例にとって説明したいと思う。私は、大学院を卒業後、チェンジマネジメントアナリストとして、国際コンサルティング企業に就職した。入社後半年間は、同期の大半と同じく、ゼネラリストとして仕事に向き合った。会社とクライアント、そして世界について、すべてを学ぼうとした。新人というのはだいたいそんなものだ。

だがまもなく気づいたのは、パートナーの多くが、専門分野を持っていることだ。もし8万人の社員の中から抜きん出るなら、即刻何かのスキルセットを身につけるべきだと思った。そこで私が選んだのは「リーダーシップ」である。これは大学院で学んだ分野だった。具体的には、リーダーと傘下のチームのために学習カリキュラムを組むスキルを習得しようと考えた。**リーダーシップが私のPFI、カリキュラム設計**

チェンジマネジメント
組織の変革の人的側面を管理する手法。

パートナー
役員クラスのコンサルタント。

がそのスキルということになる。私は、カリキュラム設計に関連するプロジェクトを会社に申請して立ち上げた。私のキャリアは一気に花開いた。

そしてフルタイムのライター兼トレーナーになるために大企業を辞めたときも、同様の考え方で決断した。ＰＦＩは自己啓発だ。ただそれだけでは、同じことを考えているライターやブロガー、講演者、トレーナーが、私の他にもたくさんいる。どうすればその中から突出できるか？　そう考えて気づいた。自己啓発というテーマなら、同じ関心分野のライバルがたくさんいるが、自己啓発を世の中に売り込むマーケティング法なら、私も含め、やっている人はあまりいない。自己啓発はもともと私の情熱で、プライベートの読書時間、心理学や、神経科学、社会学、行動経済学の勉強に使っていた。こうしたテーマにすでに興味津々だったので、「それ以上」目を向ける必要はない。私がフォーカスすべきは、自分のブランドを構築することだった。そこで私は大きく舵を切り、マーケティングをＰＦＩにしたのだ。

これは、マーケティングの才能も、スキルも、強みも、経歴も持ち合わせていない私にとって、とてつもない決断だった。だがやはり、新たなキャリアでの成功の扉を開ける鍵はマーケティングだと認識した。そこで私は、自分に必要なスキルセットを調べ始めた。ゼネラリストのように、マーケティングに関するすべてのスキルに目を向けるつもりはなかった。前職の組織の中で、リーダーシップのすべての関連分野を学ぼうとしなかったのと同様だ。その代わりに、私はEメールマーケティングと動画制作に的を絞った。それらに関するオンライン講座を受講したり、セミナーに参加したり、コーチをつけたりした。私のスケジュールは、この2つのスキルを習得するための活動で埋め尽くされた。

1年半のあいだ、Eメールマーケティングと動画制作に関する勉強と試行だけに専念した。具体的には、メルマガ購読者を集め、メンバーに毎週リンクを送って、自分のトレーニング動画が載ったブログに誘導する方法や、オンラインのメンバー専用エリアにすべての動画を載せ、有料でアクセスしてもらう方法などを学んだ。

1年半後、私は、オンライン講座の初期のパイオニアとして成功していた。私のオンライン講座は、受講料が1000ドルを超えるものもあったが、数千人が申し込んでくれた。多くの業界人は、私が手品みたいなことをやってのけたとか、インターネットの天才なのだろうと思ったらしい。だが実際そんなことはなくて、単に将来を見据え、数年後の業界で勝つための方策を割り出し、そのために必要なスキルを習得するために自分の活動を再編成しただけなのだ。

私はこの体験から、シンプルかつパワフルな教訓を得た。

将来を見据え、
スキルを割り出し、
それらのスキルを徹底的に習得する。

ただこれは、なかなか「言うは易し、行うは難し」なのだ。誰もがさまざまなことに気を取られ、状況の変化に受動的に対応している今の時代、将来のためのマイ・カリキュラムを考えるなどということは、忘れ去られた技といえる。

これはハイパフォーマーでも難しい。私はかつて、光栄にも、オプラ・ウィンフリー（有名なトーク番組司会者）とそのエグゼクティブ・チームに呼ばれ、講演をさせてもらったことがある。そのとき彼らに最も響いたのは、**ハイパフォーマーは、マイ・カリキュラムを構築している**という内容だったらしい。

意外に思ったので今でも覚えている。彼らは、後でそのセッションを総括するひと言として、私が伝えたいろいろなことの中からこの1節を引用したのだ。
「自分の成長を成り行きまかせにしていると、生涯、凡庸な世界の住人に甘んじることになる」

この教訓があなたに明確に伝わっていることを願う。あなたの今のパフォーマンスがどんなレベルであれ、自分のＰＦＩと、一段階上の成功のために身につけるべきスキルを明確にすること。それを最優先事項の１つにしなければならない。

自分の情熱と再びつながり、それに関するスキルをさらに習得するためのシステムを立ち上げることは、大きな変革となる。ケイトの場合は、たったそれだけで、自分が流されるように物事をこなしている感覚を打ち破ることができた。私は、ケイトと時間をかけて、この先10年で彼女が自分のＰＦＩで成功するために何が必要かを話し合い、習得可能な、業界関連の新しいスキルをいくつか割り出した。いくつかの講座に申し込み、それについてアドバイスをしてくれるメンターを職場でも見つけた彼女は、私にこんなメールを送ってきた。

信じられないことに、私はいつの間にか業務が得意になりすぎ、自分が学ぶことをどれだけ好きだったか忘れていました。将来のために学ぶべきことから目をそらしていたのです。でも今日オンライン講座を1つ修了した私は、こんな行動1つで、言葉にできないほどの達成感を得ることができました。高校を卒業したときのような気分を再び味わいました。このように、将来を再び楽観できるようになったのは、学習が心を素直にし、楽しむように仕向けてくれるからでしょう。学び直しという選択をしただけで、こんなに簡単に自分の気持ちを変えられたことが信じられません。

ケイトの次はあなたの番だ。次のことをやってみよう。

1 自分のピンポイントなPFI（主な関心分野）を考え、その分野での成功に役立つスキルを3つ書き出す。

2 挙げたスキルのそれぞれについて、学ぶための具体的な行動――本を読む、練習する、コーチをつける、研修を受けに行くなど――を書き出す。いつやるかも決めて、スキル習得の計画を立て、スケジュール帳に書き込む。そして実行する。

3 次に、そのPFIの分野で、今から5～10年後に成功するために必要なスキルを3つ書き出す。つまり、将来を思い描いてみようということ。そのときに必要となりそうな新しいスキルセットは何か？　それらを、常に心の片隅に置いておき、できるだけ早く習得するようにする。

貢献

ケイトは、自分が変化をもたらしている実感を久しく持てていなかった。貢献の精神を失ってしまい、そのせいで、職場で流されるように仕事をしているだけと感じるようになった。職場でこれといった変化があったわけでもないのに、毎日が空虚な作業の連続に感じられるようになった。具体的にはこういうことだった。彼女は、職場ではすばらしいリーダーであり、自身でもチームのメンバーを導くことに貢献の精神を実感していた一方、自分たちの仕事の影響を最終的に受ける末端顧客とのつながりを失っていた。

聞いてみると、ケイトはもう何年も顧客との「会話をして」いなかった。大企業の社内幹部となり、現場の最前線——すなわち、会社のサービスを受ける一般人からは遠く離れていた。そこで彼女は、顧客を訪ね歩いて、彼らが会社にこの先何を望んでいるかにしっかり耳を傾けることを毎月行うようになった。するとまもなく、仕事への熱意がわき戻ってきた。

これまで、4つのビジョンのうち**「自分自身」「対人関係」「スキル」**について説明してきたが、最後は、ハイパフォーマーが、将来どのように世界に**「貢献」**することを思い描いているかについてだ。

どういうことかというと、ハイパフォーマーは、他者、そして未来全般に対し、自分がどんな変化をもたらすことができるかをとても気にかけている。その貢献を、心を込めて、巧みに実現する未来図から逆算して今日の行動を考えているのだ。ずいぶん話が大きいと思うかもしれないが、これはハイパフォーマーたちが実際に使っている表現なのだ。

彼らはよく、レガシーを未来に残すためには、今このように努めて人びとを感動させることが非常に重要なのだと言う。多くのハイパフォーマーが、人との接し方や仕事への取り組み方の細部までこだわるのは、そのためなのだ。

パフォーマンスが高いウェイターは、テーブルがきちんと正確にセットされているかどうかにこだわる。それは、単に自分の仕事としてではなく、全体的な顧客体験と、レストランの今、そしてこの先の評価を上げようと心を砕いているからである。

秀でたプロダクトデザイナーが、商品のスタイル、フィット感、機能にこだわるのは、今シーズンの売上げを伸ばすためだけでなく、熱狂的なファンをつくり、ブランドの全体的なビジョンに役立てようと考えているからである。

これらすべてに通じるのは、将来志向、すなわち「どうすれば世のため人のために卓越した貢献ができるか」を意識しているということだ。それができていない状態はすぐわかる。

将来や、自分の将来的な貢献が意識できなくなった人はパフォーマンスが落ちる。

明日の楽しみがないから、今日細かい気配りをしなくなる。だからこそ、リーダーが明日についての会話に部下を巻き込み続けることはとても重要なのだ。

ハイパフォーマーは常に、**お客さまに「最大の価値」をもたらすものは何か？** という問いにこだわっている。私は「こだわる」という言葉を軽々しく使っているわけではない。面接による調査で、ハイパフォーマーたちが、貢献に関する問い——どのように価値を加えるか、周囲の意欲を喚起するか、変化をもたらすか、といった質問——に並々ならぬ思慮をめぐらせていることがわかったのだ。こうしたことへの意識の高さは、有用性、自身の差別化、卓越性を追求するハイパフォーマーの特性の表れである。

「**有用性**」とは、もはや重要ではないことを捨て去ることを指す。ハイパフォーマーは、過去のやり方を通そうとしたり、自分が長年追求してきたプロジェクトを優先させたりはしない。彼らは常に「今大事なのは何か？　どうすればそれを実現できるか？」と考えながら動く。

「**自身の差別化**」は、業界、キャリア、対人関係において自分自身がいかに特異な存在かを指す。ハイパフォーマーは、抜きん出た存在として、他者よりも大きな価値をもたらすことを目指している。

「**卓越性**」は、「どうすれば期待以上の成果を出せるか」という内面の基準を指す。ハイパフォーマーの場合、「どうすれば卓越した貢献ができるか？」という問いが、おそらく他の何よりも気になる。

これとは対照的に、ローパフォーマーは、「**貢献**」よりも「**自分自身**」を重視しすぎる。「顧客が今望んでいるものは何か？」という問いが意識の大部分を占めている。「どうすれば卓越した貢献ができるか？」ではなく「どうすれば自分が今望んでいるものは何か？」ではなく「どうすれば最小限の努力でやっていけるか？」と問いながら動いている。ハイパフォーマーは「どうすれば自分ならではの貢献ができるか？」と問うのに対し、ローパフォーマーは「どうして私ならではの強みが認められないのか？」と問う。

本セクションの最後に「４つのビジョン」のまとめと内容確認を兼ねたワークシートを用意してある。まずは、本書で紹介する各習慣の最後に設けられたこの「マイノート」というコーナーについて説明したい。このシートは、そのセクションで学んだ要点をおさらいしながら、あなた自身を省察し、書き込めるようになっている。できれば、本に書き込むのではなく、専用ノートを用意して、すべての文章を書き写すことを強くおすすめする。

本書のマイノートに書き込むにせよ、自分のノートに自由に考えを書きつづるにせよ、あなたが自分の人生に望むものをじっくり考えて、書き出してほしい。目標なしには成長できない。明確にしなければ変化は起きない。

ACTION 1 のまとめ

「4つのビジョン」マイノート

1 「4つのビジョン」――自分自身、対人関係、スキル、貢献の中で、私が十分に考えてこなかった領域は……

2 顧客や部下についてより明確な意図を持つとしたなら、これをする……

3 レガシーを未来に残すために、今から始められる貢献は……

ACTION 2

どんな気持ちを持ちたいか、あらかじめ決めておく

人生において明確性を高め維持するのに役立つ2つめの行動は、常にこう自問することだ。

「私はどういう気持ちでこの状況に臨みたいか？　そしてこの状況によってどういう気持ちになりたいか？」

これは、多くの人がとても苦手とする習慣である。ローパフォーマーはとりわけ、自分がどんな感情や気持ちを持っているのか、あるいは持ちたいかに注意を払っていない。さまざまな状況に直面するたびに、自分の気持ちをその場に委ねてしまう。だから自己認識能力も自制心も弱いのだ。

一方ハイパフォーマーたちは、自分の感情を客観的に捉え分析する能力と、いわゆる「気の持ちよう」をコントロールする能力が非常に高い。彼らはパフォーマンスを発揮する場面で生じる情動を正確に言語化でき、何より、そうした情動から解釈した

意味を自分なりにアレンジし、長期的にどのような気持ちでいたいかを選択することができる。

例で示そう。かつて私がコーチングをしたある短距離走のオリンピック選手は、その年の世界ランキングが1位だった。だが、その前年まで、彼のパフォーマンスは不安定なことが多く、大会で優勝したかと思えば、予選落ちしてしまうこともあった。私がコーチングの依頼を受けたときは、連勝が1年にわたって続いていた。セッション初回で私が「今勝ち続けている理由を3語だけで表現するとしたら、それはどんな言葉ですか?」と訊くと「一にも、二にも、三にも気の持ちようです」と言う。

どういうことか尋ねると、彼はこう答えた。

「僕は、自分が競技場に足を踏み入れる前、スターティングブロックにスタンバイしているとき、短距離走の最中、ゴールインした瞬間、通用口から退場するときに至るまで、自分の心と身体がどう感じるべきなのかを明確にしたんです」

私が、それは情動をコントロールし、緊張しないようにすることかと訊くと、彼は笑ってこう答えた。

「違います。スターティングブロックで用意の姿勢をとると、身体はどうしても、その場に満ちているいろいろなもの、このレースに何がかかっているかとか、（恐怖などの）情動とかを、身体が嫌でも感じ取るんです。でも僕は、それで不安な気持ちには陥りません。**自分の気持ちを、自分で定義づける**んです。今、身体が感じ取っているのは、準備よしという気持ちなんだとか、高揚感なんだと自分に言い聞かせるのです」

言い方の違いはあれ、実にたくさんのハイパフォーマーから同じような発言を聞いている。彼らはよく、ある瞬間に自分の心の状態を感じ取っても、それを意図的に、自分に望ましい定義で上書きしたりする。

ここで「情動」と「感情や気持ち」の違いを確認しよう。「情動」の定義は諸説あるが、「情動」と「感情や気持ち」が違うことは多くの研究者が認めている。

「情動」は、概して**本能的な機能**と言える。ある出来事――外的な状況も、頭の中の予想も含まれる――が引き金となって、恐怖や、喜び、悲しみ、怒り、安堵、愛情などの情動反応が引き起こされる。情動反応は、多くの場合、自分の意志に関係なく生じる。急激に生起するのは、起きたことを、脳が瞬時に解釈し、過去の同じような状況で自分がどう感じたかというデータを参考に、意味と感情を付与するからだ。しかし、私たちは自分の情動を100パーセント認知しているかといえば、そうではない。情動を意識的に引き起こすのは100パーセント無理かといえば、そうでもない。たとえば、赤ちゃんに笑いかけられて心に生じる喜びの情動。その情動は、実際の知覚的刺激がなくても、そのときの光景を後で思い起こしただけで呼び起こせる。だが、日常生活で生じる情動はだいたいにおいて、自動的で身体の生理的反応を伴う。

一方、ここで言う「**感情や気持ち**」とは、**情動を頭で解釈したもの**を指す。これは、あまり厳密な説明ではないが、便宜上簡単に言うと、情動は主に反応、気持ちは解釈、といえるのだ。先ほどの短距離走者が言ったように、恐怖の情動が引き起こされたからといって、必ずしも怖いと感じて逃げ出す必要はない。恐怖の情動が突発的に起こっても、次の瞬間に、頭で、自分は冷静だと思い直すという選択ができるのである。

自分自身を落ち着かせるとは、生起した情動とは別の感情を選択する、ということなのだ。ハイパフォーマーたちは、パフォーマンスを発揮する状況に臨む前に、**いか**

なる情動が生じたとしても、それに対しどう感じたいかをあらかじめ検討し、**いかなる情動が生じたとしても**最終的にどんな気持ちでその状況から立ち去りたいかを、あらかじめ思い描いている。このようなセルフコントロール法で、意図を達成しているのである。

この感情の選択がどのように行われるのか、もう一例紹介しよう。

もし自分が参加している会議で、他の人たちがケンカ腰の議論を始めたら、きっと私はふいに、恐怖や、怒り、悲しみといった情動に襲われるだろう。そして、心臓がドキドキする、手に汗をかく、呼吸が浅くなるなどの反応が出るはずだ。その後に、怖いとか大丈夫かという気持ちが起きてくるだろう。だが、これらの反応は前もって予測できることで、もし会議中に何かあって本能的にネガティブな情動が生じたとしても、私は、別の気持ちを持つ選択ができる。この情動は私に「注意を払えと教えてくれているだけだ」「人の身になって考えろと教えてくれているだけだ」とか「自分の意見をはっきり言えと教えてくれているだけだ」と、自分に言い聞かせればいいのだ。恐怖の情動をそのまま怖いという気持ちに移行させる代わりに、何度か深呼吸をし、警戒しながらも冷静な気持ちでいることを選択できる。そうすることで、深い呼吸を続け、落ち着いた口調で話し、イスにゆったりと座り、その場にいる人たちのことを肯定的に考え、嵐の中の穏やかな影響力になることを選択できる。その選択によって、最初に「生起した」情動とは別の気持ちを生み出すことができるのだ。

自動的に生じた情動に主導権を握らせる必要はない。気持ちこそが、自らの所産だ。

かつては恐怖の情動が、そのまま怖いという気持ちに移行していたとしても、そこから自分の望む気持ちをつくり出すようにしていると、時間の経過とともに、その気持ちが脳に刻まれるようになる。すると恐怖の情動が起こっても、怖いとは思わなくなる。脳が、私はうまく対処できるという体験を学習するからだ。そうして記憶が書き換えられると、自動的な情動の威力が薄れてくる。**恐れの情動がわき起こっても、脳が、自分で選択した気持ちを記憶から想起するようになる**のだ。

情動は、浮かんでは消える。ほとんどの場合、即時的で、本能的で、身体的なものだ。一方、気持ちは長続きし、多くの場合頭で考えた結果なので、自分でコントロールできる。「怒り」は、自動的に生じる情動だが、「恨み」という持続的な感情を一生抱え込むかどうかは、あなたが決められるのだ。

言葉の定義ばかりを説明しているように聞こえるかもしれない。そうかといって、先ほども認めたとおり、これらは厳密な説明とも言えない（心と身体のいかなる機能も、正確に説明する理論は存在しない。なぜなら、常に諸説が存在し、考えや感情はけっして孤立したものではないからだ。人間の感覚と意志は、広大な神経ネットワークで互いに作用し合い、重なり合っているのだ）。**それでもこの話をここで共有するのは、ハイパフォーマーたちはたいてい、降ってわいた情動をそのまま受け取るよりも、そこから自分の望む気持ちをつくり出していることが、あまりにも明白だからだ。**

ハイパフォーマーのアスリートが「ゾーンに入る」と言うとき、それは、意識的に集中力を極限まで研ぎ澄まして、ゾーンという「精神状態」に入ることを意味する。ゾーンに入っている状態は、自動的には起こらない。一部のアスリートは、雑念を最小限に抑え、その活動に没頭することで、意識的に自身をゾーンに持っていくことができるのだ。ハイレベルなアスリートや、あらゆる立場のハイパフォーマーにとって、没頭は、自分で選ぶ気の持ち方なのである。試合開始時に偶然降ってわくラッキーな情動ではなく、意識的に呼び起こすものなのだ。

自分の感情を意識するのをやめてしまうと、世の中のネガティブな事柄が、ネガティブな情動を引き起こす。そうした情動の意味づけをコントロールしなければ、持続的なネガティブ感情が生じ、悲惨な人生の下地となってしまう。

しかし、いかなる人生も積極的に経験し、その浮き沈みの中でどんな情動に襲われても、冷静で、円満で、強い、愛情深い気持ちに切り替える選択をすれば、とても強力なことを成し遂げられる。気持ちの選択という技を使いこなせば、突然、思いどおりの気持ちで人生を生きていくことができるようになる。

ケイトが忘れていたのはまさにそれだった。彼女は、予測不能な情動の海にのまれ、それに対して持つべき気持ちを自分で選択していなかった。自分が情動や体験をどう扱っているかに気づいていなかったのだ。流されるように仕事をしていただけでなく、情動にも流され、自分が思うような気持ちで生きられなくなっていたのである。

私が指導したことはただ1つ。それは、彼女がさまざまな状況に臨むたびに、自分がどんな気持ちでいたいかを選択させることだった。そういう意志を持って行動しただけで、彼女の人生に活気と彩りが戻ってきた。

今日はどんな気持ちでいたいか？　思いどおりの気持ちで過ごすには、今日という日をどう意味づければいいいか？　今度デートに出かけるとき、どんな「気持ち」をつくり出したいか考えよう。子どもの算数の宿題を手伝う前には、どんな気持ちで子どもを手伝うべきか自問しよう。このような明確性と意志を持つと、人生経験が変わる。

ACTION 2 のまとめ

「どんな気持ちを持ちたいか、あらかじめ決めておく」マイノート

1　最近よくわき起こる情動は……

2　得たい感情が得られない人生の領域は……

3　人生でもっと味わいたいと思う感情は……

4　ネガティブな情動がわき起こったときに自分に言い聞かせることは……

ACTION 3

自分にとって何が有意味かを定義する

ハイパフォーマーは、自分が心に決めたことなら、ほとんど何でもできてしまう。だが、すべての山に登る価値があるわけではない。ハイパフォーマーが普通の人と違うところは、何が自分の人生経験に意味をもたらすかを見極める眼識だ。彼らは、自分が有意味だと考える事柄により多くの時間を費やし、それで満足感を得る。

私たちを空しい人生に閉じ込めるのは、長所の欠如ではなく、明白な動機の欠如だ。心を燃え立たせ、前進させてくれる、野心的な目的が欠けているとそうなる。有意味な人生を生きようとする努力は、心の健康につながる一大要因である。

だが、有意味の「意味」はなんだろう?

人が「働く意味」について語るとき、それはたいてい次の3つだ。

- 作業そのものの楽しさ
- 自分の価値観と仕事の一致
- 仕事の成果から得られる充実感

人びとにとって何が有意味なのかを特定しようとする研究者たちは、あなたが、ある活動をどれほど重要と見なしているか、それにどれほど時間を費やしているか、どれほど力を注いでいるか、どれほど愛着を持っているか、低い報酬でもその仕事をするかどうか、といった切り口に焦点を当てる。

仕事の場合、あなたがそれを、ただの収入を得るための仕事と見なしているのか、重要なキャリアと見なしているのか、それとも天職と見なしているのかを見極めようとする。そして、明確なパーパスと人生全体の意義を結びつけることが多い。

さて、ハイパフォーマーたちの考える「意味」もこのようなものだろうか？

私たちは、ＨＰＩのスコアが上位15パーセントに入った人の中から、１３００人を無作為に抽出し、以下のような質問をした。

- 何をもって、自分のしていることが有意味だと判断していますか？
- 有意味なことをしているときはどのような気持ちになりますか？
- もし2つの良いプロジェクトのどちらかを選ぶ必要に迫られたら、どのような基準で、自分にとって最も有意味なプロジェクトを選びますか？
- 何をもって、自分のしていることが人生に意味をもたらさないと判断しますか？
- 何をもって、人生の終わりに、それが有意味な人生だったか判断しますか？

これらの質問は自由記述式だったため、私たちは、答えの中にパターンを探し出そうと隅々までチェックした。そして浮かび上がったのが、多くのハイパフォーマーが「意味」をもたらすものとして挙げていた4つの事柄である。

彼らが意味を感じている事柄その1は、「**熱意**」だ。たとえば、2つのプロジェクトのどちらかを選ぶ必要に迫られたら、自分が熱くなれるほうを選ぶと答えた人が多かった。この発見は他の研究結果とも一致する。「熱意」は、満足度、ポジティブな情動、ネガティブな情動の少なさ、環境制御力、自己成長、ポジティブな人間関係、

環境制御力
自分の心理状態や能力に適した環境を選択したり、つくり出したりする能力。

自己受容、人生の目的、エンゲージメント、意義、達成の独立予測因子であることがわかっているのだ。ポジティブな人生を望むなら、可能なかぎりの熱意を奮い起こすべきなのは明らかだ。こうした研究結果に触発された私は、毎朝シャワーを浴びながら自分にこう問いかけている。「今日はどんなことに、ワクワクしたり熱くなったりできるか?」このシンプルな問いかけが、私の毎日への向き合い方を変えてくれた。あなたもぜひ試してほしい。

独立予測因子
実験心理学の文脈における要因や、因子、原因となる変数。

ハイパフォーマーが意味を感じる事柄その2は**「人とのつながり」**だった。社会的に孤立した人たちは、人生の意味を失ったと回答している。社会的な関係性——特に身近な人たちとのつながりが、人生の意味をもたらすという回答が最も多かった。

ハイパフォーマーたちも、皆と同じように、生活や仕事における人間関係を大切に思っている。ただハイパフォーマーに特徴的なのは、特に仕事で、人とのつながりに意味を見いだしていることが多い点だ。人とのつながりに、「安らぎ」を求めているのではなく、むしろ「刺激」を求めている。言い換えれば、ハイパフォーマーは、互いに切磋琢磨できる仲間たちの中にいたほうが、仕事がより有意味に感じられるのだ。日常生活においても、たとえば、一緒にいて楽しいだけの人や、普通にやさしい人とつき合うよりも、自分を成長させてくれ、刺激となる人たちとのつきあいに価値を置く。

ハイパフォーマーが意味を感じる事柄その3は、「**満足感**」だ。彼らは、自分のしていることに個人的満足感を覚えると、人生が有意味だと感じる。一般的な人びとから、その人にとって何が「満足」をもたらすのかを聞き出すのは、彼らが「有意味」をどう定義しているのかを聞き出すのと同じくらい難しい。だが、ハイパフォーマーの場合、何が個人的満足感につながるのかという方程式がはっきりしているのだ。彼らは、努力の対象が自分の主な情熱と一致すると、個人的あるいは仕事での成長につながり、他者にも明確でポジティブな貢献をすることができる。そんなとき、努力に満足感を覚え、努力のかいがあったと言うことが多い。

情熱 + 成長 + 貢献 = 個人的満足感

また、安心感、自律性、ワークライフバランスも、特に仕事における満足感に重要だという研究者もいる。

自律性
他者からの支配や制約を受けずに、自分自身で目標や規範を立て行動すること。

努力をした「意味」があったとハイパフォーマーに言わしめる事柄その4は、自分の人生が**「理にかなっている」**と感じられることだ。これを心理学用語で「首尾一貫感覚」という。これは、自分の人生――または最近の出来事――のストーリーが腑に落ちるという感覚を指す。

この首尾一貫感覚は、ハイパフォーマーにとってことさら重要らしい。彼らは、自分の努力が、重要性の高いものと一致しているか、自分の仕事が意味深いものであるか、自分の人生がレガシーを残し、より大きな目的の役に立つか、といったことにこだわっている。

この首尾一貫性を求める気持ちは、多くのハイパフォーマーにとって、自律性やワークライフバランスよりも大切らしい。彼らは、自分のしていることが理にかなっており、より大きな全体に貢献していると感じられれば、コントロールやワークライフバランスの追求を後回しにすることもいとわない。

ハイパフォーマーたちが何を有意味と見なしているかについては、さらなる研究が必要なのはたしかだ。しかし、私たちが行った研究は、第一歩として価値があると思う。わかりやすく説明するなら、このシンプルな方程式が役立つかもしれない。

熱意 + つながり + 満足感 + 首尾一貫性 = 個人的満足感

有意味感を持つには、これらすべての要素が一度に揃わなければならないわけではない。ときには、部屋を歩く自分の子どもを見るだけで有意味感を得られる。重要なレポートを仕上げるだけでも、すてきなデートに出かけたり、メンター・ランチを開いたりするだけでも、人生を有意味にすることができる。

重要なのは、**人生に意味をもたらすものは何かを、もっと意識的、継続的に考える必要がある**ということ。まずは、あなた自身にとっての有意味な人生とは何か、より有意味にするにはどうすべきかについて、自分自身の定義を模索することから始めよう。雑用的な仕事とライフワークの違いを学ぶことが、人生の目的を追求する第一歩になる。

ACTION 3 のまとめ

「自分にとって何が有意味かを定義する」マイノート

1 私の今の活動の中で、最も意味があると思えるものは（複数可）……

2 私の今の活動やプロジェクトの中で、有意味感を得られないのでやめるべきなのは（複数可）……

3 より大きな意味をもたらしてくれる活動を新たに始めるとしたら、最優先で加えるのは（複数可）……

内省の習慣をつける

本章ではさまざまなことを取り上げたが、どうすれば、これらすべてを組み合わせ、明確化の習慣をしっかり定着させることができるだろう?

それにはぜひ、私がケイトにアドバイスしたのと同じワークを実践してほしい。ケイトは、仕事でも、対人関係でも、人生でも、流されるように物事をこなしているだけの自分に悩んでいた。彼女は、もう努力の余地もないほど優秀だ。そのためか、将来どうしたいとかこうなりたいという、強い意志を持つことを忘れ、忙しく働いているのに、充実感を得られていなかった。そして、自分が何をしたいのかわからない迷子のような感覚に苛まれていた。彼女のリセットを手伝うために始めてもらったのが、シンプルな内省の習慣だ。これ1つで、本章で学んでもらった習慣をすべてカバーできる。

私はケイトに「明確化ジャーナル」という1回1ページの日誌を渡し、毎週日曜日の夜に書き込むワークを12週間続けてほしいと言った。次ページに部分的な見本を示すが、フルバージョンをご希望なら、HighPerformanceHabits.com/toolsからダウンロードできる。

毎回同じ設問なので、もちろん毎週書き込む必要はない（そもそもあなたは、私の勧めを1つも実践する必要はない）。だがこれだけは約束しよう。これを毎週行うと、たとえあなたの答えが毎週変わらないとしても、間違いなくあなたのためになる。あなたが書いた内容を意識の前面に載せることで、明確化というハイパフォーマンスの習慣が定着するからである。

本章で取り上げたような事柄は、あなたも時折考えたことはあると思う。だが私たちの狙いは、**こうした事柄にこれまで以上に継続して意識を向けてもらう**ことにある。それでこそ、効果が出るのだ。意識をより集中させることで、自分の目標や価値観がより明確になり、ひいては、行動に一貫性が生まれ、究極的にはハイパフォーマンスが発揮できるようになるのだ。

明確化ジャーナル

自分自身
なりたい自分を表す
３つの単語は……

____

____

____

今週、これらの言葉をもっと頻繁に体現するためのアイデアは……

対人関係
私が人にどう接するかを表す
３つの単語は……

____

____

____

今週、私の周囲で、コミュニケーション改善の対象になるのは……

スキル
今すぐ伸ばしたいスキルの
トップ５は……

____

____

____

今週、これらのスキルを習得したり練習したりする機会は……

貢献
今週、私の周囲に価値を
もたらす３つの方法は……

____

____

____

今週、集中的かつ秀でたやり方で誰かを手助けできることは……

目指す感情／気持ち
今週、生活、人間関係、仕事で育みたい主な感情は……
それらの気持ちをつくり出す方法は……

何が有意味かを定義する
私にできること、つくり出せることの中で、人生により大きな意味をもたらすものは……

2 どんな気持ちを持ちたいか あらかじめ決めておく

常に「私はどういう気持ちでこの状況に臨みたいか？　そしてこの状況によってどういう気持ちになりたいか？」と自問する。情動が降ってわくまで待たずに、自分がいつも持ちたい気持ち、人生で他者と共有したい気持ちを選んで育んでいく。

3 自分にとって何が 有意味かを定義する

「できるタスク」=「重要なタスク」とは限らない。あなたが問題とすべきは、タスクを完了すること自体ではなく、価値観と一致した行動なのだ。この先数カ月のスケジュールやプロジェクトを見直し、その中で、自分が、熱意や、つながり、満足感を得られそうなものを特定して、それらにより多くの時間を費やそう。常に「この取り組みを、自分にとって有意味にするにはどうすればいいか」と自問する。

成功し続ける人の習慣 1 まとめ

すべてを明確にする

1 4つのビジョンを描く

「自分自身」「対人関係」「スキル」他者への「貢献」という各領域で自分がどうしたいのか、はっきりしたビジョンを持ち、明確な意図を設定する。日々、どのような人間でいたいか（自分自身）。他者とどのようにかかわりたいか（対人関係）。将来成功するためにどのようなスキルを身につける必要があるか（スキル）。どのように世の中に変化をもたらし、卓越性をもって奉仕するか（貢献）。いかなる状況に臨むときも、必ず事前にこの4つのビジョンについて考えること。

第2章

成功し続ける人の習慣 2

エネルギーを高める：心身の健康

GENERATE ENERGY

▶身体の緊張をゆるめ、次にやることの意図を設定する

▶喜びをつくり出す

▶健康状態を最適化する

「このペースで働き続けたら、そのうち燃え尽きるか、下手をしたら死ぬんじゃないかね」アルジュンは、もじもじしながら笑った。「そしたら元も子もないね」

何カ月もほとんど寝ていないような憔悴ぶりである。肌がたるみ、目は赤く、内面からの輝きが消え失せた顔をしている。去年ビジネス誌の表紙を飾ったときの精彩はどこにもない。

私は驚いたふりをして「えっ、死ぬ?『そのうち』って、あとどのくらいでそんな状態になりそうですか? 来週とか、今年中とか、来年とか?」と聞いた。

「わからないよ。でもここだけの話だよ」

私に打ち明けるのも勇気がいったことだろう。誰だって、自分が過労死寸前だなんて認めたくない。ことにここシリコンバレーでは、休まず働くことは勲章のようなものだ。サンフランシスコのペニンシュラと呼ばれるこの地域一帯には、若くて賢いワーカホリックが集まっていて、カフェインの過剰摂取と「数年で億万長者になる夢」で意気盛んだ。

この面会の6時間前、ある友人が、私にアルジュンを紹介するからグループ通話をしたいと言ってきた。3人で社交辞令的な雑談を交わしたが、その2時間後、アルジュンが迎えによこしたプライベートジェットが到着した。そうして私は、サンフランシスコ郊外にある彼のオフィスのガラス張りの会議室に座っていた。午前3時にビル内にいたのは私たちだけだ。デキる人の中には、こうして真夜中を過ぎるまで警戒を解かないという人もいるのだ。

彼が飛行機を差し向けてまで私を呼んだ理由はさだかではなかった。電話では、急ぎで相談したいことがあるとだけ言っていた。この人には、前々から会ってみたいと思っていたから承諾したまでだ。

「それで、どうなさったんですか?」私は言った。「もっと寝なきゃだめ、なんてお母さんみたいな小言を言わせるために、私を飛行機で呼ぶわけはないですよね」

彼は笑って、イスに深く座り直し、こう答えた。

「ああ、そんな相談じゃないよ。ただ休む必要があることはわかってる」

「なのに休まないんですか?」

「休むようにするよ」

よくある受け答えだ。いつの日か、健康管理をちゃんとしようとは思っている。けれども「今はがんばり時」なのだと皆言う。

「事業を拡大するため、世界を席巻するために」

「アルジュンさん、燃え尽きるか過労死か、というのは違いますよ。あなたのような方は、現実には、燃え尽きないで、そのまま狂ったペースで懸命に働き続けるんです。あなたが過去15年間なさってきたように。

燃え尽きるようなことはないんですが、ただもう、死ぬほど惨めな気持ちになります。ある日目が覚めたら、たとえそのとき、富や功績が今よりあったとしても、自分の思ったような人生を生きていないと感じる。

しかし、それでもまだ燃え尽きたりはしません。その代わり、急に悪い決断を下すようになるんです。何かを放棄してしまったり、自身が機能しなくなったりするのです。そして、心や体を病んでそうなったわけではなく、自分が選択を誤ってきたせいだと気づきます。あなたも、もうおわかりなんじゃないでしょうか」

「うん」そう言いながら彼は、シャツの左袖をまくり、注射の後を指差した。

「驚かなくていいよ。ドラッグじゃないから。マイヤーズカクテルっていう、ビタミンB群やらなんやらが入った点滴をやってるんだ。何の効果もないいんだろうけどね」

私はあえて反応しなかった。今まで、ありとあらゆる対処療法だとか、処方薬、流行のサプリなどを見てきた。皆、なんとか活力を取り戻そうと藁にもすがる思いで手を出す。人は、アドバンテージがほしいとき、まずは自分の外を探すのだ。

「アルジュンさん、じゃあ、どんなものなら効果がありそうだと思いますか？ あなたは聡明な方です。すでに答えをご存じでしょう。今のあなたの時間を無駄にしたくありません。朝の3時、私は何をしに来たんでしょう？」

「元気を取り戻したいんだよ。感情の浮き沈みをどうにかしたい。疲労感もどうにかしたい。幸せを損なわずに成功する方法があるはずだ。世間ではあると言われてはいるが、私は40年かかってもまだ、その方法を見つけられない、どうしても。でも、あなたなら助けてくれそうだと思うんだ」

「どうしてそう思われるんですか？」

アルジュンはもう片方の袖をまくり上げ、手首を上げて、革のブレスレットを見せてくれた。そこには私の名言が刻まれている。彼はそれを突っついて言った。

「私が取り戻したいのは、これだよ」

「どうしてそれをお持ちなんですか？」

「妻からだよ。お恥ずかしい話だが打ち明けると、私たちには問題があってね。妻はあなたのイベントに行って、別人のように変わった。彼女が、そのイベントで、買って来たんだよ。私にはこれが必要だって。『2人とも』これが必要だって」

「奥様の言うことは正しかったですか？」

するど彼はため息をついて、立っている私に加わった。部屋の外の自分のオフィスのほうを見て。

「私にはみんなをリードできない……私がこんなに落ち込んでいては、みんなを高みに連れてなんかいけない。エネルギーがだだ下がり。チームも感じ取っているだろうな。私はこの状態が嫌で、いい加減どうにかしたいんだよ」

革のブレスレットに刻まれていたのは、**喜びをつくり出せ**という言葉だった。

自分の中に眠るエネルギーを引き出す

ご想像のとおり、長期的な成功にはたくさんのエネルギーが必要になる。ハイパフォーマーは、精神的・身体的・感情的な活力が魔法のごとく三拍子揃った、ポジティブで持続的な、最上格のエネルギーを持っている。それを原動力に、彼らは人生のさまざまな領域で高いパフォーマンスを発揮しているのだ。ハイパフォーマーたちが、人よりもはるかに大きな情熱や、スタミナ、モチベーションを持っているのは、そのおかげなのである。あなたも、自分の中に眠る最上格のエネルギーを引き出せば、世界はあなたのものだ。

私たちのハイパフォーマンス研究では、参加者に、次のような記述が自分にどの程度当てはまるか、5段階で答えてもらうアンケート調査を行って、エネルギーを測定した。

● 一日中集中を保てる精神力がある。
● 毎日の目標を達成するだけの身体的エネルギーがある。
● 基本的に、明るく元気で楽観的だ。

また、次のような、あえて否定形や逆の特徴を含む問いも設けた。

● 頭の回転が鈍く、ぼんやりしている。
● 肉体的に疲れ切っていることがほとんどだ。
● ネガティブなエネルギーや感情をたくさん感じる。

エネルギーといえば、多くの人は、「身体的」エネルギーをイメージするだろうが、それだけではない。頭の働きがいかに活発か、心がいかに元気でポジティブかも重要だ。実際、3つともすべて、パフォーマンスとの相関が認められている。本書で私が言う「エネルギー」とは、身体的・精神的・感情的活力のすべてを指す。

ところで、私たちの研究報告書に「**エネルギーの低さは、パフォーマンスの総合スコアの低さと相関する**」という見出しがある。これは一見当たり前のことに思えるが、詳細な研究結果には目を見張るものがある。エネルギーのスコアが低い人ほど、他のスコアにも以下のような傾向が見られたのだ。

- 全体的な幸福感が低い。
- チャレンジ精神が低い。
- 同輩と比べた自分の成功レベルの自己評価が低い。
- 逆境に直面したときの自信が低い。
- 他者への影響力が低い。
- 健康的な食生活や運動を実践する確率が低い。

エネルギーが低い状態にあると、パフォーマンスを発揮できないだけでなく、人生のすべての側面に影響を及ぼす。幸福感が得られず、大きな挑戦をせず、皆に追い越されているように感じ、自信がなくなり、食生活が乱れ、太る。そして、人からの信頼も、注文も、支持も得られず、ついてきてもらえなくなる。

逆を言えば、エネルギーを上げれば、これらすべての要素を向上させられるということだ。

それだけではない。エネルギーは、学歴や、創造性、アサーティブネスとも相関している。つまり、エネルギーが高ければ、高度な教育を受けたり、仕事でクリエイティブなアイデアを思いついたり、自分の意見をはっきり言えたり、自分の夢に向かって行動を起こしたりできるということだ。したがって、世界中の組織や教育機関は、社員や学生のエネルギー・スコアを伸ばすことに、本気で取り組むべきである。

企業内の職位別で言うと、最もエネルギーが高いのは、CEOと経営幹部で、調査した他のポジション（中間管理職、新入社員、学生およびインターン、管理人など）と比較して、はるかにスコアが高かった。この結果は、年齢を調整してもなお同じだった。それどころか、CEOと経営幹部は、プロのアスリート並みの高いエネルギーを持つという驚きの結果となった。つまりCEOになるには、それだけエネルギーが必要なので、NFLのクォーターバックと同等に、管理に気を配る必要があるということだ。

要は、**エネルギーがある人ほど、幸せになり、関心分野でトップにのぼり詰める可**

能性が高いと言える。

そして、**エネルギーは、生産性と大きく関係している。**もっと多くのことをこなしたいと思うなら、新しいアプリを買ったり、書類を整理してみたりすることはない。メールの管理術よりも、エネルギーの管理術のほうが大事なのだ。

並外れた人たちをコーチングした私の経験も、このデータと一致するし、それ以上の発見もある。私がよく見るのは、キャリアを築いていくにつれ、エネルギーに目を向けることを忘れ、突然災難に見舞われるパターンだ。エネルギーの低さが原因で、結婚生活が破綻したり、親切な人がストレスモンスターと化したり、ＣＥＯが燃え尽きて、わずか数カ月で数年分の利益が吹き飛んでしまったりするのを見てきた。

現代における健康関連の研究のほぼすべてが、心身の健康の重要性を裏づけている。心身の健康《ウェルビーイング》は、より全人的な活力を指す言葉としてよく使われる。だが残念ながら、私たちは、心身の健康をおろそかにしがちだ。

アメリカ人は人口の３分の１以上が肥満で、そのために、国が年間１４７０億ドル（約23兆億円）以上の医療費負担を強いられている。国民の約8割が、ＣＤＣ（疾病予防管理センター）が推奨する最低限の有酸素運動と筋トレさえ行っていない。
また他の調査では、アメリカの成人の42パーセントが、十分なストレス管理をしていないと答え、20パーセントが、ストレスマネジメントの活動をまったくしていないと答え、5人に1人が「精神的に支えてくれる人がいない」と答えている。
働いているアメリカ人の3人に1人は、職場に慢性的なストレスを抱え、就労先が従業員の心身の健康をサポートしてくれていると答えた人は半分以下だった。そして、社員の心身の健康促進を図っている企業は、生産性が高く、医療費の負担が低く、社員定着率が高く、より適切な意思決定を下している。

ストレスは、エネルギーと心身の健康を蝕む諸悪の根源だ。ストレスによって、新しい脳細胞が生まれにくくなり、気分の調節に重要な役割を果たすセロトニンとドーパミンを減少させ、扁桃体を興奮させると同時に、海馬の機能を低下させる。そうやって、身も心も疲れ果て、記憶力まで低下した人間ができ上がるのだ。

心身の健康については、本を数冊書いても、表面をなでる程度の説明しかできない。だが私は、本章の冒頭で説明したようなエネルギーの測定値に焦点を絞って、それらが個人のハイパフォーマンスとどのような相関関係を持つのかを探ることとする。

朗報なのは、**シンプルな習慣をいくつか実践するだけで、エネルギーと全体的なパフォーマンスを劇的に向上させられる**ことだ。エネルギーというのは、精神／身体／感情の一定の状態を指すのではない。前にも述べたように、発電所がエネルギーを持っているわけではなく、変換して送電しているのと同じで、あなたも、幸せを持っているわけではなく、わき起こった思いを、自分で幸せな気持ちあるいは不幸せな気持ちに変換しているのだ。悲しみも持っているとかいないとかというものではなく、わき起こった悲しみは別の気持ちに変換される。

つまり、喜びや、モチベーション、愛情、ワクワク感などのポジティブ感情があなたの日常に舞い降りてくるのを待つ必要はないということだ。これらの感情は、習慣のパワーを使って、好きなときに、オンデマンドでつくり出せるのである。人生の他の領域、他のスキルと同様に、改善可能なのである。

では、私の研究から、ハイパフォーマーたちがアドバンテージとエネルギーを維持するために活用している3大行動を紹介していく。

ACTION 1

身体の緊張をゆるめ、次にやることの意図を設定する

ハイパフォーマーを10年間コーチングしてきた私の経験では、彼らのエネルギーを高めるには、**「トランジションの活用」**を指導するのが、最も簡単で、速く、効果的だった。皆、活動の合間のスキマ時間をうまく活用できていないせいで、日々、多大な集中力と、意志力と感情的エネルギーを失っている。またそのせいで、精神的・身体的なスタミナを高めるチャンスを1日に何度も逃している。

たとえば、あなたが毎朝起きてから1日を始めるときに、休息モードから活性モードに移行する。この1日の始まりは、1つのトランジションだ。

そして、子どもを保育園や幼稚園に送り届け、職場に向かうとき。それは、家族時間から運転時間へのトランジションだ。職場に到着して車のドアを開け、オフィスに足を踏み入れるときは、独り時間から協働時間へのトランジションだ。

職場では、プレゼンを作成し終わって、メールチェックを始めるときは、クリエイ

ティブモードからEメールモードへのトランジション。会議が終わって、自分のデスクに戻ってすぐカンファレンスコールを始めるときもトランジションだ。勤務時間を終えて、車に乗り、ジムに向かう。そこにはトランジションが2回ある。長い1日を終え、家に車を止めて、ママやパパになるときもトランジションだ。

私たちの1日は、一連のトランジションの連続だ。こうしたトランジションは、活動の合間の有効な自由時間として、とてつもなく貴重である。このスキマ時間こそ、あなたがエネルギーを取り戻し、増強する最高のチャンスなのだ。

あなたが日中経験する、あらゆるトランジションを考え、数個書き出してみよう。

・
・
・

では、それらのトランジションについて、いくつか質問をしよう。

- あなたは、ある活動で生じたネガティブなエネルギーを引きずったまま、次の活動に移行することはないか？
- 消耗し、休憩すべきなのに、休まず次の活動に突き進んでいないか？
- 朝から時間が経つにつれ、「今ここ」感覚や、人生や他者に対する感謝の念が薄れてこないか？

「今ここ」感覚
相手とともにそこにいることに全力を注ぐ誠実な態度。

ほとんどの人がこれらすべてにイエスと答える。
これはチャンスだ。活動の合間のスキマ時間にするあることを学べば、あなたの人生をよみがえらせると私は確信しているからだ。

今日から、大きな活動から活動に移行するときに、次のことをやってみてほしい。

1　1~2分間目を閉じる。
2　その間、心の中で繰り返し「リリース」と唱える。これを言いながら、肩や首や顔、あごの緊張を緩めるよう、自分の身体に命令する。背中と脚の緊張も緩める。そして心と魂の緊張も緩める。これが難しいという人は、深い呼吸を繰り返しながら、身体の各部位に意識を集中させ、心の中で「リリース」と唱える。そんなに時間はかからない。1~2分のあいだ「リリース」と繰り返すだけだ。

3 緊張が少し緩んだと感じたら（あなたが抱える「すべての」緊張とは言わない！）、次の「意図設定」に移る。この後目を開けて始める活動で、どんな気持ちになりたいか、何を達成したいかを考える。そして「次の活動にどのくらいのエネルギーで臨みたいか？」「どうすれば次の活動で卓越性を発揮できるか？」「どうすればその過程を楽しめるか？」と自問する。質問はこのとおりでなくてもいいが、次の活動でもっと「今ここ」に集中するよう、自分の心に指示するには、このような問いがいい。

このシンプルなワークを、意識的に、1日を通して実践すれば、ストレス管理がうまくなり、もっと「今ここ」感覚を感じられるようになる。驚くほどパワフルだ。

信じられないというなら、今すぐやってみてほしい。やり方は説明したとおりだ。1分間だけこの本を置いて、その間、深い呼吸をし、身体の緊張を緩める。そして

「読書を再開したらどんなエネルギーを感じたいか？」「どうすればもっと情報を記憶しておけるか？」「どうすれば、さらにこの本を楽しめるか？」と自問しよう。

もしかしたら、読書中に「今ここ」感覚を深く実感できる、より多くの箇所に線を引く、読書をもっと楽しむためにお気に入りの場所に移ったり、コーヒーを買ったりする、といった行動が出るかもしれない。ぜひ効果を試してほしい。

このワークの効果がわかったら、スキマ時間を探してみよう。メールの返信を終えてプレゼンの作成に移る合間はどうだろう。デスクから少しイスを引いて、1～2分目を閉じよう。緊張が緩んで、つかの間の平穏が訪れるまで心の中で「リリース」と念じ続ける。そして、どんな気持ちでプレゼンを作成したいのか、どんな出来栄えを望んでいるのか、という意図を設定する。簡単だ。

私はこの「緊張を解除し、意図を設定する」ワークを、運動の前後、誰かに電話をかける前、チームにメールを書く前、動画を撮る前、友人とのランチに行って車を降りる前、2万人の聴衆を前に登壇する前にやっている。オプラ・ウィンフリーにインタビューされる部屋に入る前、大統領との夕食の席に着く前、妻にプロポーズする前など、このおかげで不安を感じたり粗末なパフォーマンスをしたりせずに済んだことが何度もあった。本当にありがたいワークとしか言いようがない！

あなたもスキマ時間に、新たなエネルギーと、その瞬間の人生を呼び起こすことができる。一瞬だけ休んで、目を閉じ、緊張解除と意図設定をする、と覚えておこう。

もう少し本格的な瞑想をしたい人は、20分のリリース瞑想術（RMT：Release Meditation Technique）を試してほしい。私はこの瞑想術を200万人に指導してきた。これまで実践した中で最も人生を激変させる習慣の1つだ。目を閉じ、背筋を伸ばして、深い呼吸をする。心の中で「リリース」と唱え、身体の緊張が解けるまで続ける。この間、雑念が浮かんできても、それを追い払おうとする必要はないが、集中するのもよくない。注意がそれたことに気づいたら、淡々と「リリース」のマントラに戻ろう。この瞑想の目的は、身体の緊張だけでなく、精神的な緊張も解きほぐすことだ。誘導音声とBGMの入ったYouTube動画の活用をオススメする。

どのようなストレス対処法を行うにしても大事なのは、ともかく習慣化して続けることだ。瞑想は、だいたいどのようなものでも、ストレスや不安を大幅に軽減し、注意力、「今ここ」感覚、創造性、そして心身の健康を高める効果がある。
瞑想の効用は神経科学研究によって続々と証明されている。瞑想の経験が豊富な人ほど、脳の注意ネットワーク間の結合がより強く、集中を維持したり、乱れても元に戻すといった認知スキルに重要な、注意領域と前部島皮質領域の結合も強いことがわかっているのだ。瞑想の効果は、瞑想中だけに生じるものではなく、日常生活にも顕著に表れ続ける。ある研究では、わずか数カ月の瞑想によるプラスの効果（不安の減少など）が3年以上続くという結果が示されている。

注意ネットワーク
意図的で集中的な注意を向けるために眼球運動や知覚・運動を制御する脳内ネットワーク。

冒頭で紹介したテック企業の大物創業者、アルジュンの話に戻ろう。彼は、なんとか燃え尽きを回避し、もっと人生の喜びを経験できないかと悩んでいた。あの夜、話を終え、彼の運転手に空港まで送ってもらったのは午前4時半頃だったが、私はその直前にこのワークを教えた。ところがたった2日後に彼からこんなメールが届いた。

先日はわざわざ飛行機でお越しいただき、ありがとうございました。あなたと話ができたこと、特に急なお願いにもかかわらず時間を割いてくれたことに感謝しています。
ここで、私の小さな成功を報告させてください。今日、車を自宅に止めてすぐ、教わったリリース術をやってみました。すぐ家に入らずに、運転席に座ったまま、数分間目を閉じて「リリース」と念じました。多く見積もっても5分くらいです。

そしてこう自問しました。「どうすれば、仕事やビジネスのことを忘れて家に入れるか？」「もし世界一良い夫だったら、そのとき妻に何と挨拶するか？」と「娘にとって今この時期がいかに貴重かを考えた場合、どうやって一緒に時間を過ごすか？」「理想とする自分と同じエネルギーがあったら、どんなふうに部屋に入るか？」といった問いかけです。頭に浮かんだ答えをすべて思い出すことはできませんが、家に入ったら、妻に対して私の全エネルギーを注ごうと決めました。

結果、私は生まれ変わって、まるで人生の宝くじでも当たったような調子で家に入っていったのです。あなたから、実行したとき何が起こるかも、ちゃんと聞いておくべきでした。というのは、（妻に）一瞬、おかしくなったと思われたからです。でも彼女も、娘も、すぐに以前の私だと気づいてくれました。そしてさっきまで3人で最高の夜を過ごしていました。このうれしさを言葉でどう言い表せばいいのかわかりませんが、とにかくあなたは私の家族を取り戻してくれたのです。

彼女たちは今寝る支度をしています。私は、早くあなたにお礼メールを送りたくてうずうずしていました。本当に久しぶりに生気を取り戻したというのを、あなたに伝えたかった。あなたは（妻によると）意図の力に初めて気づかされた人たちの事例を紹介しているそうですが、私もその一例に加えてください。ありがとうございました。

ACTION

1

のまとめ

「身体の緊張をゆるめ、次にやることの意図を設定する」マイノート

1 日々の生活で、私に最も緊張をもたらすものは（複数可）……

2 1日の中で、どのような文言で緊張解除を自分にリマインドするか……

3 もっとエネルギーがあったら、日々どんな自分でいられるか……

4 毎日、このワークでエネルギーをリセットするとき、各活動にどんな気持ちで臨みたいか……

ACTION 2

喜びをつくり出す

私たちの調査では、**喜びが、ハイパフォーマーの成功に非常に大きくかかわっていることがわかっている。**喜びは、高いパフォーマンスを出している状態における特徴的な3大ポジティブ感情の1つだったことを覚えているだろうか（あとの2つは「自信」と、「フロー状態」だ）。そこで、エネルギーを高め人生を変えるような意図を設定したい人は、日々の生活に「もっと喜びをつくり出す」ことを目指すといいだろう。喜びは、あなたをハイパフォーマーにするだけでなく、人生で私たちが望む、他のほぼすべてのポジティブ感情を呼び起こしてくれる。私は、愛情より大事な感情を知らないが、喜びのない愛はきっと空しく感じられるはずだ。

ポジティブな感情を持つ人は、より充実した夫婦関係を築き、より多くのお金を稼ぎ、より健康だ。ポジティブな感情を持っていると、学生はテストでより良い成績を取り、管理職はより良い意思決定を下し、チームをよりうまく統率する。医師はより的確な診断を下し、人は他者によりやさしく親切になる。神経科学では、ポジティブ感情が神経細胞の新生を促進し（脳の可塑性）、ネガティブ感情はそれを疎外するという研究結果まで出ている。

私たちのデータでも、パフォーマンスが高く、同輩よりも長期的に成功していると答えている人は、自分が同輩に比べ陽気で楽観的だと答えている。また、ネガティブなエネルギーや感情を持つことが少ないとも答えている。

面接においても、ハイパフォーマーたちが、自分の技能や、キャリア、人間関係について話すとき、心をときめかせている様子が明らかだった。すばらしい成果をあげるための努力をすべて楽しんでいるわけではないが、おしなべて、自分の生業や機会をありがたいと感じ、うれしそうな様子である。実は、喜びは、最上格のエネルギーをもたらす要因として何ものにもまさる。喜びを感じれば、心も、身体も、感情も、すべてが高揚する。

「成功の8割はその場に顔を出すこと」という格言を聞いたことがないだろうか。ハイパフォーマーを目指すなら、顔を見せ、さらに喜びをもたらそう。

可塑性
脳が環境や経験の刺激に応じて、自らを変化させる能力。

以上、ポジティブ感情のすばらしさを挙げ連ねてきたが、もし自分にそれが欠如していたら、どうすればいいのか？　あなたの人生が楽しいものでなかったら？　周囲の人たちがネガティブだったら？

その場合は、状況を変えるようにしよう。ポジティブ感情はハイパフォーマンスになくてはならないものだ。そして、あなたの情動体験を持続的にコントロールできるのはあなただけである。前章の教訓を思い出してほしい。あなたは、持ちたい気持ちを選ぶことができ、その選択的解釈を繰り返すうちに、情動の感じ方が書き変えられる。感情の感じ方を自分で決められるのだ。

では、ハイパフォーマーが「いつも」機嫌がよく、完璧で、すばらしいのかと言えば、そうではない。他の人たちと同様に、ネガティブな感情を持つことだってある。ただ彼らは、それらにうまく対処しているのだ。そして何より重要なのは、ポジティブ感情を生み出すために、自分自身の思考や行動を意図する方向に導けるという点だ。繰り返すが、ハイパフォーマーたちは、自分自身を「意志の力で」ポジティブな状態に持っていけるのである。アスリートが「ゾーン」に入るためにやっている儀式と同じように、ハイパフォーマーは、意識的に喜びをつくり出している。

それをどうやっているのかを調べるために、私は、HPIのスコアが高かった人の中からランダムに選んだ集団に、どのようにポジティブ感情や気持ちをつくり出しているのか訊いてみた。彼らの生活に喜びをもたらすのは（そしてもたらさないのは）具体的にどんなことか？　喜びに満ちた状態を長く維持するために努めて実践している習慣があれば、それはどんな習慣か？　彼らの回答から浮かび上がったのは、次のような傾向だった。

1　大事なイベント（あるいは1日）の前に、どんな感情で臨みたいかをプライミング（刷り込み）しておく。そのときにどう感じたいかを考え、その気持ちを生み出すような問いを自分に投げかけたり、場面を想像したりする（これはアクション1「気持ちを選択する」のマイノートを参照）。

2　自分の行動がポジティブな結果を生み出すと期待している。彼らは楽観的で、自分の行動が報われると確信している。

3　起こり得るストレスフルな状況と、なれる最高の自分だったらそれにどう対処するかを想像している。彼らは、ポジティブな結果を期待するのと同じくらい、問題が発生する可能性も現実視し、困難に備えている。

4 自分の1日に、感謝、サプライズ、感嘆、挑戦を取り入れるよう努めている。

5 人との交流を、ポジティブな感情や体験が得られる方向に導いている。ある回答者の言葉を借りると、ハイパフォーマーは「意識的な善意の拡散者」なのだ。

6 ありがたく感じていることを、定期的にすべて洗い出している。

あなたも、これら6つのすべてを、絶えず意識的に実行すれば、多くの喜びに満たされるだろう。それは私が身をもって体験したことだ。

人生巻き返し

それは2011年のこと。友人たちと砂漠地帯のオフロードアドベンチャーに出かけた私は、4輪バギーで湖岸の砂浜を時速40マイル（約64キロ）で疾走中に、車両を全損させる事故に遭った。私は、手首骨折、股関節脱臼、肋骨亀裂骨折を負い、後に、外傷性脳損傷による脳震とう後症候群と診断された。

私の人生の中で非常に辛い時期だった。外傷性脳損傷のせいで、集中力、抽象的推論能力、記憶力、平衡感覚が落ちた。流れに身を任せ、情動に流され、理性を失った状態が数週間続いた。日常生活での苛立ちをうまくコントロールできなかった——というか、正直な話、十分な努力をしていなかったと思う。身体のケガを治すことばかりに意識が向いて、頭部外傷の影響を受けた精神面を整えることをおろそかにしていたのだ。その結果、チームに対して怒りっぽかったり、妻に対してぶっきらぼうな態度を取ったり、先のことを考えられなくなったりなど、ともかく不機嫌だった。

だがある日、ハイパフォーマーに関する調査結果を読んでいた私は、自分が朝の習慣を実践していないことと気づいた。そして、何か新しい**メンタルトリガー**をつくり、生活にもっとポジティブな感情や体験を取り込むようにしないと、脳の損傷に負け、情動に反応してネガティブな気持ちになり、惨めな思いをするのがデフォルトになってしまうと思い至った。そこで、ハイパフォーマーたちが自らの人生に喜びをつくり出すために実践している6つのことを調べ、新しい朝の習慣とトリガー設定を始めた。

まず、ポジティブな1日を送るためのプライミングとして、毎朝シャワーを浴びながら、次の3つの問いを自分に投げかけた。

抽象的推論能力
不慣れな問題でも、物事の道理を推測して解釈を導き出す能力。

メンタルトリガー
それをきっかけに自分に自然とスイッチが入るような特定の儀式や環境。

1　今日は、何にワクワクできるか？

2　今日、足をすくわれる、あるいはストレスのもとになるかもしれない物事や人は？　なれる最高の自分なら、それにどう反応するか？

3　今日、サンクスカードや、ごほうび、承認・称賛を与えて驚かせたい相手は？

最初の問いを選んだ理由は、非常に多くのハイパフォーマーたちが、イベントそのものの喜びと同じくらい、それを楽しみにしてワクワクする気持ちを楽しんでいると言っていたからだ。神経科学の研究でも、期待感は、実際のポジティブなイベントそのものと同等に、ドーパミンなどの幸せホルモンを出すことがわかっている。

ワクワクすることなど何ひとつ思いつかない日はこう自問する。

「じゃあ今日、何かワクワクしそうなことをするか、つくり出すことはできないか？」

2つめの問いは、ハイパフォーマーたちが、ストレスフルな状況を想定して、なれる最高の自分ならどう軽やかに対処するだろうと想像しているのを参考にした。二人称の立場で声に出して自問し、その答えも声に出すことが多い。シャワーの中で「おいブレンドン、今日君のストレスになりそうな人は誰だ？　そのとき、理想の君だったらどう対処する？」とか「ブレンドン、○○が起きたら、○○を考え、○○をするんだぞ」などと言うのだ。

その問題に対処している自分を思い描き、そのときに持つであろう感情を実況することもある。「例の会議に緊張気味のブレンドンが出ている。心臓がドキドキしている。自分ばかりに意識が向いて、呼吸を忘れてるな。今すぐリラックスして、今に集中し、人に質問したいことや、貢献することを考えないと」といった具合に。

シャワーの中でストレスフルな状況を想像して、ひとりブツブツ言うなんて、異様な光景かもしれない。だが、障害に考えをめぐらせ、二人称で自分に語りかけるほうが、一人称の独り言より、はるかに効果的なのだ。私はこれをセルフコーチングと呼んでいる。自分を離れ、ある程度客観的な立場で困難な状況に対処する方法をコーチするからだ。実際に多くのハイパフォーマーがこれをやっている。

この手法は、困難な感情や状況と、自分自身を切り離すための心理学のテクニック、**「脱フュージョン」**に似ている。たとえば、不安に対処しようとしている人なら、不安やネガティブ感情を擬人化して「へそ曲がりデーブ」などと名前をつけるよう指導される。不安感をどこかの悪者のせいにすることで、当事者と問題を切り離すのだ。これにより当事者は、その問題がどこかからやってきて、ドアをノックしてくるイメージを持てる。ドアを開けるかどうかは、その人が選択できるというわけだ。

3つめの問いを選んだ理由は、毎日、いいことをした実感を得るために、自分で種をまくようにしたいからだ。前々から、人にどうやってサプライズで謝意を伝えようかと考えたりしているとき、二重の喜びを味わえることに気づいていた。まず、感謝する相手のことを考えているときにありがたい気持ちでいっぱいになり、それを相手に伝えたときにもう一度実感できる。また、この問いを続けることによって、自分の1日に、感謝の念や、サプライズ、感嘆、挑戦を盛り込む癖がつくのだ。

毎朝、この3つの問いを意識する習慣によって、私は、熱意を持って1日を始め、最高の自分で課題に対峙し、感謝の念をもってワクワクしながら他者に接することができるようになった。

このシンプルな朝の習慣により、期待感、希望、好奇心、楽観が生まれる。これらのポジティブ感情は、あなたを幸せに導き、コルチゾール値とストレスを低下させ、寿命を延ばすなどの、健康効果がある。

メンタルトリガーをつくる

私が面接したハイパフォーマーは皆、自分で自分の思考をコントロールし、ポジティブな精神状態に導いていると、口々に語っていた。彼らは、喜びが舞い降りてくるのを待つのではなく、自らつくり出しているのだ。

そこで私も、脳の損傷からの回復過程を利用して、人とのかかわりをポジティブな感情と体験にするよう自分にリマインドするためのメンタルトリガーをつくることにした。結果的に、次のようなトリガーを設定した。

1 「通知」トリガー

「喜びをつくり出す」というモットーを携帯のアラームのラベルとして登録し、アラームが1日3回鳴るように設定した。会議中でも、電話中でも、メール作成中でも、携帯のアラームが鳴ると、「喜びをつくり出す！」という文字が表示される。（「明確化」の章で言ったように、私は、自分がどんな人間でいたいか、どのように人と接したいかを自分にリマインドするようにしている）。誰でも、携帯が振動すれば必ず見るはずだ。おかげで、事故からの回復途上、流されるように物事をこなしていたときも、日中携帯が鳴って、今ここに喜びをつくり出すようリマインドしてくれた。このリマインダーは、もう何年にもわたって、日常生活でポジティブな気持ちをつくり出すよう、私の顕在意識と潜在意識の両方に働きかけてくれている。

2「入口」トリガー

私は、部屋の戸口などをくぐるたびに、自分自身に「この部屋にはいいことがある。私は、幸せな、貢献したくて仕方がない男としてここに入っていく」と言い聞かせているのだ。この習慣によって、「今ここ」感覚が得られ、人の良いところを見いだすことができ、人の役に立つ心がまえができる。あなたが入口をくぐるたびに自分に言い聞かせるのは、どんなモットーや言葉だろう？

3「レジ待ち」トリガー

買い物中のレジ待ちのときに「今の私が感じている『今ここ』感覚とポジティブな『気』は、1から10のあいだのどの程度か？」と自問している。この質問によって、自分の心の状態を点数で自己評価し、自分の合格点に達しているかをチェックしているのだ。レベルが5以下だとハッとして「でも生きていてよかったよな。エネルギーを上げて、人生を楽しもう！」と言うのだ。自分が望むレベルのポジティブな気を感じられていない自覚とそれに対する罪悪感が、パワーアップのモチベーションになることもあるのだ。

4 「スキンシップ」トリガー

私は、人から誰かに紹介されるたびに、その相手にハグをしている。それは、生まれつきハグ魔だからというわけではない。スキンシップが、いかに心身の健康と幸せに不可欠かを示す研究結果があまりにも多いので始めたのだ。

5 「恩恵」トリガー

身のまわりでポジティブな出来事があるたびに、私は「なんという恩恵！」と言っている。これも、多くのハイパフォーマーたちが、日々、崇敬の念や神聖さを感じているると言っているのを参考にした。神の恵みを心からありがたく思う宗教的な気持ち、あるいは、この世の美しさに対する感動と畏敬の念を指す。

また、自分の人生における天与の贈り物に対し「恵まれていることへの罪悪感」を持っている人たちもいる。自分はこれまであまりにも多くのものや機会に恵まれてきたので、恩恵を受けるにふさわしい者になるべく、お返しをする責任があると考えているのだ（聖なる感覚を日々の活動や交流に注ぎ込む能力は、スピリチュアル・インテリジェンス（魂の知性）という、もう1つの人間的知性だとする科学者もいる）。そんなわけで、取引が決まったり、誰かが大事な人に関する良い知らせを聞いたりなど、何かしら予期せぬポジティブなことが起きると、私は「なんという恩恵だろう！」と言っている。

6 「ストレス」トリガー

私は、脳の損傷のせいで、常に焦りを感じ、ほぼパニック状態だった。だがある日、私はもう焦燥感とストレスとは縁を切ってやろうと決心した。ストレスは自分でつくり出しているものだから、もう生産をストップしようと決めたのだ。私はもともと、混沌の中でも内なる平静と喜びを選択することはできると常に信じていたので、それを実行しようと。そして、手に負えない焦燥感に襲われそうになったら、立ち上がって10回深呼吸をし、「私が今集中できるポジティブなことは何か？　今取るべき、品格のある正しい行動は何か？」と問うことにした。時とともに、この習慣が、ケガによるストレスフルな焦燥感から力を奪っていった。

私は、トリガーにつけ加えて、毎晩ジャーナリングをし始めた。昼間、うれしかったことを3つ書き出し、ほんの数秒間目を閉じて、そのときのことを追体験するというアクティビティだ。そのとき体験した状況に再度身を置き、見たもの、聞いたもの、感じたことを再現する。すると、実際のそのときよりも、振り返っているときのほうが、より丁寧に集中してその出来事のありがたみを感じたりする。脳内で再生しているときのほうが、笑い方も、心臓の鼓動も、泣き方も大きいし、驚嘆、満足、感謝の気持ち、人生の意味やありがたみも、増幅されて感じられるのである。

さらに、毎週日曜日の夜にもう一度同じことをする。その週に見つけたうれしかったことのすべてを再度、魂を込めて追体験するのだ。5分間目を閉じて、その間、感謝することが絶え間なく思い浮かぶようなら、その週をきちんと過ごせたあかしだ。

ご存じのとおり、感謝は、数ある感情の中でも究極のポジティブ感情だ。感謝がポジティブ心理学運動の中核となっているのは、効果があるからに他ならない。感謝日記を始める以上に幸福度を上げてくれる方法は他にないのだ。

感謝は、人生の意味を見ることができる黄金の額縁。

以上のような方策のおかげで、喜びを、私の心と生活の最優先に据えて、頭部損傷からの回復期を過ごすことができた。

また、同じような習慣とトリガーを実践して身体の不調から立ち直ったハイパフォーマーにもたくさん出会っている。本章の冒頭で紹介したテック業界の大物、アルジュンともこの話を共有したが、彼は、ポジティブ感情を喚起するためトリガーを意識的につくったことがなかった。彼は「バランスがとれていて、人生で起きたことに淡々と対応するのが得意」だと自負していたが、人生にうまく対応するだけでは、限られた人生しか送れないことに気づいた。自分の人生に喜びをつくり出そうという意図を持って、リマインダーを設定しなければ、人生のすべてを味わい尽くせない。

アルジュンは、生活に、たった3つか4つのトリガーを設定しただけで、すっかり変わった。彼のお気に入りのトリガーは2つ。1つは、1人きりのときにストレスを感じたら、立ち上がって10回深呼吸し、「なれる最高の自分ならこの状況にどう対処するだろう?」と自問するというもの。もう1つは、奥さんに名前を呼ばれるたびに、自分に「お前がこの地球に生まれてきたのはこの女性のためなんだから、彼女の人生に喜びをもたらせ」と言い聞かせるというトリガーだ。

周囲のためにも自分のエネルギーを高めようという彼の意図は、皆さんにもぜひ見習ってほしいものだ。**自分が、常に、あわただしさや、心配、ストレス、忙しさにかまけている状態では、人にエネルギーを高めろなどと言えない。**自分のために、生活にもっとマインドフルネスや喜びを取り入れようと思わないなら、周囲の人のためにやろう。あなたの野放しのネガティブ感情が伝染し、迷惑しているかもしれない。

ハイパフォーマーたちは、自分の考え方や、フォーカスの対象、エンゲージの仕方、日々の振り返り方を選択的にコントロールすることによって、喜びを培っている。自分で決めているのである。喜びをつくり出すために、自らの意志や行動を変えているのだ。それが、自分自身を生き生きとさせるだけでなく、他者のためにもなる。今こそ目を覚まし、若々しいスピリットで世の中への再デビューを果たそう。

ACTION 2 のまとめ

「喜びをつくり出す」マイノート

1　1日を通してポジティブ感情を引き出すために、毎朝自分に投げかける3つの質問候補は……

2　自分にスイッチを入れるために新たに設定するトリガーの候補は……
（私の通知トリガー、入口トリガー、レジ待ちトリガーなどを参考にしてほしい）

3　その日に起きたポジティブな出来事を追体験するためにどんなルーティンを始めるか……

4　今度ネガティブな情動がわき起こったときに自分に言い聞かせたいことは……

ACTION 3

健康状態を最適化する

この章を書き始める前、私はコンピューターの前から立ち上がってキッチンへ行き、水を一杯飲んで、地下室へ降り、フィットネスバイクで3分間スプリントをし、ストレッチとして、ヴィンヤサ・フロー・ヨガを2分。そして仕事部屋に戻って座り、目を閉じて、「緊張解除と意図設定」をやった。セミナーの控え室でも、仕事に臨む前に、身体を活性化し、心を整えるという、同様のルーティンを実践している。こうした自己規律もやはり、常に運動や呼吸法でエネルギー向上を図っているハイパフォーマーたちから学んだものだ。彼らは、一般的な人より健康的なものを食べ、多く運動していたので、私も真似し始めたのだ。

だがずっとそうだったわけではない。20代後半のときは、かなり不健康な生活だった。コンサルタントとして、毎日12~16時間働いていた。仕事の大半は、コンピューターの前に座ってプレゼンやカリキュラムを作成する作業。座りっぱなしだったので、古い傷が腰痛を引き起こした。その腰痛のせいで、運動もままならなくなった。するとまもなく、多くの人が陥る、健康管理を怠るという落とし穴にはまった。きちんとした睡眠をとらず、不健康な食事をし、運動もめったにしなかった。

それが、職場でのパフォーマンスにも生活全般にも影響していることはわかっていた。だが、悪循環を断ち切るのは難しかった。それは、健康になるなんて至難の業だというでたらめを自分に言い聞かせていたからだ。

不健康な状態にある人というのは、健康維持の方法を知らなくてそうなっているのではない。身体的エネルギーを高める方法など、今どき、誰だって知っている。運動——もっと頻繁にワークアウトする。栄養——もっと健康的なものを食べる。睡眠——7〜8時間は寝るようにする。常識だ。

異論の余地などないはずだが、馬鹿げた屁理屈をこねて、これらのことができていない自分を正当化する人が少なくない。自分のエネルギーの低さを、自身の体質や、業界／社風／義理のせいにする人があまりにも多い。

何を隠そう私もそうだった。以下のような、ずさんなこじつけを言っていた。

「ウチの業界ではこのくらいハードに働くのが普通だから、私もどこかで何かを犠牲にしなくては」

それで何を犠牲にするかというと、健康への気配りだ。もちろん私の言う「ウチの業界」とは、周囲にいる5人の超仕事人間のことだ。彼らも、同じように健康や家族を顧みていなかったので、それが業界全体の基準だと勘違いしていたのだ。

幸運にも、私が当時在籍していたのはグローバル企業だったため、自分と同じ職位でも、それどころか、私と同じかそれ以上の職位でも、私よりも健康に気を配り、人生を楽しみ、より大きな成果をあげている人がたくさんいることに気づいた。私と同じ仕事をしながらも、健康をしっかり管理する方法があることは明らかだった。

「だって、今まで5時間睡眠で業績をあげてきたのだから、私の場合、睡眠は(エネルギー低下と)関係ない」

では、もし睡眠を2時間よけいにとればあとどのくらい業績をあげられるか、という当たり前の思考展開ができず、私はこんなことを言っていたのだ。実際に、睡眠不足は、私が成功した要因ではない。寝なかったおかげで優位に立てたわけではない。

でも若くて愚かだった私は、短時間の睡眠でいかに疲れを取るかという、睡眠ハックのリサーチを始めた。

調べるうちに、50年にわたって行われた睡眠研究の結果に行きついた。適切な睡眠時間（大部分の成人の場合、約7〜8時間）は、より高い認知スコア、低いストレス、高い生活満足度、良好な健康状態、高い生産性、高い収益性、少ない対立につながるというものだ。その文献には、睡眠不足が、精神疾患、肥満、冠状動脈性心疾患、脳卒中など、多くの問題と関連づけられていると明記されていた。

「3カ月経ったらまた健康や幸せに気を配るようにする。今はどうしても忙しいんだ」

これを言う人は、往々にして、疲労の悪循環から永遠に抜け出せない。3カ月というが、現実には、今までもこれからも、その人が休んで生き返った実感を得られるのは、何年も先になるだろう。私も一時期、その状態に陥っていたが、日々——集中的な短期間も含めて——やっていることが積み重なり、抜け出せない悪習慣となるのだ。

「私はそういう体質だから」

私は、先天性の脊椎の異常を持っていたり、交通事故に遭ったりしたために体調が悪いという、生物学的／遺伝的要因説を唱えていた。だがそれは、説得力に乏しい。たしかに、家族歴や特定の遺伝的要因が引き起こす病気はある。とりわけ、がんや、心疾患、糖尿病、自己免疫疾患、精神疾患などは、家族歴の影響が大きい。

ただ、健康状態は自分で変えられるという現実に気づくのに、インスタグラムのビフォー・アフター写真をたくさん見る必要はない。**人間は、全般的、長期的健康をコントロールする、すごい力を持っている**のだ。日々の習慣や環境で、遺伝因子の発現が活性化されたり抑制されたりもする。また、運動不足があらゆる健康問題を引き起こす主要因の一つであることが、あらゆる研究分野で繰り返し証明されている。

「〇〇している暇なんてない」

この言い訳を使いたくなる〇〇というのは、たいてい運動だとか、健康的な食事や食品・食材の買い物、瞑想などだ。だが私は、このどれもが、たいした時間を要さないことを知った。逆に、これらによって元気になり、生産性が上がることで、時間の元が取れることが多い。運動や健康な食事に時間を費やすことによって、頭の回転がよくなり、注意が行き届くようになって、ひいては大事なことをもっとアウトプットできるようになるのだから、時間の損にはならない。

今こんなことを申し上げたのは、こうした間違った考えに陥るのは、自分だけではないとわかっているからだ。不健康な選択を続ける言い訳として、他にどんなことを自分に言い聞かせているだろう？　嫌な質問だとは思うが、考えてみる価値はある。

そこで、今ここで、あなたの身体の健康状態を測定してみよう。あなたの身体の健康状態を10段階で評価してほしい。1を死にそうな状態、10を基本的にいつも身体がエネルギーと力に満ちている状態とする。さて、あなたのレベルはいくつだろう？

7以上でない人は、このセクションが本書の中で最も重要になるだろう。身体の健康にもっと気を配るだけで、精神的・感情的エネルギーが、即刻上がるはずだ。心の状態や身体的エネルギーは、世界の見えかたを変える。気分が最悪のときは、物事が最悪に見え、最高のときは最高に見える。あなたには、最高の状態でいてほしい。

今すぐ体づくりを始めよう

自分に正直になれば、あなたには運動が必要だという研究結果が決定的であると認めざるを得ないはずだ。あなたはもっともっと運動する必要がある。認知機能を重視するならなおさらだ。運動は、ＢＤＮＦ（脳由来神経栄養因子）の産生を増やす。ＢＤＮＦが海馬などの領域でニューロン（神経細胞）の新生を促すので、脳の可塑性が高まり、学習が速くなり、記憶力が上がり、脳の全体的な機能が向上する。運動は学習能力を向上させる、というとても大きなポイントを、あまりにも多くの人が見逃している。運動はまた、ストレスを軽減する。ストレスは、ＢＤＮＦと全体的な認知機能を低下させるので、運動は、そのストレスの多くを取り除いてくれる最善の方法なのだ。

運動はエネルギーを高めてくれるので、一般的なタスクをこなすスピードや効率も高まる。さらに、ワーキングメモリーも、気分も、注意力も向上し、頭の回転が速くなる。これらはすべて、パフォーマンス向上につながる。

したがって、仕事や生活で学習の速さが求められるなら、ストレスに対処し、頭が活発に働き、注意を払い、大事なことを記憶し、前向きな気分を保てなければならない。それには、もっと本気で運動に取り組む必要があるのだ。

世界に対する自分の貢献度を気にかけるなら、自分自身のケアが大切だ。だからといって、ルームランナーで死ぬほどがんばる必要はない。実は、前に挙げたほぼすべての効果が、軽度の運動で得られる。週に数回でいい。適切な運動メニューを再開すればいい。たった6週間の運動でも、脳内のドーパミンの産生と受容が促進し、気分と認知機能が向上することが証明されている。運動はまた、ノルアドレナリンの分泌も促し、それによって、頭を使うタスクでのミスを減らすことができる。運動は、身体・精神・感情すべての面のエネルギーを向上させるということを覚えておこう。

2万人以上のハイパフォーマーを対象とした私たちの調査では、驚くべきことに、HPIスコアが上位5パーセントのハイパフォーマーは、週に3回以上運動をしている割合が、残りの95パーセントに比べて、40パーセント高かった。人生の成功者に仲間入りしたいなら、明らかに、真剣に運動に取り組むべきときが来ている。

子どもがいる人は、その倍の本気度で臨むべきだ。子どもたちに健康的な習慣を受け継ぐことが不可欠だからである。運動能力が正常な子どもは、そうでない子に比べ、注意力が高い。運動は、ＩＱと長期的な学業成績に明確な違いをもたらす。

そしてあなた自身はもう子どもではなく、高い年齢層に属するので、**運動がすべてと言って過言ではない。**

運動は、**うつにも、薬と同じくらい効果がある**ことが研究で示されている（ただし、薬の代用になると考えるべきではない）。運動量が多い人ほどうつになりにくいのは、脳内のドーパミン分泌量が増えるためと考えられている。

運動はまた、**セロトニンの分泌も促し、よく眠れるようになる。**それによって、さらにセロトニンが分泌される（ご存じないかもしれないが、ほとんどの抗うつ薬は、脳内のセロトニン濃度を上昇させるために、放出されたセロトニンの再取り込みを阻害することを標的としている。非常に多くの研究者が、抗うつ薬を服用している患者にも、していない患者にも、運動を推奨しているのはそのためなのだ）。

運動はまた、**鎮痛作用**（テトラヒドロカンナビノール（ＴＨＣ）の作用にほぼ匹敵する）や、**不安を軽減する作用**も持つ。この２つは、高齢者にとって大きな問題である。

昨今、人びとのストレスが高まっていることは誰もが認めるだろう。肌で感じているはずだ。その脅威に対処する一番の方法は、自身で（日々、意図的により多くの喜びをつくり出すことで）ポジティブな気持ちを感じ、運動で緊張を緩めることだ。約束する。運動を、きわめて重要な生活の一部に位置づければ、他のいろいろなことがおのずと魔法のようにうまく行くようになる。

運動の日課を決めたら、次は食事の改善に取りかかろう。アメリカでは現在、成人の60パーセントが肥満だ。その原因は、身体を動かす活動が減ったせいだけではない。**過食も大きな原因である。**

とにかく食べ過ぎているために、健康にひどい悪影響が及んだり、パフォーマンスが下がったりしている。過食は依存症とよく似ており、一部の人は、脳の仕組みのせいで食べ過ぎてしまうことが研究でわかっている。とはいえ、一般的には、単に間違った判断をした――すなわち、長期的な健康よりも短期的な満足を選んだ――結果であると結論づけられている。

すべての医師や療法家が繰り返し提唱する原則を1つ挙げるとすれば、それは「栄

養補給のための食事よりも、ネガティブな気分を解消するためのやけ食いに注意すべき」であるということだ。

ネガティブな気持ちになったら、とにかく身体を動かそう。食事の前に散歩に出かけ、気分転換を図ることだ。必ずしも簡単でないことはわかっている。でも、努力する価値はある。なぜなら、食事前に気分を変えることができれば、よりヘルシーな選択ができるからだ。それが鍵である。何を食べるかは、健康と生産性を高める要因として、運動と同じくらい重要なのだ。「食事を改善し、気分を改善し、パフォーマンスを改善せよ」というのは真理である。これは個人だけの問題ではない。きちんとした栄養を摂ることは、国全体のマクロ経済パフォーマンスに大きな効果をもたらす。特に子どもの場合、認知能力や学業成績が、適切な栄養摂取と直接結びついている。

あなたは、食生活を改善する必要性をとっくにわかっているはずなので、私から言えるのは、始めようのひと言だ。また栄養士に、食物アレルギー——エネルギー消耗のよくある原因——の検査を頼み、あなたのパフォーマンス向上に最適な食事を考えてもらおう。

何から始めるか

エネルギー向上を目指す多くの人たちを個人指導してきてわかったのは、健康増進に取り組もうとする場合、健康状態がおおむね良好な人は、定期的なワークアウトの計画から始めるのがいいということだ。ワークアウトを始めると、自然と食事や睡眠にも気を使うようになる人が多いからである。

一方、私の経験から思うに、健康状態がよくない人は先に食習慣の改善をしてから運動を始めるほうがやりやすい。減量は、週3回ジムに通うよりも、食生活を変えたほうが、達成しやすいからだ。ジム通いは慣れない習慣だが、食事はそうではない。食べるものを変えさせるほうが、定期的な運動という、まったく新しい習慣を取り入れさせるより簡単なのだ。

常に言われるように、身体の健康にかかわるルーティンを変えるときは、事前に医師に相談しよう。良い医者なら必ず、質の高い睡眠と、栄養と、運動メニューを提案してくれるはずだ。逆に、あなたの健康習慣を細かく訊いてくることもなく、あなたの健康目標に沿った食事や運動や睡眠パターンを勧めもしない医療従事者なら、よそに相談したほうがいい。

また自身だけでなく、自分の周囲も、健康に気づかう人で固めるように、環境を整えることを勧める。勤めている会社が、運動や、多岐にわたる心身の健康――安全、身体の健康、幸福、充実感など――を推進していないなら要注意だ。社員の心身の健康に配慮しない企業は、競合他社よりも業績が低いのだ。とは言っても、自分の会社が社員の心身の健康をサポートしていると答えたアメリカの労働者は、全体の半分に満たない。そして、3人に1人が、仕事で慢性的なストレスを感じていると答えている。また、雇用主が社員の健康的なライフスタイルの確立と維持を支援していると答えたのは、わずか41パーセントだった。心身の健康管理は、誰かがやってくれるものではなく、明らかに、私たち一人ひとりにかかっていると思ったほうがいい。

私が企業の幹部にコーチングをするときは、これに関して厳しく言っている。その人が1週間を捧げている組織が、心身の健康を推進していないなら、社員の心身の健康を重要事項にする社内イニシアティブを自分で旗揚げするか、そうでなければ、転職先を探し始めるようアドバイスしている。もちろん、ハイパフォーマーたちと仕事をし、自分もハイパフォーマーになりたいなら、という前提での助言である。

私のセミナーでは、これから12カ月で自分を人生最高の健康状態にする、というチャレンジを受講者に課している。こういうことに本気で取り組んだことのない人の多さには驚く。以下、挑戦したい人のためのコツをいくつか紹介する。

●健康の最適化のためにやるべきとわかっていることから始める

運動をもっとするべき、植物性食品をもっと食べるべき、睡眠をもっととるべきなど、目標はもう決まっている。そして、自分の胸に訊けば、具体的にどうすればいいかもわかっているだろう。**コミットできるか、習慣化できるかだけの問題**なのだ。

●自分の身体に関する、わかる限りの計測値や数値を知っておく

かかりつけ医に行って、総合的な健康診断を受けよう。今後12カ月のあいだに、人生最高の健康状態になりたいと伝え、あなたの健康状態を評価するのに妥当な検査項目をすべて盛り込んでもらおう。ＢＭＩ値や、コレステロール値、中性脂肪値、さまざまな検査によるリスク要因などがわかる。スタンダードな健康診断ではなく、その医療機関が提供する最も総合的な検査を希望しよう。今年の大きな買い物を選ぶなら、

ぜひ自分の健康にしよう。いつもの健康診断ではやってもらえない血液検査や、胸部X線検査、予防接種の見直し、がん検診、脳の画像診断などもやっているところを探そう。

●かかりつけ医に加え、地元で一番のスポーツ医学の専門医を探す

プロのアスリートを診ている人を見つけたい。スポーツ医は、まったく異なる角度から健康の最適化にアプローチする。

●町一番の栄養士を見つけて、オーダーメイドの食事プランを立ててもらう

栄養管理も、何をどうすればわからないなら、町一番の栄養士を見つけて、オーダーメイドの食事プランを立ててもらおう。必ず食物アレルギーの検査を受け、何を、いつ、どのくらい食べるべきかを明確に理解したい。すばらしい栄養士のカウンセリングを一度受けただけで、人生が永久に変わることもある。

●毎晩8時間寝る訓練を始める

「訓練」と言ったのは、朝まで目を覚まさずに寝られる人は少数だからだ。それは生

物学的原因ではなく、寝るための身体と環境の準備を整えていないためだ。そこで次のことを試してほしい。寝る前の1時間は、スマホ、パソコン、テレビなどの画面を見ない。夜間の室内温度を摂氏20度に調整する。外からの光や音を遮断する。夜中に目が覚めても、起き上がったり、スマホをチェックしたりしない。そのままじっと横たわっていることに慣れる。何があっても8時間はベッドで横になっていなければならないと自分の身体に教え込むのだ。この他の睡眠のコツについては、私のよき友人アリアナ・ハフィントンの著書『スリープ・レボリューション　最高の結果を残すための「睡眠革命」』（本間 徳子 訳・日経BP社・2016年）を一読することを勧める。

●パーソナルトレーナーをつける

最適な体づくりを、人生の主要目標の1つに掲げるのなら、何があっても、トレーナーなしで健康の最適化に取り組むべきではない。もちろん、自宅でワークアウトの動画を見たりするのはかまわないが、トレーナーをつけて逃げられない環境をつくったほうが、良い成果が得られる。もしトレーナーを雇う金銭的余裕がない場合は、驚異的な体づくりに成功している友達を探して、一緒にワークアウトをしてくれないか訊いてみよう。この際、邪魔なプライドは捨てる。友達についていけなくても、行くのをやめないこと。ワークアウトのついでに社交も日課にしよう。

●「2・2・2」プラン

シンプルなビギナープランをお望みの人には、医師が許すなら、「2・2・2」プランを提案したい。20分間のウエイトリフティングと、20分間の有酸素運動を、それぞれ週に2回ずつ行うというものだ。すべてのセッションを、全力の約75パーセントくらい——すなわち高強度で行う。激しい運動は週に4回だけと言い換えることができる。あとの3日は、早足のウォーキングを20~45分間程度でいい。

繰り返すが、これがあなたに最適なメニューかどうか、主治医に相談してほしい。そして強度は、徐々に上げていくこと。何もしたことがない状態から、いきなり75パーセントの強度を目指さない。さもないと、ケガやひどい筋肉痛を起こして、この運動は自分には無理と結論づけてしまいかねない。それは最悪のシナリオだ。

●ストレッチをもっともっと頻繁に行う

5~10分の軽いストレッチかヨガを、毎日の朝晩に行うと、身体が柔らかく、動きやすくなる。身体のコリや緊張がほぐれるのだ。

ACTION 3 のまとめ

「健康状態を最適化する」マイノート

1 私が人生の現段階で可能なかぎり健康になりたい理由は……

2 人生最高の体づくりのために、まずやめるべき3つのことは……

3 まず始めることは（複数可）……

4 健康になるために続けたい週間スケジュールは……

身体づくりへのコミットメント

エネルギーは、ハイパフォーマンスに不可欠だ。他の習慣をすべて実践しながら人生を生きたとしても、エネルギーの生み出し方をマスターしていなければ、コンディションが整わない。頭がぼうっとしていたり、ネガティブ感情に溺れたり、身体が疲弊していたりしてはだめだ。ただ幸いなことに、そうした状態は、往々にして悪い選択の結果であり、悪い遺伝子のせいではない。つまり、あなたが選択すれば、総体的なエネルギーのレベルを最適化することができるということだ。それは、私たちの究極の義務とも言える。なぜなら、仕事、愛情、運動、敬愛、リーダーシップなど、すべてがエネルギーにかかっているからだ。

エネルギー増強をコミットメントにしよう。まずは日中、もっとこまめに心と身体の緊張を緩めるようにし、日々の生活で自ら喜びをつくり出すところから始める。そして、これから12カ月以内に人生最高の健康状態になる決意を、今すぐ固めよう。

たしかにハードルの高い目標ではある。だが今まで、この手の本を読んで一念発起したことなどない人なら、その努力をするだけで、人生が変わるはずだ。1年後にあなたから「ブレンドン、あなたの勧めは何ひとつ実践していません——健康増進を除いては」というメールをもらえたら、私はそれだけでも最高にうれしい。

2 喜びをつくり出す

人生のさまざま状況にどのようなエネルギーで臨むか、自分で責任を持つ。特に、活動をするにあたって、自分で喜びをつくり出すことに注力しよう。自分の行動がポジティブな結果を生み出すと期待する、ポジティブ感情をつくり出す自問自答をする、自分をポジティブでありがたい気持ちにさせるトリガーを設定する、小さなことや周囲の人たちに感謝の念を持つ、といった心がけをする。

3 健康状態を最適化する

仕事や生活で学習の速さが求められるなら、ストレスに対処し、頭が活発に働き、注意を払い、大事なことを記憶し、前向きな気分を保てなければならない。それには、もっと本気で、睡眠と運動と栄養に気を配る必要がある。医者やその他の専門家に相談し、健康状態を最適化しよう。何をすべきかはもうわかっているはず。実行あるのみだ！

成功し続ける人の習慣 2 まとめ

エネルギーを高める

1 緊張を解きほぐし、意図を設定する

活動の変わり目のトランジションを利用してエネルギーをリフレッシュする。少なくとも1時間に1回は行う。

まずは目を閉じ、深呼吸をし、心の中で「リリース」と唱える。身体の緊張が解けたら、次の活動で、どんな気持ちになりたいか、何を達成したいかなどの意図を明確に設定する。目を開けて、シャキッとした気持ちで仕事に集中しよう。

第 3 章

成功し続ける人の習慣 3

必然性を高める

RAISE NECESSITY

- 誰があなたのベストプレーを必要としているか知る
- 大義を掲げる
- チームをレベルアップさせる

「他に何ができたっていうんだ？」

アイザックがそう言うと、彼を囲む3人の海兵隊員がうなずく。

ウエイトレスがコーヒーを注ぎ足しにきた。

私は「他に選択肢がなかったんですね？」と訊くと、彼は笑って言った。

「いや、いつだって選択肢はありますよ。そのときは、漏らすか、逃げるか、海兵隊らしく振る舞うか、という3つの選択肢がありました」

誰よりも大笑いしたのは私だった。他の男たちは、この手の話に慣れていてなんとも思わないようだ。

私は続けて訊いた。

「爆発があったほうに走っていくとき、自分に何と言い聞かせたんですか？」


それはちょうどアイザックが徒歩で警備をしていたときだった。彼の小隊の車両が手製爆弾に当たったのだ。彼は爆風に吹き飛ばされた。意識が戻ると、立ちのぼる煙に包まれ、くすぶっている車両が、さらなる攻撃を受けているのが見え、すかさずそこに向かって走り出したのだった。

「部下に死んでほしくないという一心。それしか考えていません。部下のことしか」

アイザックが、カフェの窓から外を見つめると、沈黙が訪れた。皆がそれぞれの回想にふけっていた瞬間だ。

「たまにあるんですよ」と、アイザックは続けた。

「自分のすべてが脳裏にフラッシュバックしてくるような瞬間が。実際は数分の出来事が、2時間映画のように長く感じられました。自分の生涯と信念のすべてが、この瞬間のためにあったというような感覚でした」

そして、自分の車イスに目をやってこう言った。

「でも自分が思っていたようには終わらなかった。私はもう使いものにならない。おしまいなんです」

アイザックは、二度と歩けないかもしれない。彼は、爆発で生き残った1人をかばって、避難を手伝ったヒーローだ。親しい友人の1人だった負傷兵を安全な場所に避難させたところで銃弾を受けたのだ。

そこにいた海兵隊員の1人が一蹴する。

「おしまいなんかじゃないって。治るよ。ちゃんと元通りになるさ」

アイザックがすかさず嚙みつく。

「俺をちゃんと見て言ってるのか？　自分で何もできないんだぞ。自国に尽くすこともできない。こんなふうに生きて、何の意味があるんだ？」

彼の仲間たちが、目で私に助けを求めてきた。

「たしかに」と私は言った。

「無意味かも——あなた自身が意味を生み出そうとしなければ。あなたの苦しみは、『私はあきらめるという対処法を選びました』と世間に伝えるためだったのか、それとも、ご自身と海兵隊の皆さんと世間に、あなたの奉仕の精神を止めるものは何もないことを示すためだったのか？　どちらの意味づけをするかです」

私の言葉は不発に終わった。

アイザックは腕を組んで「それでも意味がわからない」と言う。

すると仲間の1人が体を寄せて言った。「意味はずっとわからないままだよ。ただ、自分の存在する理由がなかったら終わるが、理由を自分で選ぶんだよ。回復しなくちゃいけないことはないよ。でも、しなくちゃいけないと思う選択もアリだ。どっちを選ぶかはお前だ。1つは、人生を惨めにする最低の選択肢。もう1つは、自分をベッドから引きずり出す選択肢だ」

アイザックは「そんなことするかよ」とつぶやいて、黙り込んだ。あきらめるべきか、生きるべきかの瀬戸際に立つ人を目の前に何も言えないという、誰もが避けたがる沈黙だった。

そして彼が、そんな選択を今することはないと思っていることが明らかになった。その態度に、仲間たちがイラついているのもわかった。うやむやな態度は、海兵隊員の得意とするものではない。ついに仲間の1人が、アイザックから数インチの距離まで顔を近づけ、軍人でなければあり得ない気迫で彼を見つめた。

「なあ、お前には他の選択肢はないんだよ。お前は、回復に専心するしかないんだ。自分の小隊を訓練したときと同じように、海兵隊員らしくな。家族がお前を頼ってるし、俺たちも寄り添うさ！　でも、言い訳は許さないぞ。戦士が背負う運命は、自分の傷よりも偉大なんだから」

私がこのエピソードを紹介したのは、感動とは対極にある事実——すなわち、**誰も無理する必要はない**ということ。人生でも、仕事でも、家族のためにも、いつも期待を上回る必要などないのだ。キツい日に、ベッドから這い出る必要もないし、できる限り最高の自分でいようと気にかける必要もないし、並外れた人生を送るためにがんばる必要もない。それでも、そうせねばと思う人たちがいる。それはなぜか？

その答えは、**パフォーマンスの必然性**という言葉で説明できる。これは、人間のモチベーションと卓越性を生み出す最強の原動力の一つだ。

アイザックの身体は良くなるのかどうかは、多くの意味で、ひとえに彼自身の努力にかかっていた。医師たちは、がんばれば歩けるようになる可能性がある、保証はできないが可能性はあると言っていた。

では、心の回復はどうか？　それも彼次第だ。彼には、周囲の人びとの多くの支えがある。ただ、自分に必要な支えを周囲が申し出てくれても、それを受け入れない人もたくさんいる。その違いを生むのは、その人が、ぜひとも回復しなければならないと心に決めるかどうかなのだ。必然性を感じなければ、努力を続けられないのだ。

必然性とは、偉大なパフォーマンスを発揮「したい」ではなく、「しなければならない」と思う、感情的動因（心理的欲求）なのだ。何かをしたいという弱めの願望とは違って、必然性は、行動を起こせという、自らへの要求である。必然性を感じたら、ああしたいとか、こうなればいいなと願うのではなく、何が何でもやり遂げる。そうするしかない。あまり選択肢はない。心と魂と、その瞬間のニーズが、あなたに行動しろと命令する。そうするのが正しい、という感覚であり、その行動を起こさなければ、自分で自分に失望する。自分の基準に従っていない、自分の義務や責任を果たしていない、自分の背負った使命や運命をまっとうしていないと感じるのだ。必然性は、自分のアイデンティティにかかわっていることもあり、行動を起こさねばという切迫感を伴い、普段より強烈なモチベーションをわき上がらせる。

こうした「心と魂」だとか「運命」うんぬんは、なんだか感傷的に聞こえるかもしれないが、現に、これがハイパフォーマーの多くの行動の裏にあるモチベーションだと、当事者たちが説明しているのだ。

たとえば、私はよく、ハイパフォーマーたちへのインタビューで、あなたはなぜそんなにがんばるのか、なぜそんなに意識がブレないのか、なぜそんなに覚悟が揺らがないのかと訊くのだが、返ってくる彼らの答えは、おしなべて以下のようなものだ。

- 私はそういう人間なんです。
- 私はそのように生まれてきたんです。
- そうしないことは考えられませんね。

また、責任感や必然性をこんなふうに言い表している。

- みんなが今、私を必要とし、私を頼りにしているんです。
- この機会を逃すわけにはいかないんです。
- 今これをしなかったら、一生後悔するでしょう。

彼らの言っていることは、アイザックが「自分の生涯と信念のすべてが、この瞬間のためにあったというような感覚」と言ったのと重なる。

高い必然性を感じている人は、次の文言が、自分に非常に当てはまると答えている。

「成功への深い感情的動因とコミットメントを感じ、絶えずそれに突き動かされて、懸命に努力し、自らを律し、追い込んでいる」

このような記述に当てはまると答える人たちは、ＨＰＩのおよそすべてのカテゴリーにおいてスコアが高い。また、長期的な自信、幸福度、成功度を測る質問でも、同輩よりスコアが高い。この必然性という感情的動因がなければ、どんな方策や、ツールや、戦略があっても役に立たないのだ。

私の研究と、10年にわたるハイパフォーマー育成の経験から学んだものを１つ選ぶとすれば、それは、何としても卓越せねばならないという意識なしには、並外れた人間にはなれないということだ。自分のしていることにもっと感情的にコミットし、成功（または何であれあなたが追い求めている結果）を、気まぐれな願望ではなく、必然性として魂の底から追い求める境地に達していなければならない。

では、どうすればそうなれるのか、というのが本章のテーマである。

必然性の4大原動力

パフォーマンスを発揮するための必須要素（私はこれらを「必然性の4大原動力」と呼んでいる）には、**アイデンティティ**、**熱中**、**義務感**、**切迫感**がある。アイデンティティと熱中は、ほとんどの場合、内発性、すなわち当事者の心のうちからわいてくるエネルギーで、義務感と切迫感は、ほとんどの場合、外発性、すなわち他者や社会を意識したものだ。それぞれが、モチベーションを高める力だが、4つが合わされば、ほぼ確実に、高いパフォーマンスを発揮させてくれる。

必然性は、意味合いが必ずしも明確ではないので、処方を紹介する前に、少し時間を割いて説明したい。あなたの人生でも、どの領域で必然性を高めれば、優位性が大きく変わるか特定できるようになるので、ぜひおつきあい願いたい。

パフォーマンスの必然性

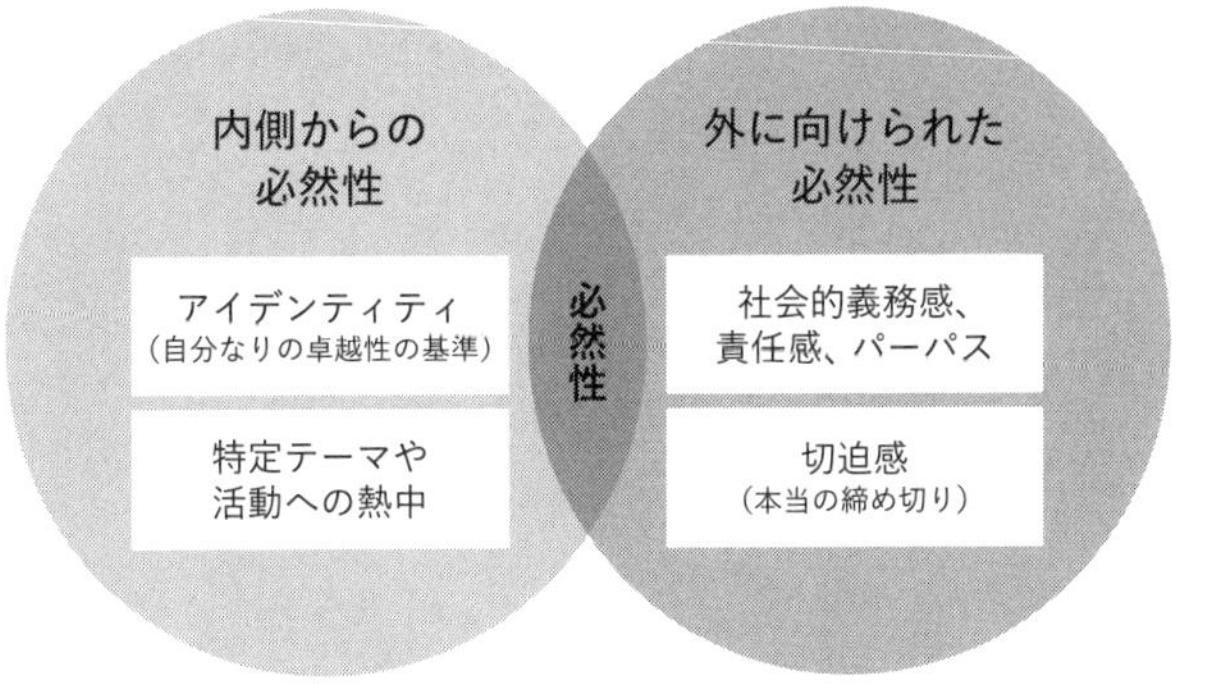

人を内側から突き動かす必然性

あなたは、自分が自身の価値観に沿わない行動をしたり、最高の自分を発揮できなかったりして、罪悪感を抱いたことはないだろうか？　たとえば、本来は正直な人なのに、嘘をつくことが多いと感じている、目標を決めたのに達成しないなど。逆に、自分の言ったことや願望のとおりに行動できたり、良い人間でいられたりしたときは、とても気持ちが良いのではないだろうか。

そのように、自分のパフォーマンスに対して悔しがったり満足したりする気持ちが、私の言う内側から突き動かす必然性である。

私たち人間を内側から突き動かし、行動を形づくる必然性には——価値観、期待、夢、目標、安全・帰属・調和・成長への欲求など、いろいろある。こうした内側からの必然性は、あなた自身の「自分らしさ」を保ち、なれる最高の自分に近づくよう促す、内なる羅針盤ともいえる。内側からの力によって、あなた自身のアイデンティティと行動の形成・再形成が、生涯繰り返されていくのだ。

私たちは、人を内側から突き動かす必然性の中でも、人が長期的に成功できるかどうかにとりわけ影響する2つを特定した。それは、**自分なりの卓越性の基準と、特定テーマに対する熱中**である。

卓越性に対する高い基準とコミットメント

ハイパフォーマーは、言うまでもなく、自らに高い基準を課している。もっと具体的に言うと、自らのアイデンティティに重要と思われるタスクや活動で良いパフォーマンスができるかどうかに心を砕いている。そのタスクが自ら選んだものかどうかにかかわらず、また、自分が楽しめるものかどうかにもかかわらず、気にかけているのだ。彼らが良い仕事をする原動力になっているのは、自身のアイデンティティであり、必ずしもそれが自ら選択したタスクだからとか、楽しいタスクだから、というわけではないのだ。たとえば、アスリートが、コーチから与えられたワークアウトを必ずしも楽しいとは思えなくても、しっかりこなすのは、自分は、向上するためなら何にでも挑戦する一流アスリートだ、という自負があるからだ。組織研究でも、同じような研究報告が出ている。人が高いパフォーマンスを発揮するのは、そのタスクに満足しているからというよりも、自分にとって有意義で、やりがいのある目標を設定しているためだ、ということが示されている。**満足感は、偉大なパフォーマンスの原因ではなく、結果なのだ。**人がやる気になり、偉大な仕事をするのは、おしなべて、未来の自分のアイデンティティと一致するような仕事のときだ。

誰でも、自分にとって重要なことにおいて、優れた仕事をしたいと思うのは当然だ。

しかし、ハイパフォーマーたちは、それ以外の活動でも卓越性を重視し、人よりも力を注ぐのである。

彼らが卓越性を重視していることをどのように知ったかというと、自らの行動やパフォーマンスの目標を、人より頻繁にセルフモニタリングしていると、アンケートで答えているからだ。パフォーマンスが高い人たちは、自らに高い基準を課して、卓越したいと思っているだけではない。自分がその基準を満たす行動をしているかどうか、日に何度も、チェックしているのである。このセルフモニタリングは、競争に先んじる要因となっている。何百人もの勤務評価を見てきた私に言わせると、一方のパフォーマンスが低い人たちは、往々にして、自らの行動や成果をさほど気にしていなかったり、ともすれば無頓着であったりする。

これらの調査結果は、目標や自己認識に関する外部の研究結果とも一致する。たとえば、目標を設定し、定期的にセルフモニタリングを行っている人は、行っていない人のおよそ2・5倍の確率で目標を達成する。また、そういう人は、より正確な計画を策定し、その通りに進めようという意欲も高い。138件、延べ1万9000人以上の参加者を調べた勤務評価では、進捗状況のモニタリングが、最初に明確な目標を設定するのと同じくらい重要であることがわかっている。進捗をモニタリングする気がないなら、目標や自分の基準に従って生きる意味もないと言える。これは、人生のほぼすべての側面――もっと次元の低い事柄にも当てはまる。たとえば、ある人が、健康な自分を思い描いて、何キロか痩せようとしたとする。だが目標を設定して進捗状況を追跡しなければ、失敗は目に見えている。あるメタ分析では、セルフモニタリングが、減量の成果を出す最も効果的な手段の1つと判明している。

これをハイパフォーマンスにどうつなげるのかというと、**自分の基準に従って生きているかをセルフチェックする習慣**が必要になる。といっても、毎晩ジャーナリングを行って、次のようなことを自分に問うだけでいい。

「今日は卓越したパフォーマンスを発揮できたか?」
「最大限の優れた仕事をするという自分の価値観と期待に沿えたか?」

この手の質問を毎日自分にしていれば、厳しい現実が浮かび上がってくるかもしれない。完璧な人などいないので、あなたにもきっと、自分が誇れないパフォーマンスをする日があるはずだ。だが、それがセルフモニタリングの重要な一部である。セルフモニタリングをしなければ、決めたことをきちんと守れず、レベルアップのスピー

ド も遅くなる。したらしたで、思いどおりにいかず悔しい思いをすることもあろう。でもセルフモニタリングとはそういうものなのだ。

ハイパフォーマーたちは、たしかに、自分の成長や卓越性を認識できないと自分を責めたりすることもある。だが、彼らが欲求不満だったり、いつもうまくいかない自分を気に病んで神経症のような状態になったりするのかといえば、そうではない。私たちのデータを思い出してほしい。ハイパフォーマーたちは、同輩に比べて、ストレスが低く、より大きな違いを生み出し、その努力が報われていると実感している。そのように感じられるのは、正しい道を歩んでいる自負があるから。そして、正しい道を歩んでいることは、常にセルフチェックを行っているからこそわかるものだ。

私が多くのハイパフォーマーたちと話をして感じたのは、皆、**自分の失敗に向き合い、弱みに対処しようという意志を強く持っている**ことだ。彼らは、そうした話題を避けようともしなければ、完璧な人間を装うこともしない。それどころか、改善法について積極的に話そうとする。それは、根本的に、成長というものが、自分のアイデンティティと人生の楽しみに結びついているからである。

では、ハイパフォーマーたちは、なぜそんなにしょっちゅう自分と向き合っても失望しないのだろうか？　それはおそらく、**自己評価をすることに慣れている**というだけだと思う。慣れているから大丈夫なのだ。いつもやっているので、自分自身や欠点などを観察することをいちいち恐れないのだ。頻繁にやるほど、痛みを感じない。

とはいえ、ハイパフォーマーたちは、やはり失敗すると自分に厳しくなりがちだ。それは、卓越性が、自分のアイデンティティにとって、非常に重要だからである。「私は、物事をやり遂げ、卓越性をもってそれらを実行する人間だ」「私は、物事の細部と出来栄えにこだわり、成果をあげる人間だ」というアイデンティティがあれば、当然、そのとおりにならないと気になるだろう。

こうした言葉は、ハイパフォーマーにとっては、単なるアファメーションではなく、自分自身の重要な一部である。つまり、**良い仕事をせねばという内なるプレッシャーがあり、それを制御したり、消したりはできない**のだ。

当然ながら、ハイパフォーマーの高い基準は、気をつけないと、逆効果になることもある。自分に批判的になりすぎ、自己評価＝つらいものというイメージがついてしまうこともあろう。そうなると自分が卓越性を発揮しているだろうかと自問するのをやめてしまうか、逆に、しょっちゅう自問し続けて自分を追い詰めるかのどちらかになる。**失敗を気にしすぎることで不安が高まり、パフォーマンスが低下する。**スターゴルファーが18番ホールで突然緊張が高まって思うようにプレーできなくなるのは、うまくやらねばという必然性を感じていないからではない。その必然性によって、運動に支障をきたすほどの期待感やプレッシャーが生じてしまっているのだ。

だが、緊張による失敗は、ハイパフォーマーたちには驚くほど少ない。それはやはり、大きな必然性を伴う場面に非常に対処し慣れているからだろう。

そして、パフォーマンスが低い人たちに関する私たちの調査結果も考慮すべき重要事項だ。**セルフモニタリングを週に何回行うかという質問で、彼らが答えた頻度は、ハイパフォーマーの3分の1から2分の1だった**のだ。また「私は卓越性を追求しながら成長する特性を持っており、日々の行動でそれを示している」といった記述に「非常に当てはまる」と答えることはめったにない。卓越性を掲げるアイデンティティは、おそらく自分にとってリスクが高すぎるのだろう。自分のパフォーマンスが低いことを常に気に病んでいるようなら、自己評価を避けたくもなるだろう。しかしこれが、パフォーマンスが低い人たちにとっての、非常に皮肉なジレンマなのである。もっとセルフモニタリングをしないとパフォーマンスが向上しない。でも、セルフモニタリングを頻繁にすれば、自分への失望や批判は避けられず、それと闘わなければならない。

すべてのローパフォーマーが目標にすべきは、新しい基準を設定し、セルフモニタリングをより頻繁に行い、自身のパフォーマンスをひるまず見つめることに慣れることだ。

それは正直、簡単ではない。ネガティブな気持ちになる可能性を回避したくなるのは、人間に深く根づいた本能である。強い必然性を抱くことは、良いことばかりではないという事実を無視するつもりはない。人生のいかなる領域でも、最高の実力を発揮しようとがんばることは、恐怖や不安と隣り合わせだ。自分に多くを求め、能力の限界に挑戦するのは怖いことである。良い仕事ができないかもしれない。失敗するかもしれない。いざというときに対処できなくて、悔しい思いや、気まずい思い、罪悪感、悲しみ、恥ずかしい思いをすることもあるだろう。**何々せねばならないというプ**

レッシャーは、必ずしも心地よいものではない。

それは、ハイパフォーマーにとっての究極のトレードオフと言えるのではないだろうか。何かを成功裏に遂行しなければならないと感じるゆえに、失敗するとネガティブ感情に苛まれるのだから、仕方ない。彼らは、強い必然性から、パフォーマンスの優位性を重視するあまり、自分に厳しすぎるのだ。それで苛立ちを感じることもあるが、それに見合うだけの見返りはある。

この必然性という概念を怖がらないでほしい。多くの人は、私がこの概念を紹介すると警戒モードになる。自分が、実際の困難なニーズに対応できないのではと恐れてしまう。だが、必然性は、起きた「悪い」ことに対応「する必要がある」という意味だけではない。そのニーズが、ネガティブな負担になるとは限らないのだ。

だから私はよく、パフォーマンスがあがらない人たちにこう言っている。

仕事で返り咲くための最短の道は、自分自身に期待を持つことだ。

良い仕事をすることを自分のアイデンティティにしよう。そして、適度に難しい目標を設定すること。４万人の参加者を何十年にわたって追跡した調査では、**困難で具体的な目標を設定した人のほうが、抽象的で容易な目標を設定した人より優れたパフォーマンスを発揮する**ことが示されている。

自分のことを、挑戦することが好きで、大きな夢に向かって突き進む人間だと見なそう。あなたは、自分が思っている以上に強く、将来は、良いことが待ち受けている。失敗することもあるだろうし、それでいやな思いもするかもしれない。

でも、他の選択肢を考えてみよう。躊躇するのか？　人生の最後の最後に全力を出し切らなかったと後悔するのか？

それとも、自分の安全地帯から一歩も出ずに、退屈、あるいは現状に甘んじながら、とぼとぼと人生を歩むのか？　あなたには、そんな結末を迎えてほしくない。

ハイパフォーマーが、長期的に成功しなければならないと思っているのは、大胆にも、**自分に大きな期待をかけている**からだ。彼らは、何かをしなければならない、そしてそれをうまくやらなければならないと、繰り返し自分に言い聞かせている。なぜなら、その行動や成果が、自分の理想のアイデンティティと一致するからである。

並外れた人生を生きたいというハイパフォーマーたちの夢は、ただの希望や願望ではない。彼らは、自らの夢を「使命」としている。それらを将来の自分のアイデンティティに結びつけ、実現することを自分に期待する。そして実現するのである。

特定テーマを理解しマスターすることへの熱中

自分の内なる卓越性の基準が、たしかなパフォーマンスを求めるとすれば、「好奇心」という内なる原動力は、その過程を楽しくしてくれる。

ご想像どおり、ハイパフォーマーたちは、好奇心に満ちあふれる人びとだ。自分の関心分野を理解し習熟したいという好奇心は、彼らの成功要因の一つであり、すべてのハイパフォーマーに共通して見られる特徴である。皆、関心分野に長期的に力を注ぎ、知識やスキルを高めたいという**内的動因**を持っている。心理学には、内発的動機づけが高いと表現される。つまり、報酬や称賛や罰などではなく、活動そのものが、自分にとって興味深い、あるいは楽しい、やりがいがあるからやりたい、ということだ。ハイパフォーマーたちは、他者からの報酬やニーズのためではなく、活動そのも

内的動因
自分の内面にある心理的欲求。

のから得られる満足のためにやるのである。

こうした、特定のテーマや分野に対する深く長期的な情熱は、成功に関する研究のほぼすべてで認められている。「グリット」という言葉も、情熱と粘り強さをかけ合わせたような意味で使われる。また「計画的訓練」という言葉を聞いたことがあるだろうか。よく、1万時間の法則のことだと誤解されるが、何かを究めるには、そのことに力を注ぎ、訓練した時間の長さが大事なのだ。上述の研究結果は単純明快で、何にせよ一流になる人たちは、その技能により長く、より懸命に取り組んでいることが示されている。

ただ私に言わせれば、ハイパフォーマーが持っているのは、ただの情熱を超えるものがある。情熱は普遍的に理解され、受け入れられるものだ。「情熱的であれ」「情熱的に生きよ」「情熱的に愛せよ」とよく言われている。情熱は、当たり前に求められるもので、成功への最初の扉である。だがそれに加えて、感情的エンゲージメント（精神的没頭）と、的を絞った集中を長期的に続けると、すごいレベルに到達できる。たとえ関心の波や、モチベーションや情熱の浮き沈みがあっても……他者から（まんざら間違いでもないと思える）批判をされても……何度失敗しても……自分が楽に登り続けられるレベルを大きく超えざるを得なくなっても……報酬や認知が得られなくても……他の皆があきらめたり、次に進んだりしても……あらゆる兆候が、やめるべきだと示していても、取り組みを続ければ、グリットを大きく超えた、無責任な熱中とも言うべき域に到達する。私はこのポイントを前著『自分を貫く　絶対に目標を達成する9つの方法』（プレシ南日子訳・フォレスト出版・2017年）で、こう取り上げている。

私たちの課題は、これらとは正反対のことを――つまり、大胆な行動やすばやい前進は、何やら危険で無謀な行為であると――信じるように慣らされていることだ。しかし、どのようなものをレベルアップあるいは革新するにも、新しい、またはすばらしい、または有意味な貢献をするにも、ある程度の無謀さが必要なのである。これまで、少々の無謀さなしに成し遂げられた偉業はあるだろうか？　海を渡る、奴隷制を終わらせる、人間を宇宙に送り込む、高層ビルを建てる、ゲノムを解読する、新事業を立ち上げる、業界全体を革新する、といった並外れたことを実現するには、いわゆる無謀さが必要だった。前例のないことに挑戦したり、型破りな言動をしたり、すべての条件と準備が整う前に始めたりするのは、実際に無謀だ。しかし、成功するためにはまず始める必要がある、と大胆な人は心得ている。また、本当に報われることがあるなら、一定のリスクは避けられないし、必要であることもよくわかっている。たしかに、未知の世界に飛び込むことは無謀であるが、そこにこそ宝があるのだ。

きれいごとを並べているように思われるかもしれないが、これは、世界中のハイパフォーマーたちから、実際に聞いた言葉だ。

自分のやっていることに情熱を持って取り組んでいるだけなら、人に理解してもらえる。一方、熱中していると、無謀だと思われる。それが違いだ。

この、ほぼ無謀とも言える熱中が、私たちに、より高いパフォーマンスを発揮せねば……と思わせるのである。

いかなる活動分野においても、熱中していない人はすぐわかる。中途半端な興味を持つ雑学家、本気でない恋人、本腰でないリーダーなどは、たいてい強い関心や情熱や願望に欠けるが、たまに、大いなる関心を持っている場合もある。だが、そうした人たちが絶対に持っていないあるもの。それは、**揺るぎない、飽くなき熱中**である。

会ったばかりの人が何かに熱中しているかどうかは、ものの数分でわかる。熱中事を持っている人は、好奇心に満ち、エンゲージメントが高く、自分にとってとても重要な特定テーマについて学んだり、語ったりするときに、嬉々としている。「仕事が大好きで、とりつかれたように熱中しています」「これは、生きて、食べて、息をするのと同じようなもの。これ以外のことをするなんて想像すらできない。これは私そのものなんです」などと言う。彼らは、卓越性を究めることについて熱狂的に、具体的に語る。そしてそのために、勉強や、練習、準備に費やした時間を記録している。彼らの熱中は、実際の取り組みとして、予定表に書き込まれる。

あることが情熱を超えて、熱中の域に達した瞬間を実感するのは、そのことが自分のアイデンティティに結びつけられたときだ。

そうなると、ある心の状態——つまり情熱——を感じたいという願望が、ある種の人になりたいという探求に変わる。それは、あなたの一部、すなわち他のことより重要視するものとなる。あなたにとっての必然となるのだ。

自分自身に高い基準を設けることを恐れる人がいるように、熱中することを恐れる人も多い。そういう人たちは、気軽な興味や一時的な遊びを好む。自分のアイデンティティに影響しない情熱を持って生きるほうが楽なのだ。

特筆すべきは、ハイパフォーマーは、そうした、内なるプレッシャーに耐えられるということだ。彼らは、情熱の深みにはまることをいとわない。熱中は恐れるものではない。むしろその逆で、勲章のようなものである。何かに熱中した人は、それが楽しすぎて、人に弁解する必要性など感じない。ある作業に取り組んだり、スキルを向上させたりするために何時間も失うが、それを楽しんでいる。

では「不健全な」熱中というのはあるだろうか？　それは、熱中をどう定義するかにもよるだろう。中毒になったり、考えずにはいられないほど何かにとりつかれたりするようなら、健全とは言えない。『メリアム・ウェブスター辞典』が、熱中の１つの意味として「そのことが頭を離れず心がかき乱されるほど特定の物事に何かに強く引かれること」と定義しているように、「心がかき乱される」レベルなら、たしかに不健全だろう。だが辞書には、熱中のこのような定義も載っている。

- ある人が、特定の人や物事のことを、異常なほどいつも、あるいは頻繁に考えている状態
- ある人が、いつもあるいは頻繁に考えている人や物事
- ある人が、特定の活動に夢中になり、多くの時間を費やすこと
- 特定の人や物事に、持続的でアブノーマルな強い興味や関心を持つこと

このような意味合いなら、特に不健全な要素は含まれていない。繰り返すが、あなたがどの定義を選ぶかによる。ハイパフォーマーに関して私が知っているのは、彼らが、たしかに多大な時間を使って自分の熱中事に思考をめぐらせているという事実だ。これは「アブノーマル」か？　たしかにアブノーマルだ。

ノーマルが健全とは限らない。

正直に言おう。今日の、気移り・目移りしやすい世の中で、いかなることでも人の注意力が持続するノーマルな時間は、２分程度だ。したがって、アブノーマルな集中

が「不健全」なら、ハイパフォーマーたちもそのとおり不健全と言えるのかもしれない。だが、どこの誰よりもハイパフォーマーを観察してきた私の目には、彼らは不健全には見えない。自分の熱中が不健全かどうか知りたいなら、簡単に見分ける方法がある。あなたが自分の熱中をコントロールできず、熱中にコントロールされるようになったり、そのせいで人生や人間関係が壊れ始めたり、周囲に不幸が生じるようになったりしたら、問題だ。

だが、ハイパフォーマーたちにそんな心配はいらない。そのような問題があれば、そもそもハイパフォーマーになれていない。それはアンケート調査のデータにも表れている。ハイパフォーマーは、幸せで、自信を持ち、健康的な量の健康的な食べものを食べ、運動し、同輩よりもストレスにうまく対処し、挑戦が大好きで、自分が違いをもたらしていることを実感している。つまるところ、彼らはコントロールがしっかりできているのだ。

だから私は、特別な関心をそそる物事を見つけるまで、人生でいろいろなことを試すよう皆に勧めている。そして、それが自分の価値観やアイデンティティと一致するようなら、飛び込んでみよう。好奇心を持って、思い切り打ち込み、ディープに探究すること。何かに熱中しマスターしたがっている自分のオタクな部分を目覚めさせよう。自分の高い基準が、深い熱中と出会うと、高い必然性、ひいてはハイパフォーマンスが生まれる。だがここまではあくまでも、自分の内側からわいてくる必然性の話だ。自分を外へ突き動かす必然性の話は、もっとおもしろくなる。

外に向けられた力の話に移る前に、以下のことをじっくり考えてみてほしい。

- 私にとって重要な価値観は……
- 最近、私が自分の価値観に従わなかった場面は……
- そのとき、自分の価値観に従う必然性を感じなかった理由は……
- 最近、自分の価値観に従ったことや、ある種の人間であることを誇りに思った場面は……
- そういう人間であることとの必然性を感じた理由は……
- 私が気づくと熱中しているテーマは……
- 健全な熱中を十分にしてこなかったテーマは……

人を外へ突き動かす必然性

外へ突き動かす必然性とは、あなたを駆り立てる外的要因を指す。心理学でのいわゆる「プレッシャー」であるが、プレッシャーという言葉にはネガティブなニュアンスが含まれているため、私はめったに使わない。**ハイパフォーマーの場合、継続的なネガティブなプレッシャーが卓越性への動因となることはほとんどない。**

誰もがそうであるように、彼らにももちろん義務や締め切りがあるが、何が違うかというと、彼らは、そうした責務を意識的に選択しているので、やらなければというネガティブなプレッシャーとしてとらえていない。**ハイパフォーマーはパフォーマンスをさせられているのではなく、パフォーマンスに引かれているのである。**

私自身も、以前はそこを誤解していた。HPI指標を作成するための予備的調査の1つで、このような記述がどの程度当てはまるか、参加者に採点してもらったことがある。「私は、同輩、家族、上司、メンター、所属する組織の気風など、外からの、高いレベルで成功してほしいという要求を感じている」という記述が当てはまる人＝HPIスコアが高い人、という相関が見られなかったことに、私は当初驚いた。

だが、なぜこのような結果なのか。成功しなければという彼らの思いは、他者に求められてのものではないからだとわかった。より高いパフォーマンスを出してほしいというプレッシャーを他者から感じることがあるとするなら、それは、彼ら自身がすでにやると決めた選択や行動に対する応援に応えようとするものだと思われる。言い換えれば、ハイパフォーマーは、外に向けられた必然性を、必ずしもネガティブなこと、あるいはパフォーマンスを上げる理由とは見なさないのである。

ハイパフォーマーは、心理学で「**心理的リアクタンス**」と呼ばれる、人から言われて侮辱や脅威を感じたときの反発心で行動しているわけではないということだ。たしかにネガティブなモチベーションだけでは長続きもしないし成果もあまり出ない。

それよりも、ハイパフォーマーは「ポジティブな」外向きの必然性を、パフォーマンスを上げる理由と見なしている。彼らは、自分が有意味だと思うパーパスを果たすために良い仕事をしたいと考えている。崇高なパーパスを果たすことは、ポジティブなプレッシャーととらえられる。多くの人が苦手とする、義務や困難な納期でさえも、ハイパフォーマーは、パフォーマンスアップのポジティブな機会ととらえる。

これを念頭に、パフォーマンスを上げるモチベーションあるいはプレッシャーとなる、ポジティブな外向きの必然性を2種類紹介する。

社会的義務感、責任感、パーパス

ハイパフォーマーたちが感じる優れたパフォーマンスをする必然性は、自分ではなく、特定の人や物事に対する義務感からくることが多い。誰かに頼られているとか、約束や責任を果たそうとしている状況である。

「義務」という言葉は、ハイパフォーマーたちに倣い、あえて広い意味で使っている。彼らが義務と言うとき、誰かに対して何かをする義理を意味することもあれば、パフォーマンスをする責任がある（それを人に頼まれたかどうかにかかわらず）という意味のこともある。また、他者の期待に応える責任や、ある集団の規範や価値観に従うこと、あるいは、道徳的判断基準に従うことを、義務と言うこともある。

パフォーマンスの原動力となる義務感を最もよく説明するのは、**人はよく、自分のためよりも人のために多くをするという真理**だ。自分に睡眠が必要とわかっていても、夜中に泣く子をなだめるために起きる。誰かのためにすることのほうが、私たちの心の中では、必然性が高いのだ。この手の必然性は、とかく最強の影響力を持つ。

そこに責任が加わる――すなわち、人を手伝うことがあなたの役割だと期待されている――と、必然性がさらに増す。非常に多くの研究で、人は、結果に責任を持たされたり、頻繁に評価されたり、専門性を発揮したり、奉仕する相手から敬意を表される機会があったりするほうが、モチベーションを維持し、一層努力し、高いパフォーマンスを達成することがわかっている。誰かのために良い仕事をしなければと義務感を覚え、良い仕事をすれば専門性を発揮できると思っていると、高いレベルのパフォーマンスをする必然性も一層高まるのだ。たとえば私たちは、勤務評価がより頻繁にあり、チームのパフォーマンスに責任を持たされているほうが、努力も成果も増す。

すばらしい話ばかりに聞こえるが、ご存じのとおり、他人に対する義務感は、そのときどきには、とかくネガティブに感じられる。オムツ替えで夜中に起きるのが待ち遠しいという親はまずいない。その作業は、温かい愛情の表現というよりは義務に近い。親は、その義務について不平を言うか？　もちろん言うだろう。だが、長い目で見れば、自分たちはその「ポジティブな」義務をきちんと果たした良き親であると自負できる。それが、オムツ替えの動機の少なくとも一部である。つまり、**人生の義務を果たさねば、と私たちに思わせる対外的ニーズは、そのときは不快に感じられるが、後々、優れたパフォーマンスの成果につながる。**

義務は必ずしもネガティブなものではない、という概念は、パフォーマンスの低い人たちには理解しにくい。彼らが、ハイパフォーマーよりも、職務に対する不平をこぼすのはそのためだ。たしかに、誰でも愚痴を言いたくなるような義務というのはある。親の近くに住んだり、送金したりといった、家族への義務感などがその例だ。そのような、家族に対する責任を足かせのように感じる人は多いが、その責任を果たしている人は、心身の健康が良好であるという、偶然の相関関係があるのだ。

職場でも、「正しいことをしている」という感覚が、ポジティブな感情やパフォーマンスを生み出す。組織研究でこのようなことが明らかになっている。コミットメントの非常に高い社員は、変革期などにおいて、自分がいなくなることで会社の将来が損なわれるようなら、自分が会社を辞めるのは「間違っている」と感じるという。また、たとえ労働時間が長くなっても、上司を手伝うために倍の努力をする。ミッションを果たす義務感が、目先の楽に取って代わるのだ。

ハイパフォーマーは、自分が義務を果たす必要性を理解しているため、成功するために行うタスクや義務について不平をこぼすことはめったにない。自分の役割をまっとうし、他者のニーズに応えることは、成功過程の一環だと認識している。たとえ今日は面倒でも、明日はポジティブなことになる。私自身も、こうした研究結果に感化され、人生における義務を違った視点でとらえるようになった。やらなければならないことに対する態度を改め、不平不満を減らし、私が「持っている」義務は、実は恩恵なのだと気づいた。

奉仕する機会を得た人は、それに労力を費やすことに不平を言わないことを学んだ。他者に奉仕する意欲があるときのほうが、優れたパフォーマンスが長続きするのだ。

これは、たとえば、軍人に並外れた人物が多い理由の1つだろう。彼らは、自身を超えるもの――すなわち、国家や同志――に対して義務感を持っているからだ。

また、ハイパフォーマーの多くが、最高のパフォーマンスを出す動機として「パーパス」を挙げるのもそのためだ。崇高なビジョンや、ミッション、使命に対する義務感や責任感が原動力となり、達成するための苦難を乗り越えていけるのだ。

事実、ハイパフォーマーたちと話をすると、皆口々に、自分のしていることに長ける「以外の選択肢がない」と言う。それは、たとえばワンマンなリーダーに何かを強要されたなど、選ぶ自由がないという意味ではない。神の思し召しだから従うのが必然だと思っているのだ。自分は、唯一無二の恵み、すなわち機会を授かったと考えている。そして、今の自分のパフォーマンスが、自分のみならず、おそらく多くの人びとの将来に大きな影響を与えると感じているケースが多い。

ハイパフォーマーの上位15パーセントと話をすると、ほぼ全員にこうした職業召命観が見られる。レガシー、運命、天与のタイミング、神、後世の人びとに対する道徳的責任、といったことを、自らのパフォーマンスの主な原動力として挙げることも珍しくない。自分は召し出された存在であると自覚しているからこそ、優れたパフォーマンスをする必要があるのだと言う。

職業召命観
自分の職業を、神から与えられた天職と考え、勤勉に職務をまっとうすることが神の意志にかなう行為であり、救いにつながるとするプロテスタントの思想。

本当の締め切り

なぜアスリートは、リングや競技場に上がる直前の数週間に、よりハードなトレーニングをするのか？　なぜセールスパーソンは、四半期末に業績を伸ばせるのか？　なぜ専業主婦や主夫は、子どもの新学期が始まる直前のほうが、家を片付けられるのか？　それは、**厳しい期限ほど有効なモチベーションはない**からだ。

「本当の締め切り」は、パフォーマンス・マネジメントにおいて過小評価されているツールだ。皆、目標や期限について語り、それらの目標を達成するために「できたらこの日くらいまでに」という期日を設定しがちだが、ハイパフォーマンスは、本当の期限を知って初めて実現するものなのだ。

「本当の」締め切りとは何かというと、もし守れなければ、実際に悪いことが起こるし、守れば努力が報われるという、大事な期日のことだ。

誰もが、締め切りを抱えて暮らしているが、ハイパフォーマーはどこが違うかというと、常に、自分が重要だと思う本当の締め切りを意識して物事に取り組んでいる点だ。締め切りの期日と、守れなかった場合の現実的な影響、守れた場合の報いを念頭に置いて仕事をしている。その反面、表向きの締め切りは、守ろうとしない。

「表向きの締め切り」は、たいてい、誰かの「希望」程度の期限が設けられた粗末な企画で、守られなかった場合の現実のリスクが明確な、真のニーズではない。私のクライアントであるグリーンベレー（陸軍特殊部隊）では、「無意味な火災訓練」と呼ばれている。

私の生活における、本当の締め切りと表向きの締め切りの違いがどういうものかをメール文で例示しよう。私は、人から何らかの要請がメールで来ると、そこに締め切りが書いてあってもなくても、このように返事している。

要請ありがとう。この件の「本当の締め切り」を教えてもらえますか？
本当の締め切りとはつまり、世界がぶっ飛ぶとか、あなたのキャリアがぶっ飛ぶとか、あなたと私双方の終焉につながる連鎖反応が実際に始まる日を意味します。
そうなる以前の期日は、あなたの希望です。失礼ながら、あなたのメールが来る前に、私は100件ほどの希望的要請を受け取っているのです。あなたのためにも、現実の期日順に優先順位をつけたいので、ガチの締め切り日と、なぜその日でないとダメなのかという具体的理由を教えてください。そこから優先順位を決めて、適切に調整を進め、いつもどおり、卓越性をもって貢献したいと思います。ありがとう!

——ブレンドン

私がこのようなメールを送るのは、他の人たちの、真のニーズではないニーズにいちいち応えていたら、容易にハイパフォーマンスから脱落してしまうとわかっているからだ。私は基本的に人を喜ばせたいタイプで、すぐに気移り・目移りしてしまう。本当の締め切りを明確にする習慣は、私自身を含め、私の知るすべてのハイパフォーマーにすばらしい効率をもたらしている。

1100人を対象とした最近のアンケート調査で、ローパフォーマーは、ハイパフォーマーの3・5倍の頻度で、表向きの切迫感や締め切りにつき合うことがわかった。**ハイパフォーマーは、本当に大事なことに、大事なタイミングで集中している。**

それは、単にハイパフォーマーが超人的で、常に自分なりの締め切りに注意しているからではない。実際、ハイパフォーマーが対応しようとしている本当の締め切りも、他者から課せられたものだ。オリンピックの試合の開催日は、選手側では選べないし、企業に対する四半期ごとの市場要求もCEO自らが決められるものではない。

私にしても、自分自身の裁量に任されていたら、この本を書き上げることはできなかっただろう。だがある時点で、原稿を提出できなければ、家族に反乱を起こされ、友人に拉致され、出版社に捨てられると認識したのだ。私自身が設定した表向きの締め切りを何度か破ったが、いったん本当の締め切り――出版社が小売店に約束した納期とか、妻が旅行を期待している日がはっきりすると、1時間に書ける量がいっぺんに上がった。

なにもハイパフォーマーは、間に合わなかった場合のリスク回避のためだけに締め切りを守ると言いたいわけではない。実際、彼らのほとんどは、自分の仕事を世に出すのが楽しみで締め切りを守ろうとしている。また、自分が選んだ次のプロジェクトや機会に早く移行したいというのもある。私がなんとか本書を書き上げようとしたのも、遅れた場合の悪影響が怖かっただけでなく、この本をあなたの手に届けるのが待ち遠しかったからだ。また、家族に注意を向けたい、この内容をより多くの受講者に広めたい、という理由もあった。
この事例は、本当の締め切りのもう1つの側面を示している。それは、本当の締め切りも、そもそも「社会的な」締め切りであるということだ。ハイパフォーマーたちは、**自分が間に合うか間に合わないかが、他者に影響を与えることを認識しているために、物事を成し遂げようとする**のだ。

現実は、他者を思いやり、世の中に大きな変化をもたらそうとすると、自分の抱える締め切りの数は増えていくということだ。

時間的なプレッシャー＝たいへんな思いをさせられる、と思い込んでいる人もいるだろう。しかし、私が見てきたことと、他の研究結果では、そうではない。最近の研究で、人は、締め切りがあったほうが、アクティビティを完了させることにより注意を払うだけでなく、「そのアクティビティを終わらせ」て、次のアクティビティにより大きな注意を割きやすいことがわかっている。つまり、**締め切りは、1つのアクティビティを終わらせ、次のアクティビティに専念することを助ける**のだ。

原動力を絶やさない

アイデンティティ。熱中。義務。締め切り。ご想像どおり、これらの必然性はどれも単一ではベストプレーに結びつかない。しかし、内側からのニーズと対外的ニーズが合わさったとき、必然性が高まり、強力な追い風となってあなたの背中を押してくれる。

このテーマのデリケートな部分を繰り返そう。多くの人は、必然性を心から嫌っている。そういう人は、いかなる種類のプレッシャーを感じることも嫌なのだ。内なるプレッシャーは、不安を引き起こすし、外からのプレッシャーは、不安に加えて実際に失敗するリスクがあるから嫌なのだ。それでもハイパフォーマーはあえて必然性を好むと、データが証明している。彼らの場合、好むどころか必要としている。**必然性が感じられないと、原動力が途絶えてしまう**のだ。

どういうことか、事例で説明しよう。あなたが、ハイパフォーマーの上位2パーセントに属する人をコーチングをしていると仮定してほしい。その人から「なんだか最近、前ほど意志力や継続力がなくなってきた」と相談されたら、あなたはどうするだろう？　性格診断やストレングス・ファインダーを受けることを勧めるか？　それとも森の中のリトリートへ行くことを勧めるだろうか？

私ならそのどちらでもなく、必然性について、率直な話をするだろう。その人に継続力があった頃の話を聞いて、必然性の4大原動力――アイデンティティ、熱中、義務感、切迫感が、かつてのすばらしいパフォーマンスに、どのようにつながっていたかを探り出す。そしてもう一度4大原動力を説明し、その人がアイデンティティ、熱中、義務感、切迫感を使って、自分の中の達成したい気持ちともっと深くつながれるよう導くだろう。もしその人が、熱中事を持たず、義務感も覚えず、機会を逃すリスクも感じていないようなら、その人が大切にしている物事を、私の前で見つけ出してもらう。どんなことが4大原動力になるのかがはっきりするまで帰さない。

これは、自分が役立たずになったと悩んでいた兵士、アイザックに対して私が行ったコーチング内容だ。彼にやってもらったのは、これまでと違う未来図を描き、ケガをする前に熱中していたことと再びつながり、家族と、仕事への復帰のために、健康とマインドセットの向上に本気で取り組むことだ。その過程は容易ではなかったが、アイザックは、徐々に自分自身とのつながりを再構築し、人生への熱意を取り戻してくれた。

結論。**人は時とともに変化し、向上するが、それを強いられる状況にならなければ変われない。中からの強い力と外からの強い力が働いて初めて変わる。よじ登るのだ。そして最大の困難にぶつかって初めて、大義を思い出すのだ。不安におののき、困難や闇と闘っているとき、自分が光となるために生を受けたことを思い出し、長期的に、ポジティブなパフォーマンスを維持する。**

では、より大きな必然性を感じるための行動を3つ紹介する。

ACTION 1

誰があなたのベストプレーを必要としているか知る

内・外両方のニーズからの必然性を利用するために、このシンプルな習慣を試そう。机に座るたびに次のように自問する。そのための「デスク・トリガー」を設定する。

「私のベストプレーを今、最も必要としているのは誰か?」

イスに腰を下ろした瞬間にこれを自問し、答えるのだ。たったそれだけ。私がこの習慣をすごく気に入っているのには、次のような理由がある。

● シンプルで誰にでもできる。

● 仕事用のイスに座るという、頻繁な動作をトリガーにしている。そのイスがキッチンテーブルにあろうが、高層ビルの角部屋オフィスにあろうが、頻繁に座っているイスであることがポイントだ。

- 「ベストプレー」という言葉が出てくるだけで、ちょっとした自己省察を余儀なくされる。私にとってのベストプレーとはどんなことを指すのか？　今日はそれができているか？　この1時間ほどのあいだにできる私のベストプレーとは具体的にどんな状態か？　という問いにも答えることになる。
- この質問は、人のことも考えさせられる。それが義務であれ、責任であれ、大義であれ、あなたのアンテナに引っかかったということは、あなたに期待する人や集団が外にいるということだ。他者のために行動するときのほうが、優れたパフォーマンスを発揮できる。
- 「今、最も」という部分が良い。即時性が出ていると同時に、「最も」が優先順位を考えさせる。そう、これはあなたの本当の締め切りを指している。

私がこの習慣をクライアントに教え始めた理由は、それまで出会ったすべてのハイパフォーマーたちがこれをやっていたからだ。**自らのため、人のために自分の最大限の能力を発揮できているかを絶えず考えていないハイパフォーマーはいなかった**のだ。皆、自らのパフォーマンスを定期的に評価することを習慣にしていた。

自分のベストプレーをする状態、目の前の1つの仕事に全力で集中するためには、内・外両方のニーズによる必然性をあおり立てる必要がある。

具体的には、ハイパフォーマーになったつもりで、何かに没頭せざるを得ない状況をつくり出す。**ハイパフォーマーとしての自覚と没頭から、ベストプレーに入る**のだ。

人生というゲームでは、自分のアイデンティティ――どんな人になりたいか、どのように振る舞うか――を自分で決めることができる。どういうアイデンティティを自覚するかの選択が、あなたのパフォーマンスを大きく左右するのだ。

以下、ハイパフォーマーと、そうでない人の心がまえの違いを説明する。

三日坊主は、人生のゲームにおいて、物事への興味関心が長続きしない。いろいろなものに目を向け、手を出すが、何事にも、深く関与したり献身したりはしない。

ビギナーは、物事に興味を持つことに加え、少なくとも、特定の領域で専門性を身につけるつもりにはなる。その分、三日坊主よりは関与度が深いが、問題は、挫折に弱いことだ。ビギナーは、そこに自分自身のアイデンティティを確立していないため、障壁にぶつかるとそこでやめてしまう。

アマチュアは、興味関心だけにとどまらず、情熱を持つ。特定のテーマに深く入り込み、積極的にかかわり、上達を望む。ビギナーよりは多くの障害を乗り越えられるが、すぐに、ポジティブなフィードバックや評価を得られない限り、未熟なレベルにとどまる傾向にある。外部からの承認をたくさん浴びないと続かないのだ。

実力者は、情熱があるだけでなく、コミットメントとスキルも高い。高い集中力を発揮すれば、その活動のある領域に力を注いで、独学で究めることができる。自分の活躍の場が確保され、報酬が得られている限りは、卓越し、満足感を得る。

しかし、ルールと、決まった段取りをこの上なく必要とし、混乱や崩壊、ネガティブなフィードバックが苦手である。自身の参加する枠組みには、高度な公平性を求める。自分のポジションで成功することにはコミットするが、その活動（あるいは人生）以外の領域で、総体的レベルの成功を収めることはまれだ。あくまで自分の領域で自分が成功することが彼らのパーパスであり、それ以上のことに関心はない。

ハイパフォーマーは、実力者に似ているが、高い総体的必然性、スキル、チームスピリットを持っている。彼らは、その活動に全力投球する。自分がどのような評価や褒賞を得るかに関係なく、高いレベルで活躍する。なぜならその活動は自身に内発的報酬をもたらす他、世の中への奉仕活動の一環と見なすことができるからだ。

彼らは、その活動だけでなく、チームや、奉仕の対象となる人びとを、自らのアイデンティティに結びつけている。また、活動の一領域だけを究めようとはせずに、全体を代表するような存在を目指す。

その反面、実力者とは違って、自分だけが脚光を浴びるのではなく、他者と進んで共有する。彼らは、人としての卓越性と、チームに対する責任感が非常に強いため、どんな活動でも人に頼られる。彼らが突出するのは、自分が卓越したパフォーマンスを発揮するだけでなく、周囲の一人ひとりを向上させるべく影響を及ぼすからである。

以上は、本書のどの部分よりもくだけた説明だが、個々が選択肢を持っていることを皆に気づいてもらうために、この類型を示している。**ベストプレーを目指すなら、三日坊主や、ビギナー、アマチュア、実力者でいてはいけない。常にハイパフォーマーの自覚を持ち、努めてそうした行動をとらなければならない。**毎回ベストプレーをしたいなら、ハイパフォーマーのアイデンティティを自分に読んで聞かせ、毎日、そ

内発的報酬
やりがいなどの精神的報酬。

れを演じることだ。

ハイパフォーマーとしての自覚を持つことに加えて、**自分に背伸びを強いるような活動に没頭する**必要がある。自分は人より優秀だと思って跳ね回っているだけではだめだ。自分を卓越させる状況に身を置かなければならない。幸いにも、チャレンジングで没入感のある体験をするために、具体的にどうすればよいかが、研究で明らかになっている。それは、**没頭**という、ポジティブ心理学でよく知られる概念である。

これを提唱したミハイ・チクセントミハイによれば、没頭状態は、次の要素がいくつか揃ったときに起こる。

1 明確で、チャレンジング、かつ達成可能な目標がある。
2 高い集中力と注意力。
3 内発的報酬をもたらす活動に取り組んでいる。
4 自意識がやや消失し、穏やかな気持ちである。
5 今に集中するあまり時間感覚がなくなる。
6 パフォーマンスのフィードバックが即時に得られる。

7 自分の技能水準と作業の難易度のバランスがとれており、難しくてもがんばればできるとわかっている。

8 自分が状況と結果をコントロールしているという感覚がある。

9 身体的ニーズを考えなくなる。

10 意識が目の前のアクティビティに完全に絞られる。

このような状態をつくるようにすれば、奉仕したい相手のためにベストプレーができる可能性が高まる。この「人のため」という要素があると、没頭の効果がさらに高まるかもしれない。だからこそ、この習慣を、誰かのためにベストプレーをする機会ととらえてほしいのだ。

個人としての自分のパフォーマンスや気持ちを超越して、人のためにベストを尽くす理由と向き合おう。そのためにがんばる価値がある相手や物事を見つけるのだ。人助けのために自分のベストを尽くす必然性を駆り立てることができれば、より早く、より長期にわたってハイパフォーマンスを発揮できるだろう。

ACTION

1 のまとめ

「誰があなたのベストプレーを必要としているか知る」マイノート

1 人生の現段階で、私のベストプレーを必要としている人びとは……

2 その一人ひとりが私を必要としている理由は……

3 その一人ひとりのために私がハイパフォーマーになりたい理由は……

4 自分がベストプレーをしていると実感できるのは、どのような思考や、気分、行動のときか……

5 私のベストプレーを邪魔する要因は……

6 どうすればそれらの要因にもっとうまく対処できるか……

7 人生の大事な人たちのためにベストを尽くすことを思い出すために、どんなリマインダーを設定するか（数バージョン）……

ACTION 2

大義を掲げる

ハイパフォーマーたちは、自分の目標とその大義を秘密にしたり、黙っていたりしない。**目標を、自身に対しても、他者に対しても、堂々と標榜する。**必然性に関する行動で、ハイパフォーマーとローパフォーマーの違いが最も大きいものを1つ挙げるとしたら、これである。ローパフォーマーは、目標の理由を明確にしていないことが多いし、それらを標榜するどころか、口にすることもない。

標榜とは、何かを宣言したり、それが正しいことを断言あるいは確認したりすることを指す。「〇〇は〇〇だ」「〇〇が起こる」と自信を持って言い切るのである。ハイパフォーマーは、そのように、自分の目標とその大義を語る。歯切れの悪い話し方はしない。自分が努力をする理由に自信を持ち、パーパスを誇りを持って伝えてくる。

私が見たところ、ハイパフォーマーたちは、何をするにしても、その理由を逐一語るのが好きだ。たとえば、アスリートのハイパフォーマーは、自分のトレーニングや、とりわけ、その日、その運動を選んだ理由を、嬉々として、メニューの内容説明と同じくらいの時間をかけて説明してくれる。「今日は身体のバランスが崩れている気がしたので、スクワットを75パーセントの負荷で3セットやっています」というように。

ハイパフォーマーたちのコーチングを始めた当初、この人たちは外向的でビッグマウスなだけなのか？　それとも、一種のカリスマ性を持っているために、語っている行動理由が人より立派に聞こえるのか？　とよく疑問に思ったものだ。だが、そのどちらも間違っていた。性格とハイパフォーマンスに相関性はない。内向的な人がハイパフォーマーである確率は、外向的な人と同等なのだ。

また、ハイパフォーマーたちは、自分の行動理由をうれしそうに人に話すものの、そのやり方が必ず正しいと断言したりはめったにしない、ということにも気づいた。彼らのほとんどは、**自らのパーパスそのものに自信は持っているが、自分のやり方が利用可能な最善の方法かどうか、常に疑いを持っている**。成功するためのより良いプロセスが見つかるなら、いつでも新しいやり方を受け入れるつもりでいる。理由には自信を持っているが、そのやり方についてはこだわらない、ということだ。

ハイパフォーマーが行動理由を人に宣言するのは、自信を感じるためだけでなく、**自分に社会的強制力や責任を課す**目的もある。仮に私があなたに、ある目標に向かって取り組んでいることと、それが重要である理由を話すとする。そのとき、私はそれを実現します、と断言するような言い方をすれば、そこに私の自尊心や威信がかかってくる。かくかくしかじかになると約束して、もしそうならなければ、私は自分の約束を果たせなかったことになる。つまり、**宣言することで、面目を潰したり、いい加減な人間と思われたりと、望ましくないリスクをあえて自らに課す**ことになるのだ。

そのようなわけで、あなたにも、もっと頻繁に自分の大義を、自身に対しても他人に対しても表明することを勧める。

大義を自身に対して表明するというのはつまり、アファメーションによって、自分に言い聞かせることを意味する。

私の個人的な事例を紹介しよう。約11年前、私は、モチベーションと、自己啓発、能力開発でより多くの人にリーチしたいという目標を掲げた。YouTubeや、ネット動画マーケティング、オンライン講座が、まだ初期段階にありながらも勢いを増していた時代だったので、動画撮影や、オンライン講座の制作を始めようと決めたのだ。だが問題は、カメラの前で話すのがどうにも苦手な私自身だった。カメラが回りだすと、お金をもらったとしても、3文も覚えられず、自然に振る舞えず、手をどこに置いていいかもわからず、どうしようもない状態だった。

ただ1つだけ有利な点があった。それは、**自分の大義を自身と他人に表明するという習慣を知っていた**ことだ。そこで動画撮影に入る直前に、自分にこんなことを言い聞かせていた。

「ブレンドン、これをやる理由は重要だからだ。受講生を思い出せ。彼らの手本になって、目標達成を手伝ってあげよう。それが君のパーパスだ。彼らのためになることをしろ。君はこの仕事が大好きになり、たくさんの人の役に立つ」

これは、カメラ前でうまく演じたい理由を自信を持って自分に言い聞かせるアファメーションである。そしてこのリマインダーが、パフォーマンスの必然性を生んだ。

もう1つ注目してほしいのは、私が自分自身に二人称で語りかけていた点だ。このアファメーションは、外発的報酬よりも内発的報酬に基づいている点だ。あなたにも、

外発的報酬
制作の完了、講座の販売による利益、受賞、ポジティブなフィードバックなど

これを参考にしてほしい。アファメーションなら何でもいいというわけではなく、**内発的なアファメーションのほうが効果的**だからである。

こうした話を眉唾だと思ってしまう人は、実際にハイパフォーマーともっと時間を過ごしてみるべきだ。彼らは本当に、こういうことを言ったりやったりしているのである。自分に――声に出して――語りかけ、大事なことをリマインドしている。

競技場の選手入場口に立ってみれば、自らに話しかけるオリンピック選手の姿が見られる。彼らは、たとえそうは呼んでいないにしても、自分の行動の意義を自らに宣言しているのだ。

世界的に有名な講演者にバックステージで耳を傾ければ、彼らはスピーチを練習しているだけではなく、**自分がそこにいる意義を見つめ直している**ことがわかる。

精神医療現場でのアファメーションの効果を確認した調査報告もある。不安症の患者が、症状を克服する勇気を得た最も有効な手段として挙げたのが、自分の目指す目標の価値を自身に言い聞かせるというものだった。

私は、動画でもっとうまく話せるようになるために、動画制作の意義をたくさんの身近な人に宣言した。オンライン講座の撮影を始めることと、なぜ私にとってそれが重要なのかを、家族や友人に話したうえで、出来上がった講座へのアクセスを翌週送ると宣言し、その週のうちにフィードバックを送ってほしいと頼んだ。

当然、笑ったり、半信半疑で聞き流す人が多かった。だが、ポイントは彼らに認めてもらうことではなく、私自身が人前で大義を標榜し、有言実行せねばならない状況をつくり出すことだった。その約束をしたとたん、言行を一致させようとする人間的欲求によって、パフォーマンスを一層向上させ、約束の期日を守ろうという意欲がわいた。公言によって、私が何かをする外発的期待をつくり出して、実行したのである。

私がこれをしていなければ、これまで動画シリーズや講座を修了した100万人以上の受講生がベネフィットを享受することはなかっただろう。大義を標榜することは、私の大量アウトプットの秘訣となっている。

言語化すると、それは自分の中でより現実的で重要なものとなる。真実に沿った生き方をする必然性が増す。だから、今度パフォーマンスの必然性を高めたいと思ったら、自分が何を望んでいるのか、なぜそれを望んでいるのかを自他に表明しよう。

ACTION 2 のまとめ

「大義を掲げる」マイノート

1 並外れた能力を発揮したい3つの活動は……

2 そのそれぞれについて私が卓越したい理由は……

3 これらの目標とその大義について話そうと思う人たちは……

4 これらの目標とその大義を声に出して自分に表明——すなわちアファメーション——する際の文言は……

5 これらの重要な目標とその大義について、どんな言葉で自分にリマインドするか……

ACTION 3

仲間をグレードアップする

ハイパフォーマンスのコーチングを依頼された場合、クライアントに成功を体験させる最も手っ取り早い方法の1つは、彼らのサポートネットワークの中で、最もポジティブで成功している人たちとつき合う時間を増やすことだ。サポートネットワークとは、家庭、職場、コミュニティ、そして人生で、常にあなたの身近にいる人たちを意味する。あなたが最もよく話をしたり、顔を合わせたりする人たちだ。私はクライアントに「あなたの課題は、仲間の中で最も優れた人達と過ごす時間を増やし、ネガティブな人たちとの時間を減らすことだ」と言っている。それが一番手っ取り早い方法なのだ。だがそれがすべてではない。

本当に人生のあらゆる領域でパフォーマンスを上げたければ、**ハイパフォーマンスを期待し、重視する新しい人たちとのつきあいを広げよう。**つきあいの輪を広げ、自分より優れた専門知識を持っている人や、成功している人と知り合って、彼らと過ごす時間を増やすのだ。今の仲間内のポジティブな人や成功者とのつきあいを増やすだけでなく、新しい人をそこに加えるのだ。

「朱に交われば赤くなる」とよく言われるように、こうしたほうがいいことはあなたもわかっているはずだ。ただ、人が社会的環境から受ける影響の強さに関しては、そこまで理解できていないかもしれない。

ここ10年ほどで「クラスタリング」と呼ばれる現象についての研究が進み、興味深い発見がなされている。**人の行動、態度、健康状態が社会的なクラスターを形成する傾向にある**ことがわかっている。あなたは、睡眠時間、食べもの、お金の使い方、貯金額に至るまで、周囲の人びとに感化されているのだ。「**社会的伝染**」と呼ばれるこの相互作用は、良い影響にも悪い影響にもなることが示されている。

悪影響としては、喫煙、肥満、孤独感、抑うつ症状、離婚、薬物使用などの望ましくない行動や結果が、社会的クラスターをなして広がるという研究結果が出ている。あなたの友達がタバコを吸っているなら、あなたも吸うようになるだろうし、肥満、あるいは離婚した友達が多ければ多いほど、あなたもそうなる確率が高い。

同様に、幸福感や向社会的行動も、同じ社会的集団内で伝染するようだ。たとえば、**人生に満足している友達が1人いると、あなたが幸せを感じる確率が25パーセント上がる。**また、音楽、サッカー、芸術、野球、テニスなどの専門知識や、世界レベルのパフォーマンスさえも、クラスターで生起することが、研究で認められている。

この「伝染」効果は、通常、3次の隔たりまで波及するという。つまり、あなたは、あなたの家族や友達だけでなく、友達の友達、そして友達の友達の友達の影響まで受けているという研究結果が出ている。**隔たりが1次増えるごとに、影響力は徐々に弱まり、3次以上の隔たりがある人には、目立った効果がなくなる。**だからこそ、つきあいの輪に入れる相手を、慎重に選ぶことがとても重要になる。

もちろん、つきあいの輪に入ってくる人は、自分で決められるとは限らない。とりわけ若いときはコントロールできないことが多い。昨今、好ましくない行動をとる人がこれほどまでに多いのは、そのため——すなわち悪影響がまん延しているからである。**大きな機能不全**（離婚、薬物乱用、精神疾患、ネグレクト、虐待など）**を抱えた家庭で育った人は、後に、心と身体の健康に関連したネガティブな状況に陥るリスクが高い。**

向社会的行動
金銭などの外的報酬を期待することなしに、自発的に、援助や親切など、人のために良いことをしようとする行動。

そうした家庭の子どもたちは、経験した虐待によって、認知的にも感情的にも重大な影響を受ける（たとえば、意思決定を司る脳領域である前頭前皮質が小さくなる、記憶中枢である海馬が小さくなる、過剰なストレス反応など）。また、貧困の中で育つ子どもたちは、犯罪や、暴力、懲役刑、親の監督不行き届き、薬物使用、性的および身体的虐待を経験する確率が高い。

これほどのエビデンスを突きつけられると、親ガチャに外れた人たちは打ちのめされ、「私は、同じような育ちの仲間と同じようなレベルで生きていくしかないのか？」と問いたくなるかもしれない。

だが答えは、明白で断固としたノーだ。**優れたパフォーマンスは、あなたが育った文化や社会的環境とは関連していない**ことがわかっている。なぜなら、優れたパフォーマンスは、これまで述べてきたとおり、長期的なアプローチだからである。あなたは、長い時間をかけて、自分の人生をネガティブな影響から取り戻し、パフォーマンスを出すことに向けて、マインドの習慣や社会的環境を整えることができる。

これはくさい励ましではない。**人は、正しい信念と戦略を持てば、自分に組み込まれた文化的プログラミングと影響を乗り越えられる**、という一貫した研究結果が示されている。

たとえば、努力次第で向上できるという信念を持つだけで、恵まれない地域に住む子どもたちが、ひどい成績からクラスでトップになれることが、多くの研究で示されているのだ。そのことは、16万8000人以上の高校1年生を対象に行われた最近の調査でも証明されている。

研究者らは、学生たちの、学業成績、社会経済的ステータス、そして努力すれば学力が上がるかどうかの考えをデータとして集めて分析した。

予想されるように、社会経済的ステータスの高い学生は、低所得家庭の学生よりも、学業成績がはるかに高かった。

しかし、努力すれば学力が上がると信じている子だけで比べると、この相関関係は消失していた。家庭の社会経済的ステータスが下位10パーセントに入っていても、努力で学力が上がると信じている子たちは、社会経済的に上位20パーセントに入っていても努力で学力は上がらないと信じている子たちと同等の成績を収めていたのだ。

これはつまり、**努力すれば向上できると信じている子どもたちにおいては、経済的格差――およびストレスの高さ、学校のレベルの低さ、栄養状態の悪さといった経済**

的ステータスの低さにとかくつきまとうすべてのネガティブ要因——が、ほとんど帳消しになるということだ。

科学研究によって一貫して示されているのは、**ある種の人びとは、自分が置かれた環境や文化が理想的でなくても、強さを維持できる**ということだ。その人たちは何が違うのかというと、**考え方**である。つまり、周囲のサポートがあってもなくても、自分の考え方次第で、心や、気分、記憶、反応、幸福度、そしてパフォーマンスを向上させることは可能なのだ。

本当の意味で、過去や環境に縛られている人はいない。私たちは、人生やパフォーマンスを向上させる要因を自在にコントロールするすべを持っている。

私がこの話をするのは、理想的な仲間の中で育たないと成功できないと思っている人があまりにも多いからだ。もっと良い仲間とつき合えと言う前に、自分の力で自分の人生を改善するのは無理だと考えるなと言っておきたい。ただ、社会的サポートは、自己啓発や人生全般で成功する過程を、より楽に、早く、楽しくしてくれる。

このようなわけで、ハイパフォーマーは、ネガティブな人たちよりポジティブな人たちとつき合っているのだ。

ハイパフォーマーは、能力や、経験、全般的成功のレベルが自分と同等かそれ以上の人たちとかかわるようにするという、より戦略的で一貫した心がけをしている。

彼らは、人脈づくりでも、集団に帰属する場合でも、より成功している人とつき合うよう努めている。仕事では、経験がより豊かで、組織図でも自分より「上」の人と多くコミュニケーションをとり、私生活では、ボランティア活動により多くの時間を費やし、ネガティブな人や、対立しがちな人間関係は避け、頼みごとをする相手には、仲間の中でもより成功している人を選んでいる。

とは言っても、ハイパフォーマーたちは、人生におけるネガティブな人や難しい人をすべて切り捨ててしまったわけではない。幸せになったり成功したりするためには、あなたの人生にいるネガティブな人とはすべて「縁を切る」必要があるという神話がささやかれ、「あなたの夢を支持してくれない友達は捨てましょう」「あなたを応援し、すべてのニーズを満たしてくれないパートナーなら離婚！」「息子さんが学校で嫌われているなら転校！」などと言われているのを耳にする。

だがそれはいい加減なアドバイスだ。自分と違う人や、自分を脅かす人とのつきあい方を学んでいくことも、精神力のある成熟した大人になる一過程なのだ。常に光り輝く存在でないからといって自分の人生から「人を切り捨てる」ようなことをしていると、やがて自分が孤島にひとり、ヤシの実を話し相手に暮らすことになるだろう。

誰にでもうまく行かない日があるし、苦労もある。そしてすべての人がすべての局面であなたを応援する義務はない。このことを受け入れ、常にご機嫌なわけではない人を見捨てたりしないようにしたい。

あなたの家族も、友達も、同僚も、ついていない日はいくらでもある。そんな日にたまたまあなたへの態度が芳しくなくても、それはあなた個人とは何ら関係ない場合が多い。彼らは自分の世界でたいへんな思いをしているのだ。ほとんどの人が心の病を経験するし、人生の中で、友達のほとんどが入れ替わるのも事実だ。だから、気に入らない人を自分の人生から一掃してしまうという考えは、大人ではないし、合理的でもない。**愛は、時として、思いやりと忍耐である。**

必要なものは自分で築く

愛は思いやりと忍耐とは言ったが、だからといって、ネガティブな人たちに特別多くの時間を費やしたり、大きなマインドシェアを割く必要はない。パーパスに向かって突き進んでいる人は、波乱を起こしている暇もない。そこでネガティブな人たちをすべて「排除」したりせずに（特に彼らが親族、友達、昔からの仲間、あるいは困窮していたりする場合）、**ポジティブで成功している仲間とつき合う時間を増やし、ポジティブな仲間と新しいグループをつくる**ことを勧める。

マインドシェア
心の中に占める相手の割合。

人に絶交やお役御免を言い渡して波乱や対立を起こしたりする時間を考えれば、その時間を、新しいつきあいの輪を築くことに費やしたほうがよいではないだろうか。人間関係を取り壊すのか、新しく築くのか？　私なら、築くほうに力を注ぐ。

そしてよく、特に若い人たちから耳にする「私には成功者に近づくすべがない」という言い訳についてもひと言述べたい。これはだいたいの場合、やったこともないのに最初から決めつけている、個人的な思い込みだ。グローバルにつながった今の世の中で、誰かに近づくすべがないというのは、説得力に乏しい。自分の人生をレベルアップするために、どこかの誰かとつながり、その人から学ぶ、コラボする、働かせてもらう、少なくともフォローするなど、やりようはある。本当の問題は、**そのような人を見つけたり、連絡を取ったり、しつこく追いかけたり、その人たちの仲間入りを果たすまでがんばったりする意志があなたにあるかどうか**だ。

成功している仲間同士でグループをつくるには、どんな方法があるのか?

私の鉄板のリストを共有しよう。

1 すごい友達を1人増やす

自分の人生に変化を起こすためとはいえ、新しい友達を何十人もつくる必要はない。最高のあなたを引き出してくれる友達を1人増やせばいい。最高にポジティブで成功している友達を見つけ、次にどこかに出かけるとき、その人の友達を1~2人連れてきてもらうのだ。そして、彼らと会う頻度と時間を少しずつ増やしていく。週に30分増やす程度でいい。ポジティブな人が1人加わるたび、良い人生に一歩近づく。

2 ボランティア活動をする

大事なのは、世のため人のために尽くすこと、**あらゆる世渡りに必要な共感力や奉仕の精神を養う**ことだ。ネガティブな人が周囲にいて、常に不快な思いをしているなら、ボランティア活動で世界の大局観を養うことで、冷静になれるかもしれない。

まず、ボランティアにかかわる人たちは、積極的でポジティブな人たちだ。彼らはギバーである。彼らの奉仕の精神に触れることは、あなた個人の精神の成長に役立つ。

加えて彼らは、おしなべて教養が高く、成功している。高学歴の人は、低学歴の人よりも高い確率でボランティア活動をする。アメリカでは、学士号以上の学位を取得している25歳以上の人の40パーセント近くがボランティアをしている。対して、短大や専門学校卒など准学士号取得者は、26・5パーセント、高卒で15・6パーセント、高卒以下だとわずか8・1パーセントだ。そしてNPO法人に、特に理事会や委員会レベルで携わる人たちは、たいてい地域社会で最も裕福である。

世界に大きな変化をもたらそうと努力する人たちに出会えば、あなた自身にも大きな変化がもたらされる。友達を訪ね歩く、ネットで検索するなど、まずは機会を見つけに行こう。

ギバー
得ることよりも人に与えることを優先させる人。

3 スポーツをする

学内リーグに参加する、ラケットボールクラブを訪れる、ゴルフ場の会員になる、公園でやっているピックアップゲームにもっと頻繁に参加する機会をつくろう。人と競い合う状況は、自分のパフォーマンスにもっと目を向けさせる。パフォーマンスの自己評価は、さらにパフォーマンスを向上させる。競争のプロセスを、卓越性、自己ベスト、チーム貢献のための努力ととらえるようにすれば、あなたの最大限の能力が引き出される。一方、順位や結果、圧勝することばかりを気にしていると、悪く不適応な（不健全な競争心に動機づけられた）パフォーマンスしか発揮できない。

4 メンターを見つける

私はハイパフォーマーたちに、年配者で、賢く、尊敬を集め、成功している人の中から、生涯のメンターを1～2人持つよう言っている。そういう人に、月に一回は電話をしてほしいのだ。同時に「分野ごとのメンター」――あなたの特定分野における専門知識を持っているメンターを、3年に1人増やし、その人にも毎月電話をしてほしい。人生のメンターと、特定専門分野のメンターが1人ずついれば、彼らから並外れた視点を学べるはずだ。
やはり、まずは友達や家族に訊くことだ。偉大な知恵と影響力があって、いろいろ学ばせてもらえる人。職場や、上記のボランティアやスポーツ活動で、メンターが見つかるかもしれない。また、YouTubeで「how to find a mentor（メンターの見つけ方）」と入力して私の動画を視聴するのもよいだろう。

5 自分自身がレベルアップする

もっと多くの成功者に近づきたいなら、自分が自分の活動で卓越し、成功者の仲間入りを果たそう。懸命な努力を重ね、ハイパフォーマンスの習慣を実践し、あきらめないで、偉大な価値を生み出し、習熟への道を歩み続けるのだ。自分の道で熟練を究めて成功すれば、扉が開いて、どんどん並外れた人たちと出会えるようになる。

あなたの友達の輪にレベルの高い人たちが加わってくれたら、あなたの人生もどれだけレベルアップするか想像してみよう。ちなみに友達とは、Facebookの友達ではなく、実際に会ったり、電話したり、一緒に仕事をしたり、出かけたり、運動したり、レジャーを楽しんだりできる生身の人間のことだ。

あなたの人生に喜びや成長をもたらしてくれる一方、自身も安定し、あなたが輝いていようがもがいていようが揺るぎない友情を注いでくれるような人たちで周囲を固めるようにしたい。

ともかく、仲間とその水準をグレードアップするのだ。並外れた人たちの中に身を置くことで、あなた自身も一層並外れた人になれる。

ACTION 3 のまとめ

「仲間をグレードアップする」マイノート

1 知人友人の中で、私がもっとつき合うべき、最もポジティブな人は……

2 もっと多くのハイパフォーマーの友達を増やすためにできることは……

3 ポジティブでサポーティブな知人友人同士で親交を深めるための新しいルーティンや集まりのアイデアは……

自らに与える理由づけの強さがあなたを強くする

誰の知り合いにも必ずこんな人がいるはずだ。学校ではあまり勉強ができず、何をするにも要領が悪く、長所より短所のほうが多いように見えたが、どうしたことか、後に成功し、みんなを驚かせたという人が。そういう人に、どうやって自分より恵まれた、あるいはスペックの高い他者を超えたのかと訊くと、こんな答えが返ってくることが多い。

「ハングリー精神です。何としても成功したかった。他に選択肢がなかったのです」

つまり、**必然性**があったのだ。

このメンタリティを持たない多くの人が、自分の最大限の能力を引き出せないでいる。必然性がなければ、突き動かすものもなく、ポテンシャルも発揮できない。

すべての成功し続けるための習慣と同様に、必然性のレベルも、自分で意識的に上げる必要がある。常に、こういうことを考えながら生活しなくてはならない。

「今日の重要なアクティビティを、私のアイデンティティと責任感に結びつけただろうか?」

「この夢を追うことがなぜそんなに重要なのか?」

「なぜこれをやる必要があるのか?」

「いつやる必要があるのか?」

「どうすれば、もっと多くのすばらしい人たちに囲まれて、彼らに引っ張られ、ワンランク上の貢献ができるだろうか?」

こうしたことを問い続け、再検討を重ねれば、これまでにないレベルのコミットメントとやる気がわいてくるだろう。あなたがいかに強く、並外れた存在になれるかは、あなたが自分に与える理由づけの強さ次第なのだ。

だから、まずは自分のマスト事項を決めよう。**あなたの強さは、あなたが自らに与**

える理由づけの強さにかかっている。実感を伴った理由づけをし、それを腹の底から感じるのだ。世界は今、あなたの出現を必要としているのだから。

2 大義を掲げる

何かを言語化すると、それは自分の中でより現実的で重要なものとなる。自分の「大義（行動理由）」を頻繁に声に出して自分に言い聞かせたり、人に話したりしよう。そうすると、自分のコミットメントに沿った生き方をするモチベーションが上がる。だから、今度パフォーマンスの必然性を高めたいと思ったら、自分が何を望んでいるのか、なぜそれを望んでいるのかを——自身にも他人にも——表明しよう。

3 仲間をグレードアップする

感情も卓越性も伝染するので、自分の仲間の中でも、最もポジティブで成功している人たちとつき合う時間を増やす。そうして、互いに支え、力を与え合う人びとから成る、理想のネットワークを築いていこう。それには自分にこう問いかける。

「今度のプロジェクトに着手するにあたって、最も優秀な人たちと組むにはどうすればいいか？」「他者のレベルアップを促すにはどうすればいいか？」

成功し続ける人の習慣 3　まとめ

必然性を高める

1　誰があなたのベストプレーを必要としているかを知る

自分自身のためにも、他者のためにも、何としても卓越せねばならないという意識なしには、並外れた人間にはなれない。これからは、机に向かって座るたびにこう自問しよう。

「私のベストプレーを今、最も必要としているのは誰か？」「どうしても今日やらねばと感じさせてくれる自分のアイデンティティとは？　そして対外的義務とは？」

SECTION TWO

社会的価値を高める3つの習慣

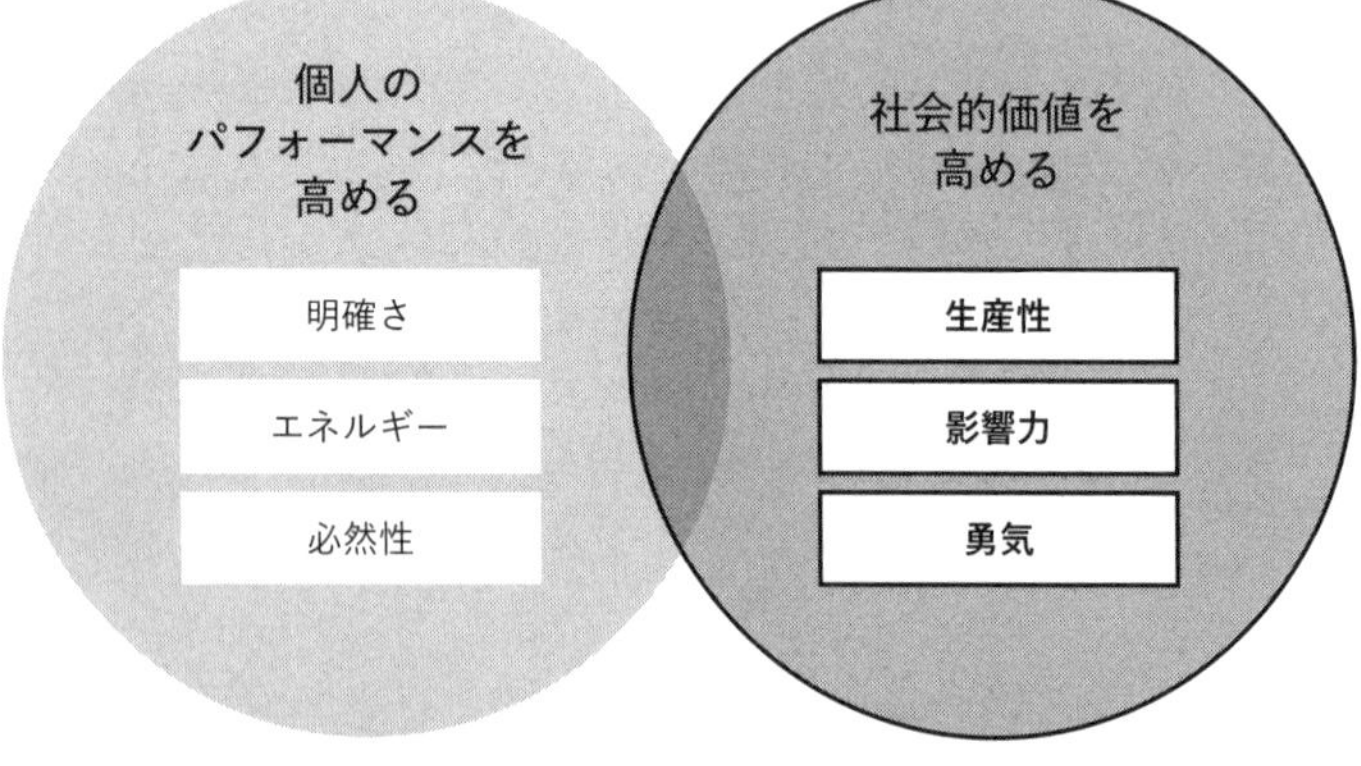

第4章

成功し続ける人の習慣 4

効率を高める：生産性

INCREASE THE OUTPUTS THAT MATTER

- ▶重要なアウトプットを増やす
- ▶5つの段取りを描く
- ▶重要スキルを究める

「どうにも成果が追いついてこないんです」

教育長のアシーナが気落ちした口調で言う。

私は彼女のオフィスに出向いて、彼女の目標や、これまでのキャリアでどれほどの成果をもたらしてきたかについて話を聞いていた。背後の棚には分厚いバインダーがびっしり並んでいる。デスクの横には小さな窓。何の飾りもない白壁は、古さで黄ばんで見える。このオフィス——というより、事務局の建物全体が、1970年代に建てられて以来、一度も塗り替えられていないと思わずにはいられない状態だった。そんな部屋で、アシーナは14年間働いていた。

「今、私のキャリア始まって以来の忙しさなんです。私の管理する学校のうち、2校が閉校されるところで、急ぎの業務がたくさんあって。オフィスに缶詰め状態で、ランチに出る暇もないくらい」

そう言って、窓台に置いてあるテイクアウトの箱2つを指差した。

「一日中、教員や、校長、父兄、地域のリーダーたちとの会議や面談があって、その合間にメールを処理するようにしています。そして毎晩遅くまで提案書を読んでいるんです。こうして働きづめの日々がかれこれ4年くらい続いてるでしょうか。タスク

教育長
公立学校を切り盛りする教育行政の専門家。教育委員会の策定した教育政策を実施する。

を次から次へとこなしているのに、前に進んでいる実感がまったくありません」

そこで私は、タイプA人間が生産性の話をしているときに最も嫌がる質問を、あえてぶつけることにした。

「あなたは幸せですか？」

アシーナはムッとした表情で言った。

「ブレンドン、私は不満を言ってるつもりじゃないんです。ひどい生活だとか、最低のキャリアだとかっていう話ではなく、私自身が、自分の思うような、あるいは周囲に求められているような成果をちゃんと出せていない、という問題なんです。あなたに来ていただいたのはそのため、つまり効率性の向上に注力するためです」

私の経験では、とても忙しい人たちは、とかく幸福度の話題から逃れたがる。

「なるほど。じゃあ、聞きます。アシーナさん、あなたはちゃんと幸せですか？」

彼女は笑って答えた。「まあ、幸せだと思います。夢のような毎日を過ごしているとは言えませんが、この仕事は大好きです。ただ、もっといいやり方があるはずだと思うだけです」

「何と比較してもっといいやり方ですか？」

「こんなに必死で働いても結果が出ないという状況です。私は勤続20年でリタイアするつもりですが、それはまだ6年も先です。こんなペースで働いていたらあと2年も持たない気がするし、もし持ったとしても、退職時に振り返ったとき、すべてはいったい何のためだったのか？　私は実質、何を達成したか？　と考えてしまいそうで怖いんです」

「すべては何のためだと思いますか？」

「学校のため、というのははっきりしています。この道に進んだのはそのためですから。地域の学校を健全化できれば、何学年もの子どもたちの人生を改善できるとわかっているからです」

「なるほど。すばらしいミッションですね。さっき、実質何を達成したのか考えてしまいそうと言いましたが、何を達成したいんですか？」

「学校が何年にもわたって恩恵を受けられるような、大きなプロジェクトをあといくつか達成できたらいいと思っているんですが、どうにもそれは難しそうです。すでに必死の努力をしていますが、現状維持がいいところです。時間を費やしているのに、思うようなスピードでレベルアップできていません。プロジェクトの進捗が遅く、思っていたような変化を生み出していない。おまけに私のワークライフバランスはボロボロです。いつもがんばり続け、やりくりを続け、いつもプロジェクトのたびに一からやり直さなくてはならず、いつも雑務に追われ、少しでも持続的なことを達成しようと躍起に……」

彼女は声を詰まらせ、何もない黄ばんだ壁を見つめた。

「何をどんなにがんばっても大きなプロジェクトを達成できないので、やり方が間違っているんじゃないかと思うようになりました。何をしてもどうしても……」

彼女からは強烈なエネルギーが感じられた。こちらまで胸に熱いものがこみ上げてくる。どういうことか、私にはもうわかっていた。ビジョンを持った人が、こんなオフィスに閉じ込められているのを見るのはつらい。

「どうしても……何ですか？」

「何をしても、どうしても……」彼女はまばたきして涙をおさえている。

「……至らないんです」

とてつもなく忙しいのに、何も進んでいないと感じるのは、世界一嫌な気分の一つだ。健闘しているのに、やり方がまずくて、健康を害したり、健全な暮らしまで損なわれている。プロジェクトがなかなか進まない。進捗が遅すぎる。幸せはいつも、遠い地平線のごとく、届かぬ場所にある。アシーナはそんな気持ちになっていた。ほとんどの人が、人生のどこかで経験したことのある状況だ。

だが、このアシーナがそんなふうになっているのは見ていて辛い。一見、特別機動隊を女一人でやっているようながんばり屋だからだ。毎日、大量のＴｏＤｏリストをこなしていた彼女だが、そんな彼女でもわかっていなかったのは、ワークライフバランスをとることも、もっと大きく進歩することも可能であるということだ。また、彼女がやっている雑用的な仕事《ビジーワーク》とライフワークは違うことも知ってもらう必要があった。やることをきちんとやっているだけではだめな場合がある。なぜなら、何をいくら達成したところで、それが本来の自分や、自分が本来望んでいた仕事、自分の本来の技量とずれていれば、空虚なものになってしまうからだ。彼女は、単にタスクをこなすことと、ハイパフォーマンスな生産性に到達することの違いを学ぶ必要があった。

優れたパフォーマンスを出す人たちは、スケジュールや、プロジェクト、タスクの計画を周到に練っている。ハイパフォーマーは、生産性の高い人たちの大半と同じく、アンケートの、記述がどの程度当てはまるかという質問で「優先順位を決めて、重要なことに取り組むのが得意だ」とか「集中力を維持し、注意散漫や誘惑を避けている」という記述がよく当てはまると答えている（こうした記述に当てはまる度合いが高い人ほど、HPIの総合スコアも高い）。ハイパフォーマーと、ただ生産性が高い人の違いは、ハイパフォーマーは同輩に比べて、**より生産性が高いだけでなく、より幸福度が高く、ストレスが低く、長期的に報われていると自認している**点だ。

幸福度に関する結果は、特に大きな意味を持つ。というのは、多くの人が、心身の健康やワークライフバランスを損なわずに生産性を上げるなど不可能だと思い込んでいるからである。だが、それは実は間違いなのだ。ハイパフォーマーたちは、同輩より生産的であると同時に、より健康的な食事をし、より運動し、さらに新しい挑戦に大きな喜びを見いだしている。また、ハイパフォーマーは、雑事も雑にこなしているわけではなく、同輩よりも多くのことをやり遂げ、より卓越性を重視していると答えている。彼らの自認は、私が過去10年多くのハイパフォーマーやその同僚にインタビユーした結果とも一致している。

この万能ぶりは、ハイパフォーマーが超人だからとか、カフェインの摂りすぎだからというわけではない。また、昨今の私たちが信奉しがちな生産性向上の理想論のせいでもない。自分は同輩よりも貢献度が高いとか、変化をもたらしているという自負によって、モチベーションや満足感は上がるが、それで実際に生産性が上がるとは限らない。「ギバー」タイプの人だからといって、優先順位をつけたり、気移り・目移りを防いだりするのが得意とは限らない。心根はいいかもしれないが、始めたことをきちんと完了できるとは限らない。

では、ハイパフォーマーがより生産的、かつ、心身の健康とワークライフバランスをうまく保っているのはなぜなのか？　それは、彼らが、**たくさんの習慣を意識的に実践しているから**だ。本章ではそれらを学んでもらう。

本章から最大限の学びを得るためには、ワークライフバランスや、人生において目に見える成果を追求することが価値ある目標かどうかについての先入観をいったん脇に置くことが重要になる。ぜひオープンマインドで読んでほしい。なぜなら、この習慣を身につけると、人生のあらゆる領域――特に、自分自身と世界一般についての認識――に効果が及ぶからだ。

私たちの調査では、**自分がより生産的だと感じていると、統計的に、より幸せで、より成功し、より自信を持つ可能性が高い**ことがわかっている。また、生産性が低いと自認している人に比べて、より高い確率で、自分自身を大切にし、昇進が多く、収入が高い。これらは私の意見ではなく、人びとの人生の状況を、複数の調査や分析で定量的に示した、重要な結果なのだ。

もう1つ、私のコーチング経験ではっきりしていることは、**ハイパフォーマーたちが、組織内で、最も高く評価され、高い報酬をもらっている**ことだ。組織がハイパフォーマーのリーダーを求めるのは、集中力、タスク管理能力、プロジェクトを遂行する成功率が高いためである。そして彼らは、仕事に押しつぶされることが少なく、普通の人よりも長期的に、大きな喜びと連帯意識を感じながら目標に取り組む。

人生のこの領域を究めることは、明らかに、大きな力になる。

では、テーマの基礎を確認したうえで、高度な習慣に進もう。

目標を設定し、エネルギーと集中を維持する

生産性を上げるための基本は、目標を設定し、エネルギーと集中を維持することだ。目標がなければ、集中力もエネルギーも出ず、立ち往生することになる。

生産性は、目標から始まる。明確でやりがいのある目標があったほうが、集中力もエネルギーも高く保つことができ、ひいては、作業により大きな没頭感や楽しみを感じられる。そして楽しみが大きいと、前章で説明した内発的なモチベーションが生まれ、それが、量と質の両面でアウトプットの向上につながる。チームにも同じことが言える。**明確で、適度に困難な目標を持つグループは、たいてい、目標が明確化されていないグループよりも優れた成果を出す。**人は、グループ目標があったほうが、より迅速に、より長く働く気になり、重要なタスクにより注意を払い、注意散漫が減り、全体的により努力する、という一貫した研究結果が出ている。

そしてエネルギーも、生産性の決め手となる大きな要因だ。第3章で論じたように、自分自身をケアするための心がけはだいたいどれも、パフォーマンスを高めるためにも重要なのだ。良い睡眠、栄養、運動は、生産性向上に非常に役立つ。これらの生活習慣によって改善されるのは、あなたの生産性だけではない。たとえば、国民全体の栄養習慣は、その国の経済全体のアウトプットと関連づけられたりするのだ。

エネルギーの章で言及した「最上格のエネルギー」も、睡眠や、栄養、運動などの身体面に気をつけるだけでは得られず、ポジティブ感情も必要不可欠となる。幸福度が高い人ほど生産性が高いというのは、まぎれもない事実なのだ。実際、２００以上の研究における延べ27万５０００人以上を対象としたメタ分析では、**幸福度が高い人は生産性が高いだけでなく、仕事の質、信頼性、創造性においても、より高い評価を得ている**ことがわかっている。

別の研究では、大学時代に明朗だった人は、卒業後10年以上にわたって、同級生と比べ、経済的に成功していたことが判明した。「笑顔でいればより多くを成し得る」という昔からの言葉には、一定の真理があるのだ。また、真剣な作業の前にお笑い動画を見て生活に喜びを得るだけで生産性が上がるという研究報告もある。

最後の生産性向上策は、**集中を維持する**ことだ。これが、現代社会においてはなかなか難しい。情報の氾濫や、気移り・目移り、タスクの中断は、私たちの健康と生産性の両方に、悲惨な事態を招く。

情報過多は、気力を消失させ、仕事の質を低下させる。絶え間なく入ってくるインプットに対応したり、データの熟読や検索に一日の大部分を費やしたりして疲弊してしまう。分析麻痺という言葉——データの収集と分析に時間を費やしすぎて逆に行動できなくなること——もそんなところから来ている。

これは、朝一番にメールをチェックしてはいけない理由の1つでもある。大量のメールに押しつぶされそうになり、受け身の態度になる。こんな感情やマインドセットで一日を過ごすのは避けたい。その代わりに、エネルギーの章で説明した活動をいくつか試してほしい。

気移り・目移りも生産性を下げる。ある研究では、**注意が妨げられると、生産性が20パーセント低下する**と判明している。頭を使うチャレンジングなタスクに取り組んでいる場合は、注意散漫の悪影響がさらに大きく、生産性がほぼ半減することもある。また複数の研究で、マルチタスクはそれ自体が注意散漫状態であると示されている。マルチタスクは、ハイパフォーマンスや質の高い仕事に不可欠な、極度の集中状態とは相容れないものなのだ。マルチタスクをしているときは、目の前のタスクに取り組んでいても、脳はまだ前のやりかけのタスクを処理しているため、完全に集中できない。

最後に挙げる生産性低下の大きな要因は、**中断**だ。大きな組織で働く人の大半は、どんなタスクや活動や会議をしていても、数回は中断を余儀なくされる。一度中断すると、もともとやっていたことに再び集中し、追いつくのは難しい。すぐに「舞い戻る」ことはできず、集中を取り戻す前に、平均して2つの他のタスクやプロジェクトに手をつけるという。私がコーチングするフォーチュン50企業のクライアントの場合、いくら高い業績をあげている人でも、1日のうちに1度大きな中断があると、予定されていた重要なタスクが2～3時間ずれ込むようだ。

これらの事実を考えると、やりがいのある目標を設定し、エネルギーと集中を維持するよう、しっかり自己管理していく必要がある。とはいえ、それはかなりの努力を要することで、到底無理だという思い込みも手伝って、やめてしまう人が多い。大きな目標を立て、エネルギーと集中を維持するということは、ワークライフバランスが崩れるので、無理だと言うのだ。このワークライフバランスをめぐっては、おかしな誤解が広まっているので、生産性向上の習慣に移る前に、この問題を取り上げておきたい。

ワークライフバランスをめぐる議論

最近、ワークライフバランスをとることを放棄している人が多い。だがあきらめるのは早すぎる。無理だという不正確な思い込みが、人びとから力を奪っているようだが、生活のバランスを見いだすことは可能なのだ。

私は、生産性について、文字どおり何百万人もの人びとをトレーニングしてきた中で気づいた。人びとがワークライフバランスは不可能だと思っている原因は、次のどちらかだ。

- ワークライフバランスを定義し、追求し、測定するための、意識的・継続的な努力を本気でしたことがないから。
- ワークライフバランスを、達成不可能な基準で定義しているから。

まず、よく言われる「ワークライフバランスをとるなんて不可能だ」という考えについて考察しよう。いかなる活動分野に関しても、それを不可能と断じることは、例外なく、世間知らずのおごりである。ワークライフバランスをとるのは無理だと言ってくる人に、私はこう言って聞かせている。人間は海を渡り、高い山に登り、高層ビルを建て、月に降り立ち、太陽系を超える飛行物を飛ばしてきた。人間の能力は驚くべきもので、私たちの試みを制約するのは、自身の信念のみだ。だからあなたに言いたい。あなたがワークライフバランスの改善は不可能だと信じているのなら、その時点ですでに闘いに負けている。

もう1つ、この問題をあきらめているクライアントによく指摘するのは、彼らは、ワークライフバランスに、他の事柄ほど本気で注力したことがないだけでは？　ということだ。仕事のプロジェクト達成のためになら、10カ月かけて計画を練っても、翌週のワークライフバランスの調整には、1日も費やしていないのではないだろうか。

自分の生活バランスをとることに他のプロジェクトの達成と同等の注意を向けていないということは、適当に片付けているということだ。そうであるなら、ワークライフバランスという概念全体を批判するのではなく、鏡の中からあなたを見ている、努力を拒んだ人を責めるべきである。

この議論にオープンマインドな態度で臨めば、ワークライフバランスのとらえ方に大きな問題があったことに気づけるはずだ。

ほとんどの人が犯している最大の間違いは、「バランス」を、時間を均等に配分するという意味にとらえていることだ。

彼らは、仕事と「生活」に同等の時間を費やさなくてはいけないと思っている。「質」

ではなく「量」で考えているのである。この2つを混同すると、困ったことになる。

多くの人が、この時間的バランスがとれていないと思っているが、実はそれもとれている。私たちの大多数が、30パーセントを仕事に（週に40時間働くのが標準と考えて）、30パーセントを睡眠に、そして30パーセントをその他のこと――家族との時間、趣味や健康、生活の基本的ニーズへの対応などに費やしている。ほとんどの人が、実際は自分が思っているよりはるかに多くの余暇や家族と過ごす時間をとっているのに、意識的に行っているわけではないために、そうした時間を「十分に」堪能していないだけなのだ。毎日4～5時間テレビを見ている平均的なアメリカ人が、時間がない、ワークライフバランスがとれていない、と言っているのは皮肉なことだ。

公正を期すために言っておくと、週40時間よりはるかに長く働いている人もたくさんいる。そして、昼夜を問わずいつでも応答が求められる今日の常時接続の文化では、ワークライフバランスがとれないように感じられることが多い。

もっといいワークライフバランスのとらえ方があっていいはずと私が思うのはそのためだ。**重要な生活領域に費やす時間のバランスをとるのではなく、そこで生まれる幸せや進展のバランスをとるようにしてはどうだろうか。**

詳しく説明しよう。自分の生活バランスが「崩れている」と言う人は、たいていの場合、生活の一領域が、他の領域よりもハードだったり、重要だったり、時間を要したりしているためにそう感じている。たとえば、健康や結婚生活がおろそかになるほど仕事に熱中しているとか、逆に仕事がおろそかになるほど家族の問題に意識が向いている、というように。

そうした状況を解消するには、**重要な生活領域の質や進展をモニターする**ことで、適切な生活バランスが保てる。重要な生活領域が、目指している状態になっているかどうかを週に1度チェックするだけで、ワークライフバランスを取り戻したり、少なくともそのための計画を立てたりできる。

私の経験では、人生を10の領域——健康、家族、友人、パートナー（内縁あるいは婚姻関係）、ミッション・仕事、お金、冒険、趣味、スピリチュアル、感情——に分類するのがおすすめだ。私はコーチングで、よくクライアントにこんなワークをさせる。毎週日曜日の夜、10の生活領域のそれぞれに関する幸福度を1から10の尺度で評価し、目標を書いてもらうのだ。ほとんどのクライアントがこんなことをするのは初めてだと言うが、まず状態を測定しないことには、「バランス」など判断できるわけがないのだ。

人生の主要領域の幸福度を常に計測しなければ、あなたが求めているバランスがどんなものなのか、あるいはどんなものでないのか、わかるわけがない。

このワークは、単純な確認作業だが、その効力には驚くべきものがある。かつて、16人の企業幹部の集団に、この週1のワークをやらせて結果を測定したところ、**たった6週間で、心身の健康とワークライフバランスが劇的に向上した。**サンプル数の少ない非公式な調査だったことは認めるが、それでも、10の生活領域を毎週評価する以外、仕事でも私生活でも何も変えていないのに、ワークライフバランスが2桁台の増加率で向上したのには驚いた。このように、生活全体を俯瞰するだけで、物事を自分でコントロールできていると実感できたり、必要に応じて軌道修正できたり、バランスを改善できたりするものなのだ。

これこそが、本章冒頭で登場した教育長のアシーナがぜひとも必要としていたものだ。あのとき彼女のオフィスを訪れた私が、10の領域を評価してほしいと言うと、彼女は、驚いたことに、もう何年も仕事以外の多くの人生領域のことは頭にないと言う。

さて彼女の過重労働は誰のせいなのか？　悪いのは彼女の上司か？　それとも社会なのか？　いや、正直に言えば、私たちが人生の重要部分に注意を払わないのは、誰のせいでもなく、**自己責任**なのだ。アシーナが必要としていたのは、自分の現状と、自分にとっての「バランス」とは何かを見極めるための週1回の儀式であったことが、このワークでわかった。

ワークライフバランスについて、よく見過ごされているもう1つの誤認識は、均等な時間配分というより、気持ちの問題であるという点だ。**各領域に何時間費やすかではなく、全体的な調和をどのくらい実感できているか**だ。

よくあるのは、自分の仕事に不満を感じたり、何のためにやっているのか、何を目指しているのかわからなくなったりしているケースだ。好きではない仕事に多くの時間を費やしていたら、ワークライフバランスが崩れていると感じるのは当然。ビジーワークはライフワークではないこと、そして考えと行動の不一致は、精神的苦痛を生むことに気づかされるだろう。だからこそ、自分が本当に望むことに沿って生き、「明確化」の章で取り上げたワークを実践することが重要なのだ。

自分が興味をそそられない仕事、有意味だと感じない仕事をしていると、必ずバランスが崩れているように感じる。

また、仕事に夢中になり、楽しんでいたとしても、ストレスと長時間労働で疲弊しているパターンもある。忙しいことと、燃え尽きた状態は紙一重で、その一線を越えると、仕事以外の人生領域がどんなにすばらしくても、バランスを欠いているように感じる。1つの人生領域で燃え尽きていると、他の領域にも簡単に燃え広がるのだ。

ではどうすればいいのか？　「エネルギー」の章でたくさん取り上げた基本的な改善法——緊張をほぐす、睡眠時間を増やす、運動量を増やす、食事をヘルシーにする——を参考にしよう。幸いにも、もし燃え尽きの症状が疲労感だけであることが多いなら、もっと簡単な解決策がある。私たちの伝授する、脳と身体のリフレッシュ／リセットを1時間ごとに行えば、体調と、ワークライフバランスの劇的な改善を実感できるはずだ。言い換えれば、ほとんどの人の場合は、実は**ワークライフバランス問題**

で仕事を辞めるような必要などなく、エネルギーのバランスを整えるための仕事の合間に行うセルフケアを変えるだけでいいということだ。うれしいことに、そのケア方法はあなたが思っているより簡単なものだ。

小刻みに休憩を取る

そして脳も、あなたが思っている以上にダウンタイムを必要としている。生産性を高めるためには、脳がダウンタイムに情報を処理し、働きを回復し、生活に対処する必要があるのだ。生産性を最適化するには、休憩時間を長く取るだけでなく、有給も消化すべきである。一日を通して断続的に休憩を取ることを勧めているのも、そのためだ。

仕事の合間の休憩が、ポジティブな感情や生産性の向上につながることは、研究によってかなり前から知られていた。たとえば、毎日昼休みには自分のデスクを離れるといった単純な行動でも、仕事のパフォーマンスを大幅に向上させる。また、近所の公園でほんの数分休憩を取るだけでも、リフレッシュした状態で仕事を再開でき、集中力も高くなるという認知的な効果がある。デスクから離れたくないなら、**断続的に、その場で立ち上がって仕事をするだけで、一日中座っているのに比べ、生産性が45パーセントも上がる**のだ。

一部の研究者は、私たちに休憩が必要なのは、人間の認知資源には限りがあり、心理的処理能力や自制心を「使い果たし」てしまうからだと言う。この説には疑問もあり、自制心や集中力を使い果たすというより、単にモチベーションを失っているだけではないかとも言われているが、1つだけ確かなのは、休憩なしで一日中働き続ければ、機嫌が悪くなり、生産性が低下することだ。

たとえ気に入っている仕事でも、デスクで作業中に注意力が低下していくのに気づいたり、大好きな仕事をしていても疲れを感じたり、問題を解決しないと本当にヤバい状況にあってもアイデアが出てこなかったり、という経験は誰にでもあるだろう。そして、給水機前での同僚との雑談や、トイレ休憩、あるいはランチ後に数分間ぼうっとするだけでも、リフレッシュ効果があることを皆知っている。これらはすべて、あなたに休みが必要なことを脳が教えてくれているサインだ。脳内の神経伝達物質の働きを回復させ、注意力をチャージするためには、頭を休ませる必要があることは自明である。

このことは、科学的に疑いようがないので、組織学の専門家のほとんどが、従業員の満足度を高め、パフォーマンスを向上させるためには、少なくとも90~１２０分ごとにデスクから離れて、短い休憩をとるよう勧めている。だが、私たちの調査や他の複数の研究では、その時間間隔を半分にすべきであることが示されている。

職場でもっとエネルギーや、創造性、成果を感じ――かつ「生活」領域にも十分な活力を残したいなら――45~60分ごとに作業を中断して、脳と体に休息を与えるのが理想的な間隔だ。

つまり、脳と身体を休ませずに働き続けるのは長くても1時間までにする、ということだ。1時間ごとに2~5分休憩するだけで、仕事でも生活全体でも、より頭が冴え、活性化する。たとえば、メール処理やプレゼン資料の作成に2時間半費やす予定なら、50分作業した時点で、立ち上がってオフィス内を歩き、水を取りに行ったりして、デスクに戻り、60秒の「緊張解除《リリース》」瞑想をする。「エネルギー」の章で説明したとおり、目を閉じて、深呼吸に集中し、「リリース」などのマントラを唱え続ける。ここでボーナスポイントを狙うなら、「必然性」に関する前章で紹介したデスク・トリガー「私のベストプレーを今、最も必要としているのは誰か?」を自分に問う。

この休憩では、**メールチェックや、ショートメール、SNSはやらない**よう注意しよう。チェックインは、ここでの目標——充電するためのチェックアウトの真逆の行為だ。

デキる人は、えてしてこのアドバイスを聞かない。彼らは、何時間もコンピューターの前、あるいは会議室に座り込み「ぶっ通しでがんばり抜く」タイプだからだ。しかしそれゆえに家庭生活で疲れ果て、アンケートでもワークライフバランスが最悪だと回答している。ともかく**ワークライフバランスは、家庭と職場の時間配分の問題というより、気分や全体的な活力の問題。ぶっ通しはおすすめできない**。私たちが何十もの分野にまたがる世界中のトップパフォーマーたちを調査した結果、彼らは、必ずしも普通の人より長く練習したり働いたりしているわけではないとわかった。何が違うのかというと、彼らは、一回一回の練習がより効率的、あるいは、練習の回数が多い（1回1回は長くない）のである。生活バランス、幸せ、持続的なハイパフォーマンスを目指すのであれば、一度に長時間を費やすやり方は、たいていうまく行かない。一見不合理だがこれが真実だ。**ペースを落としたり、たまに休んだりしたほうが、仕事がはかどり、生活の他の領域により多くの時間を充てることができるのである。**

私のクライアントたちには、この45～60分間隔の休憩を習慣化してもらっている。コーチングの最初の1～2カ月で、厳しい決まりとして実践させているのだ。「イスに腰を下ろしたら、携帯かコンピューターのタイマーを50分後にセットしてください。50分経ったら、たとえ何に取り組んでいようが、立ち上がって、動いて、深呼吸し、意図を設定してから、仕事に戻ってください」と言っている。

このルーティンで大事なのは「**立ち上がる**」という部分だ。デスクに座ったまま目を閉じて瞑想しただけではだめで、座りっぱなしの姿勢から身体を解放する必要がある。だから、立ち上がって少し動き回り、何らかの基本的なストレッチをしてから意図設定をしよう。1時間ごとに立ち上がって、目を閉じ、10回大きく深呼吸をしながら、その場で飛び跳ねるだけでも、生活全般で、集中力と生産性がリセットされるのを感じるだろう。

私の場合は、飛行機の中、カフェ、職場、会議、ソファなど、どんなところにいても、必ず50分で立ち上がり、自重トレーニング、気功、ヨガを組み合わせた2分間のエクササイズをしている。この50分ルールは、何があっても絶対に破らない。たとえ人と面談中でもだ。相手にも立ってもらいパワーチャージに付き合わせることもよくあるし、席を外して2~3分リフレッシュできる場所を探すこともある。日々、こうした数分の短い休憩を取ることで、集中力と能力を何時間も引き延ばしているのだ。

本章で説明する手順に従えば、より良いワークライフバランスを見いだすことができるので、生産性や達成目標を上げることを怖がらなくていい。ただし、毎週、自分の10の生活領域を評価し、それぞれの目標を決め、ワークライフバランスを計測する習慣だけは守ってほしい。そして、45~60分ごとに2~3分の休憩を取る。ここまでが基礎だ。では、生産性を高めるための高度な行動に移ろう。

ACTION 1

重要なアウトプットを増やす

並外れた存在を目指すなら、自分の分野や業界で重視される生産的なアウトプットとはどのようなものなのかを把握する必要がある。たとえば、著名な科学者は、さほど知名度や功績が高くない科学者よりも、重要な論文を多く産出している。モーツァルトやベートーヴェンを偉大にしたのは、天才的才能だけではなく、生産的なアウトプットでもある。ボブ・ディラン、ルイ・アームストロング、ビートルズも同様だ。

そしてアップルは、最も好調な時代には、ヒット商品を連発していた。ベーブ・ルースは当時の他の選手より多く打席に立ち、マイケル・ジョーダンは多くシュートを打ち、トム・ブレイディは多くパスを投げた。セス・ゴーディンはブログを、マルコム・グラッドウェルは本や記事を書きまくり、ケイシー・ナイスタット（英語圏で大人気のvlogger）はYouTube動画を上げまくる。シャネルは新鮮なデザインを発表し続け、ビヨンセはすばらしいアルバムを出し続ける。

ハイパフォーマーたちは、**量産すべき良質なアウトプット（PQO）**を心得ているのだ。彼らは、質の高いアウトプットを、同輩や競合よりも多く、長期にわたって生み出している。彼らがより有能で、よく知られ、名を残しているのは、そのためなのだ。彼らはPQOに一貫した注意と努力を払い、自分の得意なことから遠ざかってしまうような気移り・目移り（機会を含む）を最小限に抑えている。

このことは、今の世の中では、ほぼ例外なく見過ごされている。昨今の平均的な人は、1週間の就業時間の28パーセント以上をメールの管理に、20パーセントを情報探しに費やしている。皆、それらが真の生産性につながらなくても、無価値なタスク――たとえばフォルダの作成やメールの整理など――に何時間も費やしているのだ（申しわけないが、あなたの複雑な振り分けフォルダは、役に立っていない。メールユーザー345人の8万5000件におよぶ行動を調べた2011年の調査によると、受信フォルダを複雑に分けている人は、検索機能やスレッドで済ましている人よりも、必要なメールを探し出す効率が悪いのである）。

私がメール管理を例に取り上げたのは、デキる人たちが、ほぼ例外なく、自分の生産性の低さをメールのせいにしているからだ。だが、メール自体が悪いわけではない。元凶は、私たちの、仕事に対する考え方なのだ。みんなの緊急っぽいメールに返信したり、書類を整理したり、迷惑メールを削除したり、体裁を装ったり、会議に出たりすることは、本当の仕事ではない。**本当の仕事とは、質の高い重要なアウトプットを生み出すことなのだ。**

あなたがやるべきは、自分にとっての「意味のあるＰＱＯ」とは何かを見極めることだ。それは、たとえばブロガーなら、より優れたコンテンツをより頻繁に投稿することだろうし、カップケーキ店のオーナーなら、売れ筋トップ２のフレーバーを見極め、その２つに限って販路を拡大すること、子育て中の親なら、子どもたちの自由時間とすばらしい体験を増やすこと。セールスパーソンなら、可能性の高い見込み客との商談率を増やすこと。グラフィックデザイナーなら、すばらしいグラフィックをより多く生み出すこと。学者なら、カリキュラムや授業の質を向上させる、あるいは、執筆論文や書籍の数を増やすことだったりするだろう。

自分が生産すべきものは何かを見極めること、そして、自分が目指すべき生産の優先順位、品質、アウトプットの頻度を知ることは、あなたがキャリアで得ることのできる最高のブレークスルーの一つである。

どんなビジネスアイコンでも、その軌跡を振り返ってみると、彼らがキャリアと富の転機を迎えたのは、自分のPQOを発見したときだというのがわかる。

たとえばスティーブ・ジョブズの場合、それは、アップルの製品リストから多くを切り捨て、少数の製品を大々的にスケールさせ、その結果世界を変えたときだった。ウォルト・ディズニーにとってのそれは、映画製作を増やすことだった。そして現代のデジタル時代における最も偉大なサクセスストーリーは、たとえばFacebookや、Instagram、Snapchatなど、人びとがよりオリジナルで多作なコンテンツを共有できるようにしただけの事業であることが少なくない。**自分の重要なPQO――量産すべき良質なアウトプットを発見すれば、ブレークスルーと富がついてくる**と言ってもいいだろう。

私は2006年に企業コンサルティングの仕事を辞めた。理由は、自分が収入を稼いでいるアウトプットにやりがいを感じられなかったからだ。そこのパートナー（役員クラスのコンサルタント）たちを見ている限り、彼らにとってのPQOとは、基本的に、年間何件の大口顧客と契約するかであった。それを達成する過程で、いろいろなすばらしいもの――取引をしたり、変化をもたらしたりする能力など――が得られるのはたしかだが、私はどうしても、取引で成立するキャリアに人生を捧げることに共感できなかった。そして私のような下っ端にとってのPQOは、ありていに言えば「プロジェクトの渡り歩き」すなわち、できるだけ多くのプロジェクトに参加して、仕事の全体像を把握し、人脈を広げ、出張手当をもらうことだった。それらにももちろん利点はあるが、やはり自分には当てはめられなかった。あの仕事の最終目的が、どうにも心に響かないのだ。

自分が対価と引き換えに提供するアウトプットが、胸躍るものでも、満足すべきものでもないとわかったら、それは人生の大きな気づきの一つだ。そういう気づきを得たなら、その事実を尊重し、変化を起こす時が来たということだ。

私は会社を辞め、ライター、講演家、オンライン講師としてのキャリアを歩むことを選んだ。そうした取り組み――人に勇気と力を与えるコンテンツをつくること――をアウトプットとするなら自分にとって意味があると考えたのだ。

ただ、具体的に何を、どうやって始めればいいのかまったくわからないのが問題だった。そこで専門的な業界に入りたての人たちの多くがそうであるように、私は、執筆業、講演業、オンライン講座の世界をまず理解しなければと思った。そして各業界を把握しようと、何十ものカンファレンスに行くという過ちを犯した。実際、執筆、講演、オンライン講座はどれも、オピニオンリーダーとして発信するという同一のキャリアであり、最重要のアウトプットも皆同様であることに気づかないまま探索した。

1年近く、本当に重要なアウトプットは何かを明確にしないまま、あれこれ模索を続けた。やることがとっ散らかっていた。雑誌やブログの記事を書いてみたり、ある集団に講演させてほしいと懇願し、少しでも報酬がもらえたらいいなと願ったり、オンラインマーケティングのアイデア100選を学んだりして時間を浪費していた。

そんなある日、カフェに座っていて気づいた。一日中「働いている」のにほぼ何の成果も出ていないことに。**今日やったことの中で、キャリアアップにつながるとか、10年後に——自分または他人の——記憶に残るようなことは1つもない**なと思ったのだ。あのときの頭の中の会話を今でも覚えている。

「ぶっちゃけ、お前は重要なものを生み出したいんだよな。一日中がんばったかいのある何か、世のため人のためになる大事な何か、自分の志を示す何を生み出したいんだ」

もちろん、毎日がすばらしい完璧な一日になるわけではないことはわかっていた。やることなすことすべてが地球を揺るがすような、金字塔になるなんて期待していない。功績にならなくてもやらなければならないタスクというのは、誰にでもある。たとえば、ゴミ出しなどは、あなたのすばらしい功績の足しにはならないが、やらなくてはならない。

あの日、私のキャリアの軌道を変えたのは、自分のPQOは何かをまとめた1枚の紙だ。著者としてやっていくつもりなら、私の生産的なアウトプットは、本でなければならない。今あなたが手にしているのは、あれから6冊目の本だ（そして未発表の原稿があと2本、引き出しの中で待っている）。そして私が書いた、何千通ものメール、ブログ記事、セールスレター、ソーシャルメディア投稿は、生産的アウトプットに含まれていない。私の主な取り組みは本の執筆である。私のメンターであり、惜しまれる友人であるウエイン・W・ダイアー（『思い通りに生きる人の引き寄せの法則―宇宙の「意志の力」で望みをかなえる』（ダイヤモンド社・２００７年）の著者）は、30冊以上の本を執筆・出版しており、彼に比べれば私はまだ駆け出しだ。しかし、自分の重要なPQOはわかっている。そのおかげで、ウェインの呼ぶところの**「意志の力」**を得ることができた。

プロの講演家を目指す以上、一定以上の講演料をもらえる仕事を何件取れるか、を私のPQOにした。そして、講演の機会をいただけませんかと頼む無駄なやり取りはいっさいやめ、自分が目指す料金レベルで仕事をしている他の講演家たちを参考にして、マーケティング資料や動画の作成を始めた。

そして、オンライン講座の講師――2006年当時では比較的新しい職種――になるなら、私のPQOは、カリキュラム、講座の動画制作、そして出来上がったオンライン講座だ。「明確化」の章で述べたように、私は、世に出る新しいマーケティングテクニックを手当たり次第に学ぼうとするのをやめ、自分のオンライン講座の制作とプロモーションに専念した。

陳腐な表現だが、あとは知ってのとおりである。私のオンライン講座や動画シリーズには200万人近くの人びとが登録し、エネルギー満タンの人生を送る方法を教える無料動画は、1億回以上再生されている。私がもし、自分の重要PQOを見つけていなかったら、こんなにもの受講者にリーチするという恩恵を受けることはなかっただろうし、オプラ・ウィンフリーのウェブサイトで「史上最も成功しているオンライン講師の1人」と称されることも、『サクセス』誌のトップ自己啓発インフルエンサーに何年も連続で選ばれることもなかっただろう。

私がこの話をするのは、自分の功績を自慢するためではないことをどうかわかってほしい。そうではなく、**自分のPQOを決め、それに向かって突き進むことがいかに大きな力となるか**を伝えるためだ。私のキャリアがこうなったのは、私が特別だからでも、才能があるからでもない。自分のキャリアにおいてPQOに焦点を絞り、そのアウトプットに執拗なまでの注意と力を注ぎ、長期にわたって継続的に取り組んだ結果なのだ。

この戦略の重要性は、いくら強調してもし足りない。私がクライアントのパフォーマンス向上を手伝うときは、即刻彼らの生み出すべきアウトプットを発見するのが私のスタンダード戦略だ。その人が、どのようなテーマあるいは成果物の生産性向上を目指そうと決めたのであれ、その活動分野に向けて、仕事のスケジュール全体の方向性を調整してもらう。**週の就業時間の6割以上をPQOに費やす状態に、できるだけ早く変更する**のだ。私が過去10年の経験で見てきたかぎり、この6割という数字が、当事者のキャリアで本当の結果が出始めるスイートスポットのようだ。ほとんどの場合、残りの4割は、戦略、チームマネジメント、日々の雑務、事業運営などに充てられる。

私が週の就業時間の6割を費やしている仕事は、執筆、オンライン講座のカリキュラムづくり、動画撮影だ。残りの4割は、戦略、チームマネジメント、業界内でのつきあい、顧客エンゲージメント——SNSや受講者とのやり取り——に充てられている。この4割はあくまでも、6割の仕事——すなわち量産すべき良質なアウトプットをサポートし、手助けするための業務と言える。

もちろん、誰もが私のような仕事をしているわけではないし、6対4という黄金比は、誰にでも実現可能ではないので、私と同じようにすることを目指せとは言わない。ただ、あなた自身にとっての最適な時間配分を見つけ、できる限りそれを守ることを目標にしよう。私は、執拗なまでにこの6対4を守り、PQOに充てる時間が6割を割ったら、最適な生産性を達成できていないという目安にしている。

この時間配分を極端に感じる人は、これが「全力投球しろ」とか、情熱に100パーセントの時間を費やせというアドバイスとはまったく違うことをわかってほしい。そのようなアドバイスはそもそもナンセンスだ。1つのことに100パーセントの時間を費やすことなど誰もできない。他人と一緒に仕事をしたり、家族の面倒を見たり、社会に大きな影響を与えようとしているなら、なおのこと無理だ。必ず、他の人たちの指導や、仕事の詳細部分の管理・運営、それこそメールなどに一定の時間を割く必要が出てくる。何が言いたいかというと、そうしたことをやらないわけにはいかないが、重要で影響力のあるキャリアを築くためのアウトプットに取り組む時間を戦略的に最大化することはできるし、そうしなければならない、ということだ。

ではなぜ、4割の時間は、避けて通れない雑務に充てていいと言っているのに、もっと多くの人が、量産すべき良質なアウトプットを出すことに専念しないのか？

その最もよくある理由づけ（というより幻想と言うべきか？）は、**先延ばしと完璧主義**である。

先延ばしのせいにすることは、すっかりお馴染みになっているが、実は先延ばしというのは実在する「物事」ではない。先延ばしは、人間心理の一種でも、性格的特徴でもない。さらには、よく言われる、時間管理能力が欠如した結果でもない。

では何なのかというと、実はモチベーションの問題であることが、研究でわかっている。**先延ばしは、自分にとって本質的に重要なことに取り組んでいないことから来**

る問題なのだ。まれに、失敗への不安や恐れが原因の場合もあるが、それよりもはるかに多いのは、自分がワクワクしないこと、夢中になれないこと、重要でないことに取り組んでいるために先延ばししているケースだ。だからこそ、自分が納得できるPQOを見つけることが重要なのだ。自分が生み出しているものや、世の中で貢献していることが大好きならば、先延ばしは減る。

もう1つ、私がアウトプットを増やせと言うと、必ず出くわすのが完璧主義者だ。彼らは「でもブレンドン、世に送り出すものを数だけ増やすなんてできません。私は完璧主義者なんで、絶対正しい、絶対ウケると確信できなければだめなんです」というようなことを言いだす。

だが、完璧主義というのは、遅延を体裁よく見せかけるための屁理屈である。人がより多くのことをできない原因は、完璧主義ではない。**始めることすらできなかったり、疑心暗鬼や注意散漫に陥ったりしてやり遂げられない**のだ。真の完璧主義者ならば、少なくとも作品や著作物を完成させ、発表しているだろう。というのは、何かを「完璧にする」という行為は、いったん完成して発表された仕事にさらに改良を加えることを意味するからだ。

誰でも、生産性を上げるのが難しい理由を見つけられる。だが言い訳探しにこれ以上の精神力を使うのなら、仕事に取りかかろう。自分にとって最も重要なことを思い出して、意識を集中させ、自分が誇れる実質的なものを生み出そう。そして多作をして、世界を変えよう。

ACTION 1 のまとめ

「重要なアウトプットを増やす」マイノート

1 私の仕事で最も重要なアウトプットは……
2 量産すべき良質なアウトプットのために、より集中的に取り組むためにやめてもいいと思えることは……
3 週の就業時間の何割をＰＱＯに充て、どのように調整するか……

ACTION 2

5つの段取りを計画する

人間は、巧みにマルチタスクをこなす。複数のプロジェクトを並行して管理したり、たくさんのタスクを同時進行したり、食卓を囲みながら複数の人と複数の——暗黙あるいは明示的な——対話をしたりできる。これは誰にとっても役立つ強みだが、度を超すと人をダメにする。

多くの場合、卓越したマルチタスク能力があれば、出だしの成功にこぎつけることはできる。たとえば、ある人がカップケーキの店を開こうとしているとする。彼女は、成功するために必要なあらゆる役割を1人で務め、あらゆる機会を追い求めるだろう。原材料の発注係、カップケーキをつくる職人、注文を聞く店員、クーポンを郵送するマーケター、近所の友達をつくるネットワーカーを兼任する。何十もの役割をてきぱきとこなし、何百ものタスクをさばく。やがてある時点で利益が出るようになり、成功する。このままいけばハイパフォーマンスに到達する可能性もある。

しかし、初期の成功を収めると、新しい機会が訪れる。すると彼女は、他のスタートアップへの助言をするようになる。そして他の機会にも手を出す。まだ、世界的なカップケーキ店という第一目標に達していないにもかかわらず、悠々としている。今でもカップケーキのビジネスが最優先事業の1つだと口では言うが、彼女のスケジュールをよく見ると、もはや店の仕事が「最優先」ではないことがわかる。さらによく見ると、彼女の取り組んでいることのほとんどが支離滅裂だ。彼女は忙しくはしているが、目的に向かって前進していない。

さて、彼女が軌道に戻るには、今何をすべきだろうか?

答えは、**シンプル化し、よけいなものを削ぎ落して重要な部分だけに集中し、ディープ・ワーク志向になる**ことだ。そして彼女に何より必要なのは計画である。

意欲に満ちている人たちでも、その多くが、自分には明確な計画など必要ないと思っている。自分には才能があるので、とりあえず参戦し、出たとこ勝負でがんばってみて、成り行きに任せようと考える。

スタート当初は、それでもうまく行くかもしれない。周囲がまだ誰も知識を持って

ディープ・ワーク
本当に大事なことに集中するスキル。

いないので、生まれ持った天与の才能だけで勝負できるかもしれない。だがその優位性は、長くは続かない。アメフトにたとえると、他のチームや選手たちが、経験を積むうちに計画を立てる――ポジションやチーム構成、パスルートや、プレイコールを決める――ようになるので、あなたが無計画なままだと、あなたはもうおしまいだ。

プレイコール
コーチから伝達される指示。

これは、ハイパフォーマーにとって、ひどく耳の痛い話だ。どれだけのハイパフォーマーが、焦点の定まらない取り組みから生じる避けられない気移り・目移りのせいで、トップの座を失っていることか。ただ、気が散って怠惰になると言っているのではない。ハイパフォーマーは、ちゃんと物事を実現できる人びとだ。

だが、まとまった方向性を持たずに、たくさんのことを実現するようになると、彼らは力を失い始める。

次に情熱を失う。そうなると、細かいことばかりたくさんやって、大きな、意味のあることを成し遂げられなくなる。問題は、今まで長いこと、計画を立てずにやってこられてしまった人というのが、少なからずいることだ。単純なタスクをやり遂げるのにたいした計画は必要なく、たいていは、明白な手順さえわかっていれば、人とのやり取りもほとんど必要なく、自分1人の手でできてしまうのだ。しかし、複雑なタスクや目標には、計画を立てることが不可欠だ。**1つの目標を達成するにしても、さまざまな戦略があり、それぞれ効果や望ましさが異なる。**戦略目標が大きいほど、管理すべきことが多く、他者とのやり取りも多くなる。ハイパフォーマーになるためには、行動する前にもっと考える必要があるのだ。

ただ、すべての道筋とすべてのタスクを事前に考えておかなければならないわけではない。長期プロジェクトは、できる限りの計画を立て、あとは臨機応変に解決していくことが多い。だがやはり、目標やプロジェクトが複雑な場合は、事前計画があったほうが必ずパフォーマンスが向上すると、研究で明らかになっている。

計画を立て、それを一歩一歩進めていくことは、あなたが思っている以上に重要なのだ。計画を立てると、散らかった思考を集中させることができる。そしてやる必要のある重要なタスクを1つひとつ終わらせるたびに、脳内にドーパミンが放出され、やりがいを感じると同時に、作業を続ける意欲が増す。計画があると、活動を完了できる可能性が高まるだけでなく、プロジェクトに取り組む楽しみも増えるし、より多くの認知資源を次の目標に回せる。

さて、ここまでは、量産すべき良質なアウトプットは何かを見つけることについて述べてきたが、次は、計画を立てる番だ。自分が取り組んでみたい、最も野心的な夢を思い浮かべ、自分が本当に望むものは何かを見極めて、こう自問しよう。

この目標をかなえるための取り組みを5つの大きな段取りに分けるとしたら、それは何か？

大きな段取りとは、活動のかたまり、つまりプロジェクト、と考えればいい。夢の実現への段取りである5大プロジェクトのそれぞれは、成果物、締め切り、複数のタスクでできている。それらが明確になったら、スケジュールに落とし込む。その際、時間の大部分を、自分の決めた活動に専念するために確保し、その時間枠の中では、その活動を進める以外のことは何もしないようにする。

もし私があなたの家を訪れ「スケジュール帳を見せてください」と言ったら、あなたがどんな主要なプロジェクトに取り組んでいるのか一目でわかる状態にしてほしい。

だがもし、あなたの毎週、毎月のスケジュールからそれが読み取れないようなら、あなたは、自分の時間を最適化できておらず、起きたことへの対応（リアクション）と気移り・目移り（ディストラクション）に終始する人生に飲み込まれる可能性が高い。あるいは、他の人なら数カ月で出せる結果を、何年もかけて手に入れなければならないだろう。

ハイパフォーマーたちは、ローパフォーマーに比べ、何につけ――ワークアウト、学習、会議、旅行など――計画をよく練る。ただ、誰でも、計画をしている最中に混乱し、やっていることについ没頭したり、綿密すぎる計画を立ててしまったりすることがよくある。この過程を複雑にしすぎる人が多いのだ。

そこでいったん立ち止まり**「常に重要なことのみを重要視することが重要だ」という言葉を思い出そう。そして、あなたをゴールに導く5つの主要な段取りを特定し、いついつまでにどのタスクを完了するというスケジュールに落とし込む。**あなたのPQOと一致している段取りのみに専念すれば、あなたは秀でることができるだろう。

私の事例は周知のとおり、自分でも驚くほどうまく行った。作家になるという私の夢は、先に共有したとおりだ。ただ、私のPQOが本を書くことだとわかる以前は、目標の焦点が定まらず、あちこちでいろいろな執筆をしてはいたが、実質的な進歩を遂げられないでいたのだ。

いったん、自分が量産すべきは書籍だとわかってからは、他の活動をやめた。そして、本を出すための5つの主要な段取りは何なのか思索し始めた。

私が目指したのは、具体的には『ニューヨーク・タイムズ』紙のベストセラー著者だ。私が望んでいたのは、ベストセラー入りの栄誉ではなく、それが意味するものである。つまり、私の本でたくさんの人たちの生活を向上させることだ。しかし問題があった。私はすでに本を出していて、それがベストセラー入りしていなかった。そのときの私は気を腐らせ、ベストセラーリストは「システム」が崩壊していて、新人作家は落とされるのだという勘違いに走った。いろいろな人のせいにしてしまったが、実は自分の計画が甘かったという厳しい現実と向き合うべきだった。本を執筆し、宣伝するという過程全体において、初心者の私は無計画すぎたのだ。

今度こそ、前回のような無秩序なやり方で新刊の運命を台無しにしてなるものかと決心した。1冊目のときのように、一日を通してだらだらと書くのはやめた。ライターのカンファレンスに行ったり、ライティングの指南書を読みあさったりする衝動も抑えた。百のことを百の方向でやらないようにした。それをしてしまうと、また疲弊や、焦り、失敗につながるとわかっていたからだ。

代わりに、何人かのナンバーワン・ベストセラーの著者にインタビューし、彼らの主要な活動を分解した。シンプルにこう尋ねた。

「あなたの本を大ベストセラー入りさせるのに最大の違いをもたらした5つの主要な段取りは何でしたか?」

あなたも同じようにするといい。あなたが何らかのかたちで見倣いたいと思う成功者を探して、彼らの5つの段取りを聞き出すのだ。

私がそこから学び取ったことは、意外だった。

- ベストセラー著者たちが語ったのは、「文筆家であること」についてのロマンや理想論ではなく、気分が乗らなくても枚数を書く努力と自己規律についてだった。
- ライターのカンファレンスに参加したことを成功要因として挙げる人はいなかっ

た。

- フォーカス・グループや読者層について語らなかった。
- 執筆前に何年もリサーチを重ねたことを、売れた要因として語る人はいなかった（調査を行った人は何人かいた）。
- 大手メディアへの露出や従来的なブックツアーに言及する人は少なかった。
- ブッククラブについて言及した人はいなかった。
- 有名人に序文を書いてもらったことを成功要因とする人はいなかった。

これを聞いたときは、驚きだった。出版に憧れを持っていた私にすれば、これらはすべて重要な施策、というか、これこそが正しいやり方だと思っていたからだ。私は、著者たちに話を聞きに行くとき、自分が出版に備えてやっておきたいことの長いリストを持っていった。そこには、たとえばこんな項目があった。

- 「独自の文体を確立する」ために、ライティング・ワークショップに参加して、自分の文章へのフィードバックをもらう。
- 自分の本の読者層の人にたくさんインタビューして、私のコンテンツに何を求め

フォーカス・グループ
自社商品について直接意見を訊く少人数の消費者グループ。

ブックツアー
著者が全国の書店をめぐって読者と交流を図るプロモーション。

ブッククラブ
出版社から大量の新刊を低価格で買い取り、会員に、書店で購入するより安価な価格で提供する。

ているかを探る。

- 出版後メディアに大々的に取り上げられるよう、メディアが取り上げたくなるような要素や切り口のアイデア出しをして、本に取り入れる。
- 本を有名人に推薦してもらう。

これらの施策は何ら間違っていない、という意見もあろう。実際役に立ちそうでもある。ただ私が言いたいのは、**こうした動きが成功の決め手になったと言うベストセラー著者は一人もいなかった**、ということだ。著者をベストセラー入りさせたり、より多くの人に本を買わせた施策はこの中に一つもないのだ。

結局、ナンバーワン・ベストセラーという結果を得るために本当に重要なのは、次の5つの基本的な動きであることを発見した。

1 **良書を書き上げる。**それを終わらせないことには何も始まらない。

2 出版社との出版契約を望むなら、**出版エージェントを利用する。**そうでなければ自費出版をする。

3　ブログとソーシャルメディアへの投稿を始め、それらを通してメルマガ購読者の**メールアドレスを集める。**メールがすべてだ。

4　書籍の販促用のランディングページを作成し、**本を購入してもらうための魅力的な特典を用意する。**特典は非常に重要。

5　多くの登録者を持つ**メルマガ配信者5〜10人に、本の販促をしてもらう。**お願いをする際は、その人が販促を必要とするときは協力する旨をメールで伝える。そして、今回の販促であなたが本と一緒に販売する他の商品がその人たちのメルマガ経由で売れた場合は売上げの一部を支払う。

たったそれだけだ。「真の自分を見つけ、毎日、壮大な情熱と愛をもって読者のために書き続け、その人たちの心と魂に永遠の影響を与えよう」などというメッセージに比べるとドライだが、この5つは、話を聞いた著者のほとんどが挙げた大きな段取り、つまり、最も重要な5つだ。私は唖然とした。やり方がまったくわからないことばかりで、怖くもなった。

しかし、自信はあった。なぜなら、**これで計画が立てられる**からだ。そしてこれから話すように、真の自信とは、自分の、なんとかする力を信じるということだ。最初は夢だけを持っていた。だがここで秘密の5つの段取りがわかった。私は、どうすれば5つの段取りを実現できるか、なんとか見つけ出してみせると意欲に燃えていた。

そして私は、この5つの動きに全力を注ぎ、他の活動をほとんどやめた。それぞれの活動を達成するためのスケジュールを立てた。しばらくのあいだは、第1項の「本を書き上げる」が私のスケジュールの9割近くを占めた。それをやり終えてからは、他の活動に深く取り組むために、週の大半の時間を確保し、5つの動きを1つずつ完遂していった。その間、それ以外のことは、「気移り・目移り」か「人に任せること」と見なした。

話を単純化しすぎているように聞こえるだろうが、もう少しおつきあい願いたい。たとえば良書を書き上げるという第1の段取りを完遂できない原因は、何百通りも考えられる。リサーチをやめられない、ライティングの勉強をする、独自の文体が見つかる日を待つ、人にインタビューする、先延ばしする、小さなくだらない記事をたくさん書こうとするなど。

だが、話を聞いたベストセラー著者全員に強く言われたのは本を書き上げろという

こと。**「それを終わらせないことには、何も始まらないんだよ」**と。

これこそが、自分の5つの段取りを決めることのすばらしい効果だ。第1、そして第2、第3、第4、第5の主要な活動が何かを知ることで、案内図、計画、明確な道筋が見えてくる。それで大筋を見失わないで済む。

そうして私は他のことをすべてストップした。次に、残りの4つの動きを速やかに遂行していった。第2の出版に関しては、基本的に自費出版を手伝ってくれる会社から出版することにした。本の企画を出版社に「認めてもらう」かたちの商業出版とは違って、私が渡した原稿をそのまま本の形に仕上げてもらう形式である。表紙はPowerPointを使って自分でデザインした。第3のメールリストは、以前から自分でメールアドレスを収集しており、さらに、私の動画をプロモーションしてくれるというメルマガ配信者の友人を10人ほど見つけた。そのメンバーを揃えるための連絡やお願いや催促に2週間くらいかかった。SNSには、3日かけて動画を撮り、4日かけてブログにアップし、メール配信用に編集した。

このようにして、延べ60日で、前著『人助け起業〈ミリオネア・メッセンジャー〉』を、企画から、『ニューヨーク・タイムズ』紙、『USAトゥデイ』紙、バーンズ・アンド・ノーブル、『ウォールストリート・ジャーナル』紙のナンバーワン・ベストセラーにのし上げたのである。スケジュールの内訳は、執筆に30日、出版準備と、SNS投稿、ランディングページ作成、特典準備、動画へのリンクをメルマガに載せてもらう依頼に30日だ。5つの段取りを60日で完了し、ナンバーワン・ベストセラーを生んだのである。

そんなことができたのは、幸運にも、すでに販促を手伝ってくれるパートナーを知っていたり、ウェブページや動画作成のスキルがあったりしたからだろう、と言う人もいるだろう。それは100パーセント正しい。だが、そうした「ズルい」アドバンテージは、あくまでもそれまで何年もかけて努力した結果だ。なにも、生まれ落ちたら、分娩室でプロモーションのパートナーと動画撮影のセットアップが待っていたわけではない。それどころか、プロモーションのパートナーなど、5つの段取りに欠かせない存在と知るまで、一度も持ったことはなかった。

ここに重要なポイントがある。

「5つの段取り」をどうやって達成するかを知っている、いないは問題ではないのだ。

重要なのは、あなたの大きな目標の一つひとつを達成するための「5つの段取り」をはっきりさせること。この段取りを知らなければ負ける。

また、達成のスピードもポイントではない。60日で何をしたとかしなかったという話ではない。**大事な段取りを特定し、それらを実行したことが大事なのだ。**実行にたとえ2年かかったとしても、それはそれで、自分が望んでいた結果をもたらしたはずだ。

だが、5つの段取りに専念していなければこの結果は得られていない。私はこのシンプルな計画づくりを実践することで、人生の大きな目標を何十も達成した。「5段階計画」のおかげで、自分の大好きなビジネスを構築し、アメリカの大統領に会い、大ヒットのオンライン講座を効率的に作成し、大規模な講演の仕事を依頼され、応援する非営利団体やチャリティの何百万ドルもの資金調達に貢献できたのだ。私のクライアントたちもこれを繰り返し実践して、同等にすばらしい結果を得ている。

そのシンプルなプロセスとは……

● 自分の成し遂げたいことを決める。

- その目標に大きく近づくための「5つの主要な段取り」を特定する。
- 5つの主要な段取りの1つひとつに、ディープ・ワーク――週の就業時間の少なくとも6割をその活動に費やす――で取り組み、完了させる。
- それ以外のことはすべて「気移り・目移り」か「人に任せるタスク」、あるいは「残りの4割の時間でやること」に割り振る。

単純すぎる方法論に思えるのはわかっている。だが、私が「自分の望むことを達成するために取り組んでいる5つの主要なプロジェクトは何か、順番に教えてください」と訊くと、希望に満ちた努力家でも答えられない場合が、あまりにも多いのだ。焦点の定まっていない人は、思いつきで答えたり、不必要なことを並べ挙げたり、いろいろなことを頭に浮かんだそばから垂れ流したりするが、**ハイパフォーマーは、ちゃんと把握できている**のだ。自分がどんなことに取り組んでいて、なぜそのような順序なのか、厳密に答えることができる。スケジュール帳を開いて、主要な目的とプロジェクトのために確保した時間枠を見せることができるのだ。

あなたも自問してみてほしい。もし私があなたの家を訪ねたら、あなたはスケジュール帳を開いて、特定の大きな目標につながる主要な活動に充てるための時間枠を見せられるだろうか？　見せられないようなら、次にやるべきことはもうおわかりだろう。

だがここでこんな声が聞こえてきそうだ。
「でも、計画なんて立てないのにめちゃくちゃ成功している人を知っている。彼らはいろんなことに次から次へと手をつけて、触れるものすべてを黄金に変えていく。長期プロジェクトも計画も持っていないのに」

そういう型破りな人はたしかに存在する。しかし、問題はそういう人がいるかいないかではなく、彼らが無計画なためにやり残していることがどのくらいあるかだ。そういう人も、少し計画を立ててみれば、貢献度が飛躍的に向上するだろう。一方、大多数の私たちは自己規律がなければ、夢は永遠に妄想のままであることを忘れてはならない。

きちんと計画し集中的に実行すれば数カ月でできることに、何年もかけるべきではない。自分の5つの段取りを特定し、それらに懸命に取り組もう。そして、意味深いもの、自分の誇れるもの、自分を並外れた存在にしてくれるものを生み出すには、次に何をすればいいのかを、常に意識するようにしよう。

ACTION
2
のまとめ

「5つの段取りを計画する」マイノート

1 今すぐ計画すべき最大の目標または夢は……

2 その夢の達成に大きく近づくための5つの段取りは……

3 5つの段取りのスケジュールは……

4 同じ夢を叶えた人で、私が調査し、探し出し、インタビューし、手本にすべき人は……

5 今後3カ月間、5つの段取りに集中的に時間を割くためにスケジュールから外す、重要でない活動または悪習慣は……

ACTION 3

重要スキルを究める

より生産的になるには、より有能になることだ。そのためには、自分の関心分野で勝つための主要スキルをマスターしなければならない。

昔から、重要なスキルの習熟は、マクロレベル、個人レベルの双方における生産性やパフォーマンスの向上と関連づけられてきた。スキルの向上が、よく国全体の教育や経済政策の目標となるのは、それによって経済成長が促されることが多いからだ。スキル向上は、労働者個人にとっての特効薬とも考えられている。より深いスキルを持つ人は、一般的に、より高い収入を稼ぎ、仕事の満足度も高いからだ。ただ、必ずしもそうとは言えないケースもある。熟練労働者でも、間違った戦略、リーダーシップ、職務設計、人事慣行によって潰されてしまうことがある。多くのスキルを持ちながら、職場でチャンスを与えられなかった人を、誰でも知っているはずだ。

1つだけ確かなのは、自分の分野での成功に必要なスキルを持っていないのは、致命傷ということだ。さらなるスキルの習得なくして、そのキャリアでの躍進はあり得ないので、**現在そして将来、勝ち残るために身につけるべき主要なスキルを特定することが不可欠だ。**

「スキル」という言葉は、ある分野で、適切なパフォーマンスをするための幅広い知識と能力を意味することが多い。一般的なスキルとしては、コミュニケーション、問題解決、システム思考、プロジェクト・マネジメント、チームワーク、コンフリクト・マネジメントの能力などがある。また、特定の仕事や企業に特化したスキルもある。コーディング、ビデオ制作、財務、計算などの技能だ。さらに、セルフコントロール、レジリエンスなど、さまざまな感情的知性を指す、パーソナルスキルもある。

このセクションでのあなたの目標は、**なりたい自分に成長するために今後3年間で身につける必要のある5大スキルを特定する**ことだ。

この取り組みは、ある原則が前提となっている。すべてのことは訓練によって習得可能である、というものだ。どんなスキルでも、訓練と練習と意図が十分なら、うまくなれるのだ。これを信じないなら、あなたのハイパフォーマンスへの旅は、ここで

コンフリクト・マネジメント
組織内で意見の対立やもめごとが起きた際に問題解決を図る取り組み。

終わりだ。現代で最も優れていると言える3つの研究が示しているとおり、人は「**成長マインドセット**」を持ち続け、情熱と粘り強さをもって目標に集中し、卓越性をもって練習すれば、どんなことでも上達するのだ。

成長マインドセット
努力すればできるようになるという信念。

人が「できない」と言うときは、たいてい「それを達成するために必要な長い訓練と調整をする気がない」ことを意味する。

だがぜひ覚えておこう。**すべてのことは訓練によって習得可能なのだ。**

この言葉は、私の人生を永遠に変えた。本書では、個人的すぎる内容になってしまうリスクを承知であえて、私自身のキャリアの事例をたくさん共有しているが、この話は、私がおそらく最もよく受ける質問に関係するし、多くの人が恐れていることでもあるので、話させてほしい。人前でのスピーチについてである。

20年前、交通事故後に大学に復学した私は、親しい友人たちに事故の話をした。意図をもっとしっかり持って生き、今度人生最後の問い――自分は生きたか？　愛したか？　重要な存在だったか？――に直面したら、満足して答えられるようにしたい、という気持ちも話した。みんながみんな、私の体験や教訓を拝聴してくれたわけではないが、何人かに、この話を彼らの友達にも話したらどうかと勧められた。「勇気づけられる話」だと言ってくれた。

その当時の私は、友達からは外向的と見なされていたようだが、実は自分の内面は見せないタイプだった。男同士で冗談を言い合ったりふざけたりしていたし、人を理解し、心を通わせ、楽しい時間を過ごしたかったので、人見知りもしなかった。だが、自分の個人的内面をさらけ出すかと言ったらそれは別だ。自分の本当の考えや、ニーズ、夢などを他人に話すことなどめったになかった。

ちょうどその頃、私は、心理学、哲学、自己啓発を学び始めていた。答えを探していた。どうすれば、もっといい人生を生きられるのか知ろうとしていたのだ。そうしたテーマの本をたくさん読んでいくうちに、著者たちの多くが歩んできた旅路が、私のそれとよく似ていることを発見した。つまり、何かが彼らの身に起こり、それに感化されて、自分の人生を向上させ、その過程で他者を助けようと思うようになったのだ。彼らのストーリーを読むうちに、自分自身の話を他者と共有したくなってきた。

また、そうした著者たちの多くが、著者紹介で「講師」「プロの講演家」「ワークショップ主宰者」といった肩書きを記していることにも気づいた。著者は、講演家としても活躍していることが多かったのだ。そこで私は、彼らのオーディオブックや、ネットで公開されているスピーチを探した。すると、話がうまい人ほど、メッセージを伝えるのも、他者の変化を促すのもうまいことがわかってきた。私は、人前で話すスキルをマスターすることは、自分の人生にとっても必須と判断した。

世の中の役に立ちたい、そのためのスキルを身につけたい、という願望が、恐怖心に勝ることはままある。私は本気になり、自分で**「漸進的マスター法」**と呼んでいる学習法を始めた。すると人生がすぐに変わった。

スキルをマスターしようというなら、あなたには2つの選択肢がある。ある程度の練習と反復で、そのスキルが身につくのを願うか、あるいは、漸進的マスター法によって、そのスキルで世界的レベルまで上達するかだ。

漸進的マスター法の考え方は、多くの人が考えるスキル習得のアプローチとは大きく異なる。ほとんどの人は、あることに興味を持ったら、数回やってみて、それが自分の「得意」なことかどうか測ろうとする。うまくできなければ、生まれ持った資質や才能がないからだと決めつけてしまう。この時点で、たいていの人がやめる。一方続ける人は続ける人で、上達するには徹底的に繰り返すしかないと考える。数をこなすことで上達し、レベルアップできるだろうと。

たとえば、水泳がうまくなりたいとしたら、たいていの人は、泳ぎ方を知っている人から教わるだろう。そして泳ぎ始める。持久力とスピードを上げようとして、どんどん泳ぐ。繰り返しプールに入って、うまくなろうとする。水の中にいる時間こそが、泳ぎがうまくなる秘訣だと想像している。

だがこれは、実は最も非効率なスキル習得法の1つだとわかっている。反復練習がハイパフォーマンスにつながることはまずないのだ。そこで「漸進的マスター法」を知っておくことが重要になる。

漸進的マスター法のやり方は以下のとおりだ。

1　マスターしたいスキルを決める。

2　少しずつ高めの目標を設定しながら、スキルを習得していく。

3　その歩みと結果に、深い感情と意味を結びつける。

4　成功に不可欠な要因を特定し、それらの領域での自分の強みを伸ばす（そして同等の熱意をもって弱みを直す)。

5 どのような状態が成功、あるいは失敗なのか、はっきり頭に描けるよう、視覚化する。

6 専門家による、あるいはしっかり計算された、適度に困難な練習メニューを策定する。

7 進捗状況を測定し、外部からのフィードバックを得る。

8 他の人と練習したり競い合ったりして、学びや努力に人づき合いを取り入れる。

9 向上を続けられるよう、より高いレベルの目標を更新し続ける。

10 自分が学んだことを人に教える。

この、漸進的マスター法の10原則は、アンダース・エリクソンが考案した**計画的練習**にアレンジを加えたものだ。漸進的マスター法も、計画的練習も、コーチを雇うこと、自分にコンフォートゾーンを超えたハードルを課すこと、成功とはどうあるべきかというイメージをつくり上げること、上達を追跡すること、弱点を修正することが共通点だ。

では何が違うかというと、漸進的マスター法は、**感情、人づき合い、人に教えることに重点を置いている**点だ。言い換えれば、習得過程に感情を結びつける、他者への指導や他者との競争を通して自分の能力を高める、教えることの大きな力を活用して自分自身の技をより深く理解する、ということを、規律をもって、戦略的に行うのが特徴なのだ。こちらのほうが、より人間的、社会的で、楽しいスキルの習得法でもある。

では、これらの原則に従うと、いかにして単なる反復練習よりずっと早く上達するのか、水泳の練習を例に取って見ていこう。時折プールに飛び込んでうまくなろうとする代わりに、こうしてみたらどうなるだろう？

1　自由形の選手としてのスキルを伸ばしたい（背泳ぎや、平泳ぎ、バタフライには中途半端に手を出さない）と的を絞る。

2　入水、1周の泳ぎ、ターン、ラスト10メートルをいかに速く、効率的に泳ぐか、目標を設定する。

3　各目標については、事前にあなたのパフォーマンスを気にかけてくれる人に相談する。毎回練習を始める前に、上達が自分にとってそれほど大事な理由を自問する。たとえば、身体を鍛えたい、大会で優勝したい、周回遅れの親友を何度か追い越したいなど。

4 成功するための重要要素は、水中で腰をうまく使うこと、大きな弱点は、最後まで持久力が持たないことだと特定する。

5 毎晩、完璧なレースを思い描き、どのように水の中を進み、どのようにターンのキックをし、疲れを乗り越え、最後の数ストロークでラストスパートをかけるかイメージする。

6 熟練コーチをつけて、定期的にフィードバックをもらい、目標を徐々に上げていくような練習メニューを設計してもらう。

7 泳ぐたびに自分の上達を測って日誌に記録し、それを見直して、自分のパフォーマンスについての洞察を引き出す。

8 一緒に泳ぐのを心から楽しめる人たちと常に一緒に練習し、自分より優れた選手と競うために大会に出場する。

9 毎回泳ぐたびに、次のセッションに向けてより高い目標を設定する。

10 週に1度、チームの他のスイマーの公式指導に当たったり、地元の水泳教室で教えたりする。

このアプローチなら、ただプールに飛び込んで上達を目指すよりもずっと良い結果につながることがわかると思う。プールに入っている時間がまったく同じでも、このやり方に従ったほうが、何も考えずに反復するよりはるかに効率が良い。

これは、私が一流講演家になると決めたときに自分自身のために編み出したアプローチだ。さて、**ただ講演の回数を積んで上達を祈るべきか、それとも本当の気持ちを入れ込み、卓越性をもって学習すべきかと考えた。**結果、漸進的マスター法に専念することを選んだことは、私の人生で最も優れた決断の一つとなった。

私は、シンプルに前述の10原則に従った。この中で私にとって、最大の効果を発揮した原則は、2と3と10だ。

私は、講演の回数を積むごとに、メモの量を減らしていくことを目標にした。たとえば、初めて大学で講演をしたときは、すべての内容を原稿に書いて、基本、それを棒読みするかたちだった。2度目の講演では、メモを紙1枚に収めた。次は、半ページほどの箇条書きにし、それをさらに、5項目に絞った。そして、5つの単語だけをカードに書いておくだけにした。大学を卒業する頃は、まったくメモを使わずにプレゼンができるようになっていた。これが第2項目「少しずつ高めの目標を設定しながら、スキルを習得していく」を私なりに実践したかたちだ。

これはけっして私の秀でた能力を意味するものではない。初めてお金をもらって講演を――人間関係について、大学のある女子社交クラブで――したときは、登壇直前に緊張で吐いてしまった。でもあれは、それだけ自分のパフォーマンスを気にかけていたからこそだと言える。つまり、第3項に従い、自分の歩みと結果に「深い感情と意味」を結びつけていたのである。そして失敗したときは、落胆せずに、やる気を起こすこと、自分に腹を立てることを許した。私の言葉で人びとを鼓舞するためにはこのスキルアップがいかに重要かを自分に言い聞かせ続けた。また、マーティン・ルーサー・キング・ジュニア、ジョン・F・ケネディ、ウィンストン・チャーチルといった偉大な演説家たちの演説を見たり、史上最も偉大だと言われている演説の書き起こしを何百本も読んだりした。

第10項の「自分が学んだことを人に教える」も、私の上達に大きく影響した要因だ。

大学院で、スピーチの授業を2学期間にわたって教える機会に恵まれたのだが、今思えば、何もわかっていない教師だった。しかし、学生たちのコミュニケーション力を向上させる仕事に、日々、熱心に向き合った。そうやって、自分が学んだことを彼らと分かち合っているつもりだった。でも実は、私が学生たちに教えた以上に、こちらが彼らから教わっていたのだ。人に教えていると、教えられる側の苦しみを感じたり、彼らの躍進の機会を喜ぶ体験ができる。学生たちを観察することで、異なる立場をいわば**擬似体験**することができ、それが自分自身のスキルアップにつながった。

10段階の漸進的マスター法を習慣化したことで、私のすべてが変わった。人前で話すことが怖かった青年から、たった数年で、メモも見ずに聴衆を前にして話す、自信あふれる演説家になることができた。今では、4~5日間のセミナーで何千人もの参加者に、多くの場合私1人で、1日8~10時間ぶっ続けで教えている。また、何万人もの聴衆で埋め尽くされたアリーナで、何十もの分野の大物、リーダー、著名人の多くとステージを共にする機会に恵まれてきた。かつてはカメラの前に立つのがどうにも苦手な私だったが、その後、何十ものオンライン講座と幾多の動画撮影で、あの黒いレンズに、躊躇なく、繰り返し向かってきた。私が望む場所への道のりはいまだ遠く、学ぶべきことがたくさんあるし、目標に及ばない部分をすべて厳しく見直す必要がある。それでも、常に新たなレベルに挑戦していくこのプロセスが大好きなのだ。

漸進的マスター法のおかげで、もう怖くはないし、アマチュアでもない。もし、規律あるアプローチなしのベタな努力で、スピーチの上達を「図って」いたら、これほど卓越することはなく、これほど多くの人びとに影響を与えることもなかっただろう。

私は、漸進的マスター法のテクニックを使って、オリンピック選手のタイムを向上させ、ＮＢＡのスター選手がもっとジャンプシュートを打てるようにし、ＣＥＯがより良い戦略を立てられるようにし、子を持つ親がもっと効率的なスケジュールを立てられるようにしてきた。人生で、漸進的マスター法の実践によって改善できないことはないのだ。

もちろん、新しく学ぶスキルのすべてに、このような戦略的で規律あるアプローチを適用する必要はない。あなたの必要とするフィードバックを与えてくれるコーチやメンターを見つけるのが難しい場合もあるし、自分の学びを人に教える機会が限られている場合もあるだろう。自分をコンフォートゾーンから追い出し、向上させるために懸命な努力を続けるのは、時として難しい。

でももし……もし、次のスキル習得の取り組みに、もっとよく考えられたシステムを取り入れたなら？　あなたの主な関心分野で世界的レベルに達することができたなら？　腕を磨いて、量産すべき良質なアウトプットを生み出せたなら？　高い技量で5つの段取りをより速いスピードで完遂できたなら？　もし今日、この場で、一段上の推進力と卓越性を追求すると決心したならどうなるだろう？

ACTION 3 のまとめ

「重要スキルを究める」マイノート

1　より自信と自己効力感を得るために身につけたい3つのスキルは……

2　それらのスキルを上達させるための大まかなステップは……

3　それらのスキルについて相談したいコーチやメンターは……

人生は一度きり

人生は短い。成功するために私たちに与えられた時間は限られている。だからこそ、意識を集中させる必要があるのだ。魂をワクワクさせないアウトプットを生み出すのはやめよう。誇りに思えないこと、世の中に影響を与えないことを、きちんと、あるいは効率的にやろうとするのも避けよう。人生の現段階で、自分にとって本当に重要なアウトプットは何かを見極め、大きな夢を達成するための５つの段取りを描き、スキルを磨きながら、夢を実現させよう。そうなると、世界はあなたのものだ。

2 5つの段取りを計画する

「この目標をかなえるための取り組みを5つの大きな段取りに分けるとしたら、それは何か？」と自問する。大きな段取りとは、活動のかたまり、つまりプロジェクト、と考えればいい。各段取りの、成果物、締め切り、タスクを明確にしたら、スケジュールに落とし込む。大部分の時間をその活動に専念するために使うようにする。

3 最重要スキルを究める（漸新的マスター法）

なりたい自分に成長するために今後3年間で身につける必要のある5大スキルを特定する。漸進的マスター法の10原則を実践し、そのスキル習得に、執拗なまでに集中する。最も重要なのは、将来の成功に不可欠なスキルを常に伸ばしていくことだ。

成功し続ける人の習慣 4 まとめ

生産性を高める

1 重要なアウトプットを増やす

自身の成功、差別化、専門分野や業界への貢献に最も影響を及ぼすアウトプットを特定する。そこに注力し、それらのアウトプットを高品質で量産しよう。ほぼすべての他のことには手を出さないようにする。「常に重要なことのみを重要視することが重要だ」という言葉を思い出そう。

第5章

成功し続ける人の習慣 5

他者への影響力を高める：説得力・社交スキル

DEVELOP INFLUENCE

- 人に見方・考え方を教える
- 人を挑発して成長を促す
- 模範を示す

このCEOは危機に直面していた。

ファンの世界的アパレル企業は、7四半期連続で業績が低迷している。10年間好調を維持していた後に売上げが続落したので、アナリストたちは、ファンのリーダーシップとブランドの存在意義の双方を疑問視し始めていた。

私は、その程度の情報しか持たずに、8月のある暑い午後、彼の社用ジェット機に乗り込んだ。私の旧友であるアーロンが同社のCFOを務めており、私に、彼らと一緒に国を横断するフライトに乗り込んで、意見を聞かせてほしいと依頼してきたのだった。ファンとアーロンが、世界各地の幹部40人が集まる全社会議に向かうフライトだ。

軽い社交辞令を交わした後、私はファンに、会社の問題の中核は何だと思うかと訊いた。

「彼女だよ」彼は、ファッション雑誌のあるページを指差して言う。その女性の写真が1ページ全面を占めていた。「ダニエラ。彼女が元凶なんだ」

ダニエラは、同社が新しく迎えたチーフデザイナーだ。彼女は別の高級ブランドの新進気鋭のデザイナーとしてメディアの注目を浴びていたところ、ファンの会社に引き抜かれた。だがファンによると、着任して数カ月も経たないうちに、2人は衝突するようになった。ファンは、これまでの中心的なデザインと定番商品を継続させたい。それに対しダニエラは、ブランドを未来へと押し進めるべく、シーズンごとにもっとエッジーなデザインを取り入れたい。結果、社内がファン派とダニエラ派の真っ二つに分かれてしまった。新しい商品ラインが会社全体の支持を得ていない状況の中、内紛と非難が社内のあちこちで起こるようになった。プロジェクトは停滞。マーケティングは失敗。収益は低落した。

それを説明するファンの口調からは、ダニエラを蔑んでいることがひしひしと伝わってきた。「彼女はあなたの年代だから、扱い方を教えてもらえないかね」と私に言うときの口調にも人を見下した態度が見え隠れしている。

「それは年齢の問題ではないですね」私は冷静に答えた。「影響力の使い方の問題です。その基本を如実に示す言葉があります。伝説的なバスケットボールのコーチ、ジョン・ウッデンが『物は扱っていいが、人とは協力し合うこと』と言いました」

ファンは、この言葉には馬耳東風で、ダニエラの社内での影響力を最小化するにはどうすべきかという話を始めた。彼女の好きにさせないように、予算を削り、チームメンバーを入れ替えたい。ファン自身がやりたいことに特化した事業部門を立ち上げたい。ダニエラの商品を見るバイヤーの数を制限したい。そうした作戦を20分ほどかけて説明してもなおファンの鼻息は収まらず、しまいには「他にどんなことができるかねぇ?」と私に訊いてきた。

私はこのような立場に置かれるのを好まないが、こういうことはままある。業績不振を部下のせいにし、社内政治と個人への嫌がらせで人をコントロールしようとするリーダーがいるのだ。私はこのようなたくらみには関心がない。もし高度4万フィートの機内で身動きできない状態でなければ、その場を去っていただろう。

少しも共感できない私に気づいたアーロンが切り出した。

「ブレンドン、今日君を連れてきたのは、ファンに君の見解を聞かせてもらうためだよ。ファンは威勢のいいことを言ってるが、社内抗争は、君が関知すべきところじゃないとわかっていて、君のコーチングに耳を傾ける気はあるから大丈夫だ。ストレートに言ってやってくれ」彼はファンの顔を見て同意を求めた。

ファンも言った。「遠慮は無用だ」

私は「アーロン、ありがとう」と言ってから続けた。

「そしてフアン、この件についてはずいぶんと強硬な見解をお持ちなんですね。でも、あなたが最終的にどうしたいのかとか、ダニエラがどう考えているのかを知らずに、フィードバックを差し上げるのは難しいんです。あなたは、ダニエラと徹底抗戦して、彼女を辞めさせ、メディアを騒がせて、あなたのブランドに永遠に傷をつけるつもりなのかなあ……というように見えるんですが、間違ってますか？」

アーロンが驚いて座り直し、気まずそうに笑う。フアンは表情ひとつ変えずに「別にそんなつもりじゃないよ」と答えた。

私はアーロンに合わせて笑った。

「じゃあ、彼女を辞職に追い込もうというわけではないんですね？」

「それはない。彼女が辞めたら、チームの半分がついて行っちゃうだろうからね」

「なるほど。じゃあ、あなたは何を望んでるんですか？」

「もう少しお手柔らかに願いたいんだよ」

「それは、あなたに賛成し、あなたの計画を実行してほしいという意味ですか？」

フアンは一瞬考え、肩をすくめて言った。

「それって、そんなに問題かね？」

そこにはうぬぼれが垣間見えた。

私は彼が本気で言っているのか確かめようとしたが、どうやら本気らしかった。この男は、古い指示命令型のリーダーシップから抜け出せていないのだ。私はこう答えた。

「ダニエラにとっては、たしかに良くないことでしょう。私は彼女を知りませんが、自分のことしか考えられない上司に就くのは誰だって嫌です。ダニエラが目指すべき唯一の目標が、あなたに合わせることだとしたら、彼女にとっていいことは何もない。あなたは彼女のベネフィットは何も望んでいないんですか？　そもそも、どうして彼女を雇ったのですか？　彼女は、あなたが評価するような資質やビジョンを持っていたんじゃなかったのですか？　彼女にこの仕事を引き受けさせるために、あなたは何を約束しましたか？」

フアンは、長いあいだ忘れていた記憶をたどるかのように、これらの質問と格闘していた。人は闘いに夢中になると、もともと自分が何の約束を破ったせいで相手から攻撃を受けたのか、忘れることがよくある。

フアンは、ダニエラを雇った理由を詳しく話し出した。彼女がいいアーティストで、人と接するのも得意という、珍しい組み合わせを兼ね備えていたからだと言う。

「それで彼女に、うちのブランドで成長できるような基盤を約束したんだ。彼女にはもちろん成功してほしかったし、その機会を与えたいと思った。だけど彼女はそれをいいように利用して、私じゃなく、彼女自身のビジョンを会社の中心に据えようとし始めたんだ」

そこでアーロンが口を挟んだ。

「てなわけで、にっちもさっちもいかない状態なんだ」

私は言った。

「いや誰もそんなふうにはなってない。彼らには、見えてないことがあるだけだ」

フアンが訊いてきた。

「われわれに見えてないものとは？　ダニエラが望むことは、皆わかってるが」

「それは何ですか？」

「会社を乗っ取ることだよ」

「本当にそうでしょうか？」

「本人がそう言ったわけじゃないが、絶対そういうことだと思う」

「まあ、この件の全貌を知らない私に、あなたの憶測を疑うことはできないし、ここにいない彼女に訊くこともできません。とりあえず、あなたの言うことが正しいと仮定しましょう。これであなたの視点がわかり、彼女の視点もわかったと仮定すれば、見えていないのは、影響力というものがどのように発動するかだと思いますね」

「どうやって発動するんだ？」アーロンが訊いてきた。

「相手の意欲を駆り立てることです。人に影響を与える唯一の方法は、まずその相手とつきあい、相手がより良い視点を持ち、より良い行いをし、より多く与えるよう、意欲を駆り立てることです。まず相手とつき合うには、非難するのではなく、頼むこと、訊くことが有効。そして、意欲を駆り立てるには、相手の見方・考え方を形成し、向上を促すことで実現します。私が問題だと思うのは、あなたが、ダニエラの野心をわかっていながら、その実現を手伝う代わりに阻止していることです」

ファンは驚いて首を横に振りながら、テーブルにもたれかかった。

「冗談はやめてくださいよ。彼女に会社を渡せというんですか？」

「それはまったく違います。相手を弱体化させたり、野心を削いだりすることで、有益な影響は与えられないと言ってるだけです。人は、より大きく考えることをサポートし、成長させてくれるリーダーとしか働きたがらない。ダニエラに影響を与えたいのであれば、あなたは、彼女と改めて心を通わせ、彼女がさらに大きく考えることを手伝って、驚かせてあげましょう。そしてさらなるサプライズとして、一緒に野心を満たそうと彼女を駆り立てることです。彼女の野心は、会社を乗っ取ることじゃないかもしれませんよ。彼女はあなたが恐れるほどそれを望んでいないような気がします。いずれにしても、あなたがた2人は、一緒に目指すべき新たな野心を必要としています。共通の新たな野心を持たなければ、これまでどおりの問題が続きます」

ファンはまた首を振る。

「どういうことかな？　会社の新しいビジョンが必要ってことですか？」

「違います。あなた個人が、ダニエラに影響を与えるための新しいビジョンを必要としているんです。あなたがダニエラにうまく影響を与えられれば、彼女はあなたのチームに加わり、あなたは大きなことを成し遂げられます。もしそれができなければ、さっきおっしゃったように、あなたのチームは彼女について行ってしまうでしょう」

「じゃあ、どうしろって言うんです?」

ファンの苛立ちが見て取れたので、さらに指示した。

「今言ったばかりですよね。彼女がより大きく考えることを手伝ってください。何かすばらしいことを一緒にやろうと駆り立てましょう」

彼は腕を組んで言った。「わからないな」

私も腕組みして言った。

「いや、あなたはわからないんじゃなく、賛同できないだけですよね。私が提案しているのは簡単なことです。あなたが彼女に対してすべきなのは、今私があなたにしていることです。私は今、あなたに見方・考え方を変えてくださいと頼み、彼女への接し方を変えるよう促していますよね。そして、彼女のことを、再び、コラボレーターと見なしましょう。彼女が自分の役割や、チームや会社について、より大きな考えを持てるよう手助けするんです。それによって、あなたの影響力が増します。彼女の好きなことで、今よりさらに飛躍するよう鼓舞してあげることで、あなたの影響力が増す。彼女を阻止するのではなく、挑戦のハードルを上げてあげることで、あなたの影響力が増すのです。今のあなたと彼女には、それが欠けているように思います」

「わかった。だけど、それで何になるんですか？　私が一生懸命影響力をつけたところで何ができると？」

私はリスクをとって、自分自身の経験則に従うことにした。すべてのリーダーが共通して好きなことの1つが、挑戦だというのを私は知っていた。そして心の奥底では、模範になりたいと思っている。だから率直に言った。

「ファン、あなたが影響力を高めれば、彼女やチームにとって、前より良いリーダーになれるんです」

彼は、イスに深く座り直し、腕組みを解いた。

そして会ってから初めて、笑顔を見せ、同意してくれた。

ファンとこのやり取りをした後、私はノートを取り出して、影響力のモデル図を描いた。

本章では、それを学んでもらう。ファンの事例がどうなったかは、このモデルを知ってもらった後に話そう。他者への影響力を高めるための新しい習慣を設けるだけで、すべてが一変することがあるのだ。

だが、影響力とはいったい何か？　その核心に迫るために、私たちは、影響力を測定するアンケートで以下のような記述がどのくらい当てはまるかを訊いて、自己採点してもらった。

- 私は人びとの信頼を勝ち取り、絆を築くのが得意だ。
- 私は、自分の目標を達成するために必要な影響力を持っている。
- 私は人を説得して思いどおりに動いてもらうのが得意だ。

また、このような逆転項目も設けた。

- 私はよく不適切な発言をして、人間関係を損なう。
- 人に私の言うことを聞いてもらったり、私の頼みを聞いてもらったりするのに苦労している。
- 他人に共感することがあまりない。

ご想像のとおり、前半の記述がよく当てはまり、後半の記述がまったく当てはまらない人ほど、影響力スコアも、総合的なハイパフォーマンス・スコアも高い。

では、影響力スコアとHPIに最大の影響を及ぼす要因は何だろう？

先に、影響しない要素から見ていこう。まず、気前が良い＝影響力が高い、という関係性はなさそうである。気前のいい人ほど影響力スコアが高そうだと皆思いがちだが、実はそうではないのだ。たとえば、「私は、同輩に比べて気前がいい」という記述がよく当てはまると答えた人が高い影響力を持っていると答える確率は、高くなかった。なんだか残念だが、そう言われてみれば、人に与えまくっているのに、たくさんの人の支持・支援を取りつけられない人というのを、誰でも知っているだろう。気前の良さは必ずしも影響力にはつながらないのだ。

一方、影響力は、自分が世の中に変化をもたらしているという自負と、強い相関関係にある。**つまり、影響力の高さにつながるのは、自分は人より気前がいいという自認ではなく、自分の努力が役に立っているという自認**なのである。コーチングセッションでも明らかになっているが、自分はしょっちゅう人に与えているつもりなのに、変化をもたらしていないとか、見返りが得られないという人は、自分が正しく評価されていないだとか、不満足、そして自分には実質的な社会的影響力がないと感じている可能性が高い。

また創造性も、影響力と強い相関を持たない。私たちは、創造性だとか、個人がクリエイティブな作品やアートを発表することがやけに重んじられる文化の中で生きている。しかし私たちのアンケート調査では、クリエイティブだと自認している人＝人より影響力が高いと自認している人、という相関関係は特に見られなかった。クリエイティブな才能に、対人スキルがついてくるとは限らないのだ。

重要なのは、他のＨＰＩのカテゴリー同様、**自分自身が人からどう認識されている**

かである。自分は仲間から成功しているハイパフォーマーと見なされていると思えるなら、当然自分でも人より影響力があると思うようになる。だが、影響力は、評価や認識だけの問題ではない。影響力が高いほど、より良い人生が送れるというのは、周知の事実で、大勢のクライアントからいつも聞かされている。あなたの影響力が高いほど、子どもたちはよく言うことを聞く。争いを速やかに解決できる。自分が推しているプロジェクトが通る。自分のアイデアがより多くの賛同を得る。より多くの売上げをあげられる。リーダーシップも向上する。CEOや経営幹部になったり、自営業で成功したりする可能性が高まる。自信が増して、パフォーマンスも向上する。

ところが、そのチャンスを自分で台無しにしてしまう人がとても多いのだ。彼らは「でも自分は外向的じゃないので影響力なんか持てない」とか「対人関係が苦手」とか「人を説き伏せるなんて好きじゃない」などと言う。こういう人たちはなぜか、影響力には性格が関係すると信じ込んでいるようだが、それは間違いだ。**社会的スキルに関するある包括的なメタ分析で、性格は「政治的スキル」とは相関しないことがわかっている。**政治的スキルとは、研究者らがよく使う用語で、影響力、あるいは、他者を理解し、目的に向かって行動させる能力を指す。このスキルが高いと、タスクをやり遂げる能力や、きっとうまくできるという自分に対する信頼感（自己効力感）、また人からいかに肯定的に見られているかという自己認識も高い。またそういう人は、ストレスレベルが低く、出世してキャリア全般で成功する確率が高い。そして何より、政治的スキルを持っていると、人としての評判が高まり、他者への影響力がさらに高まるのである。

こうしたキャリア上の効果に加えて、人生全般の幸福度がアップすることも証明されているとなれば、人生で身につけるべき主要なスキルの一つが影響力だと私がよく言うのも納得してもらえるだろう。

影響力を持つ

本書の成功し続けるための習慣は、「影響力」以外は、ほとんどが自分で直接コントロールできるものだ。「すべてを明確にする」は自分の意志でできるし、心身の「エネルギー」レベルも、おおよそ自分で管理できる。「生産性」のアウトプットをどれだけ量産できるかも、自分次第だ。

しかし「影響力」はどうだろう？

このテーマを幅広い観点で検討するために、少なくともここから数ページにわたっては、「影響力を持つ」とは、**他者の信念や行動を自分の思いどおりに形成する能力**と定義したい。つまり、人にあなたやあなたの考えを信じさせたり、あなたから買わせたり、あなたを模範としたり、あなたの要求に応じた行動をとらせたりできることを指す。

もちろん、影響力は双方向に働くものだが、あなたが他人にどう認識されるか、ひいては、あなたが彼らにどれだけ影響を及ぼすかは、かなり自分でコントロールできるということが、研究でどんどんわかってきている。実は、たとえどのような性格でも、あなたが想像している以上に、世の中への影響力を高めることが可能なのだ。

訊く（依頼／質問）

仕事でも私生活でも、人が影響力の向上に苦労する理由の1つは、**自分の望むことを人に頼んでいないだけ**だったりする。

頼まない理由は、自分にかかわり、自分を助けようとする他人の意志を過小評価しているのである。だが実は、**他人が頼みを聞いてくれる確率は、当事者が思っている3倍以上である**ことが、複数の再現研究で明らかになっている。つまり私たちは、他人が自分の頼みに応じてくれるかどうかを正しく予測できないのである。

人が依頼を躊躇するもう1つの理由は、頼んだりしたら相手にどうこう思われるのでは、という考えだ。だがこの予想も、ひどくあてにならないことがわかっている。皆、自分が人から批評される度合いと頻度を過大評価していることが研究で示されているのだ。

あなたが同僚に対して影響力を持っているかどうかは、何かを頼んでみるまでわからない。それは、相手がパートナーでも、近所の人でも、上司であっても同じだ。「訊いてみなければわからない」とはよく言ったものである。「求めよ、されば与えられん」という聖書の言葉もある。人にたくさん頼みごとをすることに慣れ、頼み上手になる（それには練習を積むしかない）のも、他者への影響力を高める一環である。多くの人が影響力を持つことを夢見るが、頼むという、影響力を得るための最も基本的な手段を使いこなしていないのだ。

パフォーマンスが低い人たちは、常に頼むことを避ける。彼らは、批判や拒絶を恐れるあまり、率直に発言したり、助けを求めたり、先頭に立ったりできないでいるのだが、悲しいかな、そうした恐れは間違っているのだ。

私は、このキャリアに就いてからずっと、メディアに出ている人たちにアドバイスする機会に恵まれてきたが、彼らも、頼みごとに関し、驚くほど神経質だ。長年スポットライトを浴び続けていたせいか、世間体を恐れて判断力が鈍ってしまうことが多い。そして、番組や舞台を降板したり、副業でビジネス取引をしたりするとき、自分が本当に望んでいることを言えずに悩むのだ。そんなとき、私はよく、厳しい態度をとる。

「人からどう思われているか気になるのはわかります。でも、誰もあなたに言及していないならば……いいですか？　ほとんどの人は、あなたのことなんかまったく考えていないんです。そしてたとえあなたが彼らに面と向かって何かを頼み、断られたとしても、数分も経てば、あなたのことなど忘れてしまうでしょう。人は、あなたのことを余念もなくジャッジしているわけではなく、自分自身の生活で精いっぱいなんです。だからさっさとお願いしてみましょう。さもないと、あなたの夢は、本当は存在しないであろう批評のために脇に置かれたままになります」

私はこんな研究結果も紹介している。**あなたの頼みに応じてくれた人は、その手伝いをした後、あなたのことをさらに好きになる傾向があるのだ**。人は、嫌々ながら手伝ったりはしない。もし嫌なら断るだろう。直感に反するかもしれないが、もし人からもっと好かれたければ、相手に頼んでみよう。

最後になるが、あなたが望むものを人に頼むときは、一回こっきりでやめないようにしよう。ある研究によると、影響力を持つ人は、繰り返しの力を理解しているので、感化しようとしている相手に自分の考えを伝えようと、何度も試みるようだ。**頼みごとによって、自分の考えを共有すればするほど、人びとがあなたの要求に慣れ親しみ、あなたの考えを気に入ってくれるようになる。**

「訊く」というのは、自分がしてほしいことを要求するという意味だけではない。自分の部下たちへの影響力を高めたれば、彼らが何を考え、何を感じ、何を望み、必要とし、志しているのかを引き出すような質問をたくさんするようにしよう。**偉大なリーダーはたくさん質問する。**これは覚えておこう。**人は、自分自身が手掛けたものを支持する。**たとえば、アイデアを募集すると、案を出した人はそのプロジェクトに対し当事者意識を持つ。自分が創出過程に参加して決まったアイデアを後押しする。自分たちは、歯車や駒ではなく、プロセスの一部だと感じてくれるのだ。周囲に質問を投げかけ、今後の道筋をブレインストーミングさせるリーダーは、自分の要求や要望を人に押し付ける「独裁者」タイプのリーダーよりも、高い成果をあげることは、誰もが認めるところである。

この原理は、恋愛関係や夫婦関係、子育て、地域活動にも当てはまる。相手が何を望み、どのように協力し合い、どのような結果や効果を重視しているのか、訊いてみよう。すると一気に相手のエンゲージメントが高まり、あなたの影響力も増す。影響力を高めたければ、どんどん訊くことだ。

与えよ、されば与えられん

依頼するときも、質問するときも、忘れてはならないのが、与えることだ。**どんな活動分野においても、見返りを求めずに他者に与えることが、全般的な成功を助ける。**もちろんそれによって、あなたの要望がかなう確率が上がる。先に与えてから何かを頼むと、他者への影響力が、そうでない場合と比較して倍増することもある、という研究結果はかなり以前から知られている。

ハイパフォーマーは、与えるマインドセットを持っている。どんなときでも、どうやって他者を助けられるかを考えてさまざまな状況に臨み、人びとが直面する問題を注意深く考慮し、提案や、リソース、人脈を提供する。人に促されてそうしているのではない。職場の会議でも、誰かの家を訪問したときでも、常に自分から、他者に何かを与えようとして動く。

組織の中で上から下に与えることのできる最大のものは、多くの場合、信頼や、自律性、意思決定権だ。研究者らはこのことを、「オーナーシップ」を与える、と表現する。これは、どんな仕事にどのように取り組むべきかを部下自らで選択できる権限を指す。

ハイパフォーマー未満のデキる人はよく、「与え疲れ」――すなわち、与えるばかりでストレスや疲弊が生じること――を心配する。しかし、そうはならない。燃え尽きは、エネルギー管理がうまく行っていないことや、明確性の欠如によって起きる問題であって、与えすぎでは起きない。

以上のように、与える姿勢というのはすばらしいが、実際、自らをどう役立てるかという視点で状況をとらえる人はなかなかいない。それは、大半の人の人間性がなっていないからではなく、おそらく、自分が燃え尽きの一歩手前だから怖いのだと思う。自分が疲れていたり、ストレスを抱えていたりすれば、人に与える余裕はない。そこで、「エネルギー」や「生産性」に関する習慣をマスターすることが重要になるのだ。これらの項目で高得点を取る人は、より大きな影響力を持つ傾向がある。たしかに理にかなっている。エネルギーが高く、目標達成に向かって着々と前進している人は、他者を助けたい気持ちが概して高いというわけだ。

人を評価・称賛・応援する

米国心理学会の「Work and Well-Being Survey（仕事と心身の健康調査）２０１６年版」によると、アメリカで雇用されている成人の中で、雇用主から評価され、自分の努力が十分に報われ認められていると感じている人は、全体の約半数しかいない。**従業員の大半（68パーセント）が自分の仕事には満足しているが、半数が、意思決定や、問題解決、目標設定に十分に関与できていないと感じており、そうした活動に常にかかわっている人は、全体の46パーセントにすぎない。**

報われない、認められない、関与していないと感じている社員が半分もいる会社がいったいどんな状態か想像してみよう。モチベーション、士気、パフォーマンスが低く、離職率は高く、給水機前での愚痴や、会議での抵抗は多いはずだ。

だが朗報なのは、その状況を変えるのは簡単だということ。**あなたが影響を与えたいと思っている人たちに対し、誠実な感謝の気持ちを示せばいい**のだ。多くの人が、蚊帳の外に置かれている、認められていない、過小評価されていると感じているので、あなたがその人に直接、心からの賞賛や、敬意、感謝の意を伝えれば、あなたの存在が際立つ。ともかく人に感謝すること。感謝を伝えるだけで、その相手がまたあなたを手伝ってくれる確率が2倍以上になるのだ。会議で謝意を表明したり、礼状を書いたり、部下の望ましい行動への言及にもっと時間を費やしたりしよう。人のことを最も評価する人は、自身が最も評価される。

人びとを評価することは、他者への影響力を高めるための一歩だ。次は、**彼らを応援してやる**ことだ。部下が情熱を持って取り組んでいることを探って、良いアイデアを応援する。良い仕事をしたら一緒に喜び、人前で称賛する。あなたがその人たちを本当に支持していることの究極のあかしとなるのは、彼らを信頼し、重要な決定を下す自律性を与え、うまくやったら人前で褒めることだ。それでこそ、人は自分が本当に応援されているとわかる。

こうしたことは、基本的すぎるように聞こえるかもしれない。しかし、私がこれまでコーチングをしてきたリーダーの誰もが口を揃えて、自分の至らなさを認めていた。自分は、部下にもっと感謝を伝え、もっと信頼、自律性、賞賛を与えなくてはと。実際は、私自身も含め、そうしたことに誰よりも世界一気を配っている人たちなのに、不十分だと言っているのだ。したがって、あなたをはじめとし、誰でも他者への影響力を高める余地はかなり大きいと言える。
以上は、影響力を得るための、手の届きやすいアイデアだ。
次は、より高度な戦略に焦点を当てる。

変化をもたらす者

あなたが人生で最も感化を受けた人を2人挙げてみよう。その2人のことを今一度考え、次の質問に答えてほしい。

- 2人のどういうところが、あなたにそれほどまでの影響を与えたのか？
- それぞれがあなたにもたらした最大の人生の教訓は？
- あなたが彼らに触発されて自分の人生に取り入れた価値観や特性は？

私はこの3つの質問を、世界中の聴衆に投げかけてきた。それに対し、各々が、家族や、学校の先生、親しい友達、初めての就職先の上司、メンターなどの名前を挙げる。誰がどんな人を、最も影響力の強い人物として挙げるかは、まったく推測できないが、これまでの経験で、その人たちの影響が最も強いと言う理由は予測できるようになった。

一般的に、人を感化する人たちは、いくつかの共通項を持つ。彼らは、意図的にせよ、無自覚にせよ、次の3つのモデリング行動の1~2つを行って、人に影響を与えているのだ。

第1に、彼らは**人の見方・考え方を形成**している。事例や、教訓や、言動を示すことで、人を啓発し、自己や他者、世界についての見方・考え方を変えるのだ。

第2に、彼らは**何らかのかたちで人びとを挑発**している。やっていることにダメ出ししたり、私生活や、人間関係、社会貢献での向上意欲をかき立てたりする。

第3に、彼らは**模範**となっている。人びとは、彼らの人柄、人とのかかわり方、人生の課題にどう向き合ってきたかなどを見て触発される。

ではもう一度、あなたが最も感化を受けた2人のことを考えてほしい。あなたが彼らから影響を受けた理由を、上に挙げた3つのモデリング行動の1つ以上が説明していないだろうか？　もしあなたが、その人から立派な人間になることを学んだのだとしたら、それは、そのときはわかりにくかったかもしれないが、その人が、3つのモデリング行動のいくつかを行っていたからではないだろうか？

私はこの3つのモデリング行動を**「究極の影響力モデル」**と呼んでいる。私はCEOのクライアントたちに、このモデルを、全社会議で社員に向けてスピーチする際のアウトラインとして使うよう指導している。また、夫婦がティーンエイジャーの子どもに影響を与える、軍人が、敵軍が地元の抵抗勢力を感化する方法を理解する、起業家が、セールス・プレゼンテーションやマーケティング資料を構成する、といったケースでも、このモデルは役立っている。

本章の残りのセクションでは、このモデルを使った、3つの新しい行動を伝授する。また、私を感化した人びとが、これらの習慣でどのように私の人生を形成したかも共有する。

究極の影響力モデル

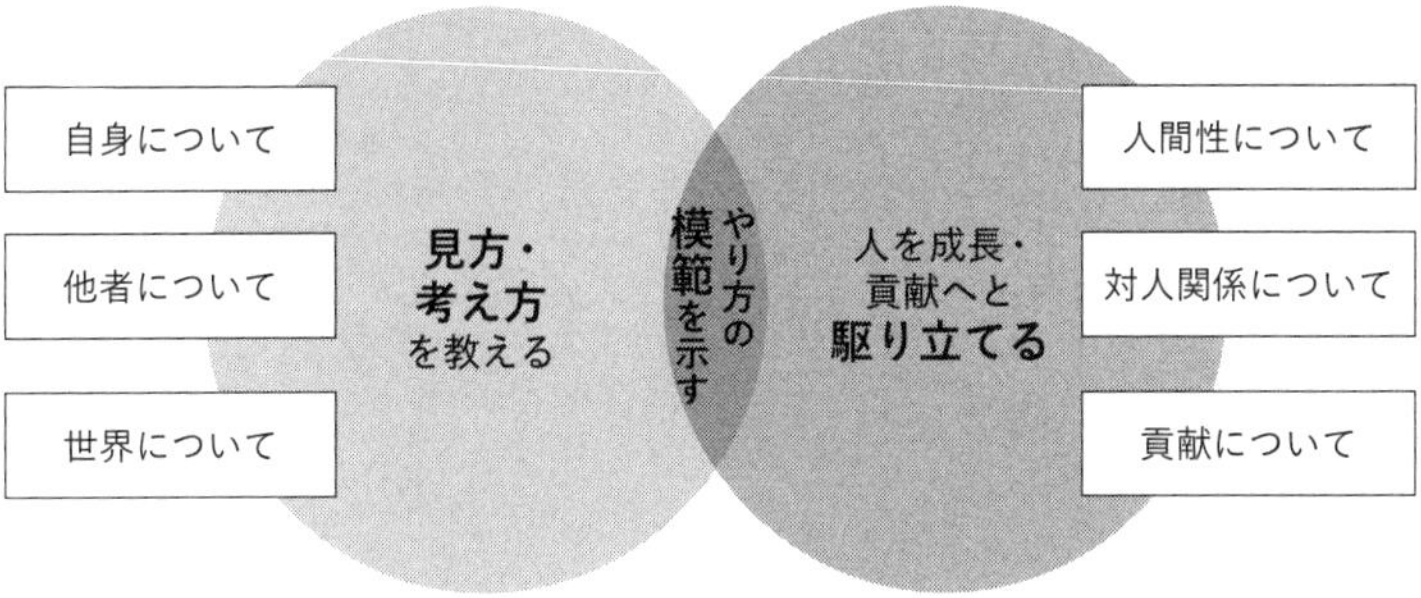

The Ultimate Influence Model© 2007, Brendon Burchard.「ハイパフォーマンス・マスターズ・プログラム」というオンライン講座の教材で使ったもの。ジャーナリングに活用する思考図のダウンロードは、HighPerformanceHabits.com/tools で。

私の願いは、いつか、あなたの名前が、誰かの、最も感化を受けた人リストに加えられることだ。それこそが、私たちが目指すべき、究極の影響力である。

他者への影響力をつけるには、①自己や他者、世界についての見方・考え方を教える。②人間性、対人関係、貢献を向上させるよう促す。③相手に取り入れさせたい価値観の模範を示す。

ACTION 1

人に見方・考え方を教える

あなたには、抽象的な概念モデルの理解で終わってほしくないので、どうすれば人びとの人生に影響を与えられるようになるか、いくつかの日常的な具体例で説明したい。人に、見方・考え方を教えるというのは、誰もが実生活で知らず知らずのうちにやっていることだ。次のようなフレーズをあなたはこれまで何回言ったり言われたりしているだろう？

- 「こう考えてみよう……」
- 「～についてどう思う？」
- 「～してみたらどうだろう？」
- 「どんな考え方で～に臨むべきか？」
- 「注意を払うべきことは何か？」

あなたも、このうちのどれかを、最近誰かに言っているはずだ。そのときあなたは、相手からある考え方を引き出したり、思考を導いたりするつもりだったと思う。だが実は、それによって、おそらく自分でも気づかないうちに、あなたの、相手に対する影響力が増しているのだ。

私の目標は、あなたにそれをもっと意識してやってもらうことだ。それが習慣化された頃には、すっかり上達し、人への影響力が増した自分に気づくだろう。

仮に、あなたに8歳の子どもがいたとしよう。その子がキッチンのテーブルで宿題をしている最中にイライラして「宿題なんて大嫌い」と言う。さあ、あなたはどう反応するか？

こうしたことには、普遍的なルールも、「正しい」やり方、「間違った」やり方もないが、子どもに宿題をさせようとする代わりに、宿題に対する考え方を形成するように話したらどうだろう？

自分の子どもであれ、職場の仲間であれ、**人が文句を言っているときというのは、こちらがその人の見方・考え方を形成する、めったにない機会**なのだ。こんなとき、子どもに、あなたが子ども時代に宿題についてどう思っていたか、また、その考え方を変えるだけで成績が良くなり、その過程さえ楽しめるようになったことを話してあげたらどうだろう？　また、その子が宿題をやっている自分をどう思うか訊き出し、アイデンティティを再構築してあげたら、先生やクラスメートのことをどう見なすべきか教えてあげたら、物事をやり抜く人を世間がどう見なすかを話し合ったら、どんな変化が起きるだろうか？

私がリーダーにコーチングをするときに一貫して言っているのは、**部下たちが、自分自身や、競合他社、また市場全体をどうとらえ、考えるべきかを、常に教えるべし**ということだ。全員メールを送るたび、全社会議のたび、投資家向け説明会のたび、メディア出演のたびに、文字どおりに伝えるのだ。たとえば全社会議で「成功するつもりなら、自分たちのことをこう認識すべき」「競争するつもりなら競合他社のことをこうとらえるべき」「世界を変えるつもりなら、世界と未来についてこう考えるべき」というように。

ここで少し時間をとって、今度は、あなたが影響を与えたいと思う相手を思い浮かべてほしい。どうすればその人の見方・考え方を形成できるだろう？　まずは、自分がその人にどんな影響を与えたいのか特定しよう。あなたはその人にどんな行動をとってほしいのか？　そして、その人に会うまでに、以下の問いの答えを考えておこう。

- その人自身に自分をどう認識してほしいか？
- 他者をどう見なしてほしいか？
- 世界全体をどうとらえてほしいか？

覚えておこう。部下に教えたいのは、①その人自身、②他者、③世界全体（世界の仕組み、ニーズ、先行き、影響を与えられる行動）についての見方・考え方だ。

見方・考え方を学んだ私の体験

私自身も、人生で感化を受けた人や、自分自身や、他者、世界全体に対する認識を形成した人は誰かとインタビューでよく聞かれる。その答えを共有しよう。まずは、私の両親から。

私が両親から見方・考え方を教わった出来事は数えきれないほどある。私が5、6歳の頃、私たち家族はモンタナ州ビュートに住んでいた。ある冬、家のヒーターが壊れた。地域によっては、単に不便で済む話かもしれないが、冬の気温がしょっちゅう華氏20度（摂氏マイナス約7度）を下回るビュートでは、深刻な事態だ。問題は、うちにはヒーターを修理する金銭的余裕がなかったことだ。父も母も、私たち4人の子どもを世話するために懸命に働いていたが、給料ギリギリの暮らしをしていたので、父が次の給料をもらって修理代を払えるようになるまで、少なくとも1週間はかかりそうだった。

今思えば、親はもちろんのこと、私たち子どもにも、とんでもないストレスがかかりそうな状況だ。しかし、両親にはいろいろな問題に対処する才覚があり、2人とも、日々の生活に喜びをもたらす努力をしていた。母は、パニックにならず、ガレージでキャンプ用のテントを見つけてきてリビングに張り、中に、みんなの寝袋やコートや電気毛布を放り込んだ。そんな深刻な状況だとはつゆとも知らない私たち子どもは、普通にキャンプをしていると思っていた。学校に行って友達に「ゆうべどこに寝た？」と訊き、相手が寝室と答えると、うちはリビングでキャンプをしたんだと自慢して歩いた。**両親は、困難な状況を楽しさに変えてくれたのだ。**逆境を豊かな時間に変えるというのは、人生の最高芸術の一つであり、母と父はそれに長けていた。

両親は、子育てで直面したあらゆる困難をとおして、私たちに自立することを教えてくれた。つまり、どんな状況に置かれても精いっぱいの対処ができる人間だという自己認識を植えつけてくれたのだ。

母からはいつも、お前は賢くて愛されている子なんだから、兄弟を大事にしないとね、私たちには私たちだけしかいないのだから、と言われていた。

父からはいつも「ありのままの自分でいろ」「正直であれ」「ベストを尽くせ」「家族を大事に」「敬意をもって人に接しろ」「善き市民であれ」「夢を追いかけろ」と言われていた。

私の子ども時代をこうした教えで導くことで、父と母は、私に自己をどう認識すべきかを教えてくれたのだ。

彼らは、他者のことをどう見なすべきかを、その人たちに思いやりをもって接するという手本で教えてくれた。

私が中学のとき、父は、地元の運輸支局の局長をしていた。有資格者に運転免許証を交付するのが彼らの仕事だ。ここでキーワードとなるのは、**有資格者**で、筆記試験に落ちた、視力が足りない、縦列駐車ができない、赤信号で止まらなかった、あるいは身分証明書や社会保障カードなどの必要書類を忘れたなどの理由で免許が交付されない人がたくさんいた。理由はさまざまでも、ほとんどの人に共通していたのは、その日に免許がもらえないと告げられたときの反応だ。皆、憤慨した。

運輸局を訪れる人の体験をさらに悪化させているのは、同局の深刻な資金不足だ。そのせいで、利用者が長蛇の列で待たされたり、システムが古くて不便だったり、どうすればいいのかわからなかったりすることがよくある。一方職員は、たいした給料ももらえず、それでいて一日中不機嫌な人びとの相手をしなければならず、限りなく煩雑な官僚主義的手続きに阻まれている。そんな中で最善を尽くしているのである。少なくとも私の父はそうだった。

私は、よく父の職場について行った思い出がある。父は心底幸せで、思慮深い人だった。20年間アメリカ海兵隊に所属し、退役後は、大学の学位を取るために夜間学校に通いながら、３つの仕事に就いた。父も母も育ちが貧しく、私たち４人を育てるために懸命に働いていたが、その間ずっと貧乏だった。

私は父をとても尊敬していた。だから職場で、必要書類を忘れたり試験に落ちたりして免許をもらえなかった人たちが、代わる代わる父を怒鳴りつけるのを見た私の気持ちはご想像いただけると思う。私は、彼らが父の知性や、部下、職場、顔、また存在そのものを侮辱するのを聞き、父にテスト用紙を投げつけたり、唾を吐きつけたりするのを見た。

自分の父をけなしたり責めたりする人びとに、私はいつもこう言ってやりたかった。

「父さんがどんなに懸命に働いてるか、知らないのか？　州が決めたルールの中で最善を尽くしてるのを知っているか？　20年も兵役について、お前たちの自由を守るために銃撃を浴びたのを知らないだろ？　苦しんでるのがわかるか？　彼は僕の父さん、僕のヒーローだって知らないのか？」

私は、父にひどい仕打ちをする人びとを見ていた一方、父の反応も見ていた。父はめったに動じなかった。対立的な状況にも、優雅に冷静に対処していた。人を笑顔にしたり笑わせようとしていた。いつもうまい冗談を言い、いつも人の役に立とうとしていた。書類や試験に問題があって不機嫌な人たちのことも、辛抱強く案内していた。

窓口で無礼な態度をとられた部下には、背中を叩き、励ましの言葉をささやいていた。

帰宅後の父は、たいてい穏やかで落ち着いていた。たまに、職場でのいざこざが内側に鬱積しているのを感じることもあった。そしてごくまれに、それらが私たちに向かってこぼれ出すこともあった。だが総じて、ことさら晩年は、ストレスを職場に置いてきたように、家ではソファでくつろいで新聞を読んだり、ゴルフに出かけたり、私をラケットボールの練習に連れて行ってくれたり、庭の手入れをしたりしていた。


子どもの私には、父が職場で平静を保つたいへんさは想像できなかったが、今思えば、元海兵隊の下士官が、窓口の向こうの人の首を絞めなかったのは偉いと思う。

父が職場で粗末な扱いを受けるのを何度も見たが、それよりも多く目にしたのは、帰宅後、誰かが、職場の皆へのお礼にとクッキーを差し入れしてくれた話をする姿だった。父によると、**何があっても過剰反応しないのは、たいていの人が、本当は善良で思いやりがあるとわかっているからなのだ**という。ただ人は、急いでいると、不愛想だったり、軽蔑的だったり、無礼だったりする態度をとるのだと言っていた。父はいつも人のことを好意的に解釈していた。誰をも隣人と見なして、手助けしようとしていたのだ。

そのようにして、私は父から、他者のことを隣人と見なし、常に好意的に解釈し、役立とうとするように教わった。そして、人が急いでいたり、がっかりしたりして態度が悪くても、忍耐とユーモアをもって接するようにと。

そして母もすばらしい人だ。母は、フランス人の父とベトナム人の母のあいだに、ベトナムで生まれた。私の父（彼女の後の夫）がベトナム戦争に従軍するずっと前に、母方の祖父は、インドシナ戦争で亡くなった。父親を亡くした母は、「チルドレン・オブ・ウォー」プログラムによって、強制的にフランスに送られ、兄とも引き離されて、虐待的な全寮制の学校で暮らすことになった。そして21歳になったときアメリカに移住した。やがて、ワシントンD.C.で同じアパートに住む父と出会った。2人は恋に落ち、私たちを育てるために、父のふるさとであるモンタナに引っ越した。

父が母に惹かれた理由は明らかだ。彼女は、これ以上ないというほどに、明るく、活力に満ちた人間なのだ。

結婚してモンタナに引っ越した後、父は運輸支局で、母は、さまざまなパートを掛

インドシナ戦争
1946年から1954年にかけて、旧フランス領インドシナの独立をめぐって、ベトナムとフランスとの間で起こった戦争。

「チルドレン・オブ・ウォー」プログラム
フランス人の血が流れている植民地の国際児を「救済」するという大義のもとに、フランス人として育て上げるプロジェクト。

け持ちして、大きくなっていく家族を支えた。私が中学生になった頃には、母は地元の病院でナースエイドとして働いていた。私の10代の多くの思い出の中心には、夜、ソファで泣く母を父が慰める姿があった。母は、病院で他の女性たちにいじめられていたのだ。外国訛りがあり地元の人間ではなかったからだ。英語が第3言語で、医療用語や発音に苦労していたために、同僚たちからバカにされたり、邪険にされたりしていたのだ。小さな町は、よそから来た者にとって辛いこともある。

それでも母はポジティブな態度を貫き、私たち子どもを、たとえ意地悪な人にでも思いやりを持って接するようしつけた。また父と同様に、母も、いつも人のことを好意的に解釈していた。皆、自分なりに精いっぱいやっているけど、助けを必要とすることがよくある、と私たちに言い聞かせていた。私の子ども時代の思い出の多くは、母が人のために菓子づくりをしたり、人びとの家に食料やプレゼントを届けたりしている光景だ。人びとが私たちの関心と寛大さを必要としている、と言っていた。

母は、今でも、誰にも負けないくらいポジティブで、寛大で、愛情深い。私のセミナーでもよく、何千人もの参加者の受付を手伝ってくれているのだが、参加者は、彼女が私の母だとは知らない。私はイベントの最終日によく、母をステージ上に呼びだして感謝を伝える。母がステージに向かって歩き出すと、参加者たちは、彼女がイベント中ずっとクルーとして働いていたあの人だと気づいて、わあ、すてき！　と思ったり、おっと、もっと早くわかっていれば、もっとやさしく接したのにと思ったりしているようだ。どちらにしても、皆必ず立ち上がって、彼女に拍手を送ってくれる。我慢だらけの人生を送ってきた自分の母親が、数千人からスタンディングオベーションを浴びるのを目にするのは、言葉にならない感動である。

私は、両親の行動を見聞きして、他者のことをどう見なすべきかを学んだ。母も父も、性善説を信じて、忍耐と、やさしさと、ユーモアがあれば、人は心を開き、変わり、友好的になってくれると私に教えた。

そして何より、両親は、世界をポジティブにとらえる方法を授けてくれた。そしていつも、世の中から授かったものに感謝し、明日への可能性にワクワクしていた。とはいえ、両親は大きな夢や壮大な計画を持っていたわけではなく、懸命に努力すれば、世界が公平なチャンスをくれると信じているだけの、シンプルでやさしい人間だ。私に、人生は自分の手で生み出すもの、楽しむためにあるものだと示してくれた。私は、この教訓のない人生など想像できない。

誰もが、自分により良い影響を与えてくれた人たちのストーリーを知っている。私の両親の話が、あなた自身が影響を受けた人のストーリーを呼び起こし、あなたが家族やチームにどのように見方・考え方を教えるべきかのヒントになるかもしれない。

ACTION 1 のまとめ

「見方・考え方を教える」マイノート

1 私の人生で私がもっと影響を与えたい人たちは……
2 その人たちにどうやって影響を与えたいか……
3 彼らに、自分自身をどう認識すべきか教えるなら何と言うか……
4 彼らに、他者をどう見なすべきか教えるなら何と言うか……
5 彼らに、世界全体をどうとらえるべきか教えるなら何と言うか……

ACTION 2

人を成長へと駆り立てる

ハイパフォーマーは、**自分の周囲の人びとをもより高いパフォーマンスに引き上げるために彼らを挑発する。**ハイパフォーマーのリーダーシップを細かく観察してみると、常に部下を挑発して、ハードルを上げていることがわかる。向上するように彼らを追い込んで、それを悪いとは思わない。

これはおそらく、本書の中で一番実践が難しい行動だろう。他人を挑発するなんて怖くてできないと思ってしまうのが一般的だ。敵対的な行動にも思えるし、抵抗されたり、自信を無くしたり、「いったい何様のつもり?」と言われたりしそうだ。

だが、ここでの挑発はけっして敵対ではない。相手を卓越に駆り立てるために、**いい意味での挑戦状**を、さりげなく、あるいはストレートに突きつけることを指す。

どんなコミュニケーション戦略でもそうなのだが、ここで大事なのは、**意図と言い**

方だ。もしあなたが相手を貶める意図で挑発すれば、相手にネガティブな影響を与えるだろう。また、上から目線の物言いをしても同様の結果になる。だが、相手の成長や向上を助けようというあなたの意図が明らかで、相手への敬意や誠実さをもって話せば、あなたの挑発がより良い行動を促すはずだ。

ただ、どんなに良い伝え方をしても、あなたに成長と貢献を促されるのを嫌がる人もいるのはたしかだ。それは、あなたが変化をもたらし、人生で真の影響力を得たいなら、覚悟しなければならない代償だ。自分の子どもたちが人間性を向上させ、他者に良くし、貢献するよう挑発する覚悟が必要だ。それは、子ども以外の家族や、同僚、そしてあなたが仕え、導こうとするすべての人に関しても同じだ。

今不安定な時代に生きる私たちは、とかく、他者に対する期待値の基準を設けることを躊躇しがちである。「期待値の基準を設ける」とは、要するに「いい意味での挑発をする」ことだ。皆、人を挑発などしたら、対立につながると思っているようだが、そんなことはめったにない。相手が挑戦好きなハイパフォーマーなら、なおのことだ。挑戦は彼らの原動力なので、彼らは挑発を受けて立つどころか、あなたが影響力を持つ側なら、あなたからの挑発をむしろ期待しているだろう。もし挑発を躊躇してしまうなら、ハイパフォーマーは挑戦が大好きという、私たちの調査結果を思い出してほしい。これは私たちが導き出したハイパフォーマーの特徴の中で最も共通性が高いものの1つなのだ。彼らは、次のような記述が非常に当てはまると答えている。

- 人生の困難や緊急事態にすばやく対応し、回避したり先延ばししたりしない。
- 人生の新たな課題に挑むのが大好きだ。
- 障害や抵抗に遭っても目標を達成する自信がある。

これらの記述が非常に当てはまると答える人は、必ずと言っていいほどハイパフォーマーだ。課題に立ち向かうことは、ハイパフォーマーが得意とし、得意としたいと思っている大きなテーマ。挑発を躊躇することで、そんな彼らを否定してはならない。

人間性

影響力のある人は、3つの領域で他者を挑発する。

第1は、**人間性**へのダメ出しだ。どういうことかというと、正直さ、誠実さ、責任感、自制心、忍耐強さ、勤勉さ、根気強さといった普遍的な価値観に沿うよう、人びとを指導鞭撻したり、高い期待をかけたりすることを指す。

他人の人間性にダメ出しするなんて、敵対的な行為に思えるかもしれないが、実際は、その人の支えや助けになる贈り物である。あなたも、人生で影響を受けた人に「君ならもっとできたはずだ」「君は本来そんな人じゃない」「君にはもうちょっと期待していた」などと言われたことがないだろうか。これらは、あなたへの期待値の基準を設け、人間性にダメ出しする発言である。耳の痛いコメントではあるが、気になって、自分の行動を見直すきっかけとなったはずだ。

間接的挑発で、もっとさりげなく人間性の向上を促す手もある。たとえば「ベストの君なら、この状況にどう対処するかな?」と尋ねれば、相手にもっと意識的な行動をとるよう促すことができる。間接的挑発の例を他にもいくつか挙げよう。

「振り返ってみて、全力を出したと思う?」
「この状況で、ベストの自分を出せている?」

「それをしたとき、君はどんな価値観を実現しようとしていたの?」

ただしリーダーには、部下に、将来の自分自身にどう挑戦するか訊くという、直接的なアプローチをおすすめする。たとえば「どんな人として記憶されたい?」「君が全力を尽くしたら、どんな人生になるだろう?」「君はどんな領域で言い訳をしている? もっと良い結果を出せたら、人生がどう変わるだろう?」というように。

対人関係

人を挑発する領域の2つめは、**周囲の人たちの他者とのかかわり方**、すなわち対人関係だ。人との接し方や人に価値をもたらす方法について、あなたの期待値を設定したり、質問したり、例を示したり、ストレートに指示したりして、指導しよう。

許してならないのは、社会的に好ましくない行動だ。ハイパフォーマーのリーダーたちは、チームの中で、誰かが誰かに対し、不適切、無礼、あるいは軽蔑的な態度を取ったりすれば、その場で注意する。ハイパフォーマーの親も、子どもに対して同じことをする。問題行動は見逃さない。

ここで重要なのは、ハイパフォーマーたちは、人びとが互いにどう接するべきかについての期待を明確にしていることだ。彼らが、人との接し方を、ストレートに、繰り返し指導している様子にはいつも驚かされる。たとえ周囲の人びとが互いを大事にしていても、さらに団結するよう求め続けているのだ。

部署のミーティングでハイパフォーマーのリーダーを観察してみると、彼らが、チームワークの高め方を逐一提案していることがわかる。

「互いの話をもっとよく聞こう」
「もっと互いを尊重しよう」
「もっと互いに支え合おう」
「もっと一緒に時間を過ごそう」
「もっとフィードバックを出し合おう」

彼らが部下を指導するときの言葉には、「もっと」という単語が目立つ。

私は、このことを世界中で教えてきた中で、ハイパフォーマーがチームに「厳しい」と誤解されることもあると気づいた。だが、必ずしもそうではない。ハイパフォーマーたちは、たしかに、自分が影響を与える相手への期待値は大きい。だが、彼らが互いのつながりを高めるように指導するのは、明らかに、家族や部下に結束と連帯感をもたらそうとしてのことだ。ハイパフォーマーは、周囲の人びとが、他者との一体感を高めることを望んでいる。なぜなら、それが彼らの成果を高めるとわかっているからだ。

貢献

人を挑発する領域の3つめは、**貢献**だ。人にもっと価値を与え、寛大になるよう促すのだ。

これは、ハイパフォーマーが周囲に突きつける挑戦の中で最も難しい1つかもしれない。「なあ、君はこの職場に十分に貢献していない。もっとなんとかなるはずだ」とはなかなか言いにくい。だがハイパフォーマーは、そんなことも臆せず伝える。

ハイパフォーマーがもっと貢献するよう挑戦を突きつける場合、たいてい、相手が今出している成果の質にダメ出ししているというより、むしろもっと先を見据えて貢献を促している。より良い未来を目指して創造や革新をしようと言っているのだ。

私が行った詳しいインタビューのほぼすべてで明白なのは、**ハイパフォーマーが人に何か意味のある貢献をするよう促すときは、未来のことを考えている**ということだ。より優れたウィジェットを今日つくれと求めるだけでなく、先行きを考慮して、商品群を再構築する、まったく新しいビジネスモデルを発案する、狙うべき隣接市場を見つける、未知の領域に挑戦する、新しい価値を付加するといったことを求める。

私は当初、ハイパフォーマーがこうした挑発をするのは、大局的なレベルでのみ——つまり、より大きな未来を築くよう、チーム全体に言っているだけかと思っていた。だがそれは間違いで、ハイパフォーマーは、個々を挑発していた。デスクを1つひとつまわって、チームの一人ひとりに注文をつけていたのだ。彼らは、指導する相手一人ひとりに合わせて、挑発のレベルを調整している。人びとの貢献を画一的に促したりはしない。ハイパフォーマーのリーダーはここが違う。彼らは、相手のレベルに合わせて、相手の言葉で話し、チーム全体がより良い未来に向かえるよう、その人ならではの方法で協力してほしいと求める。

忍耐とリーダーシップへの私の挑戦

両親以外で、私が幼少期に大きな影響を受けたのは、リンダ・バリューだ。リンダは、私が高校を中退しようとしていた重要な局面で私の人生に現れた。

中退といっても、学校が嫌になったとか、そういうことではない。ことの発端は、私の家族が、フランスの親戚に会いに行く機会を得たことだ。両親の仕事の都合で、どうしても学校の学期中にしか行けなかった。残念なことに、うちの学区では、10日以上学校を休むと、その学期は停学処分になってしまうという、新しい厳格な欠席規定が施行されたタイミングだった。うちの旅程は2週間なので、もし旅行に行けば、その学期は学校に戻れなくなる。そうなると、夏休みの補習を受けないと、高校を卒業できない。しかし夏休みはいつも、大学の学費を貯めるために、フルタイムのアルバイトをすることになっていた。両親と私は、私が旅行に行っても学校に戻れるよう例外措置を求めて校長や教育委員会と闘った。私たちは、わが家にとって、この旅行は一生に一度の機会であること、そして私たちはすでに先生たちと相談し、旅行から戻ったら、その体験をレポートにして提出することで欠席の埋め合わせをする、という主張を訴えた。

残念ながら、私たちの訴えは認められず、私が旅行に行けば、学校には戻れないことになった。そして夏休みはアルバイトがあるので補習には出られず、クラスメートとともに卒業できる見込みはない。私は打ちのめされた。

それでも、家族旅行は決行した。というのは、マーク・トウェインが言ったように「学校に教育の邪魔をさせるべきではない」からだ。私は、教育委員会を批判する投書を地元新聞に送りつけ、ヨーロッパへの飛行機に飛び乗った。旅行中、私は文化や、訪れた場所の記録を、たくさんの写真と内容の濃いメモに残した。あの旅行は、私の人生最大の学習体験となり、私たち家族の絆をさらに深めてくれた。

案の定、旅行から帰った私は、通学を許されなかったが、フランス語の先生が、私を授業に呼んで、写真や体験談を発表させてくれた。そして美術の授業でも同じことをさせてもらった。しかし学校にいることが校長に知られ、私は物理的につまみ出される形となった。私はその一件を根に持って、もう学校を辞めてやろうと思った。高校を中退し、敷地管理人として独立しようという壮大な計画を考えたのだ。

そんなときに出会ったのがリンダ・バリューだ。リンダは英語教師で、学生新聞『イニワ』紙の報道顧問をしていた。彼女は地方紙に載った私の投書を読み、美術の先生からフランスの写真のことも聞いて、私を捜し出してくれた。

話をする中で、彼女は私の投書を褒めると同時に、まだまだ改善の余地があると言った。そして執筆時に私がどのような思考プロセスを経たのかを訊いて、いくつかのヒントをくれた。彼女は称賛と挑発をとても上手に組み合わせた。私たちの関係は、このとき彼女が私の貢献を促したことから始まったとも言える。

それに対し私は「もう何を言ってくださっても無駄です。学校には戻らないんで」と言った。そのときの彼女の応対を私は一生忘れない。リンダは、バカなことを言わないでとか、学校側は決められた方針に従っただけよと言い聞かせたり、高校を卒業することの価値を説いたりする代わりに、敬意をもって私の人間性に訴えた。

「ブレンドン、あなたは簡単にあきらめる人じゃないし、そんなことを望んでもいないわよね。学校側に辞めさせられるようなやわな人間でもないでしょう」

そして、私にはポテンシャルがあるので、来学期復学したら、高校の新聞部に入るべきだと言ってくれた。彼女は、私の復学と入部が、きわめて当然かつ必然のことだと思っていたようだが、私はそれでも辞めると言い張った。すると彼女は、私の人間性、対人関係、貢献について一挙に挑発してきた。このようなことを言われた。

「それは残念だわね。せっかく潜在能力があるのに。この学校では、たくさんの生徒があなたみたいな人を必要としてるのよ。自分の信念のために行動を起こせるような人を。あなたはこの学校ですごい貢献ができたはず。それから優れたアートやライティングを学ぶこともできたでしょうね。そのあふれる才能とポテンシャルをクリエイティブ活動に使わないのはもったいないわ。一度考えてみて。そして、少しでも復学する気になったら、私に言って。協力するから。あなたは物事を放り出すタイプには見えないのよ」

私は、自分がどう反論したか思い出せないのだが、それに対する彼女の対応は覚えている。彼女は私に耳を傾け、私の意見を尊重してくれた。私と真に心を通わせ、また会えることを願っていると言った。

私は次の学期に復学した。

その年、リンダは、私を含む新聞部員を率い、私たちがそれまで経験したことのないような見方・考え方、チームワーク、貢献をするよう私たちを鼓舞した。リソースと経験が限られた私たちでも、全米最優秀の高校新聞になれる希望を持たせてくれた。彼女は卓越性への期待を生み出した。それは、私たちに賞を獲ってほしいという期待ではなく、自分自身や互いを見て、ベストを尽くすことに誇りと仲間意識を感じてほしいという期待だ。彼女が私たちに望んでいたのは、誠実に人を導くリーダーになることだった。

リンダの指導は、まさに**「人は、自分自身が手がけたものを支持する」**という原則を形にしたものだった。彼女はあらゆる面でジャーナリズムに精通しているのに、第一面から、見出し、写真、著名欄、レイアウトまで、すべてを私たちに選ばせた。そして、競合を分析する方法や、前号の改善に励むことを教えてくれた。ブレない態度と思いやりをもって、私たちに力量と自信をつけてくれた。リンダは私たちの人間性を、いろいろな面で向上させた。

また、私たちの締め切りに間に合わせるために、毎週末、夜遅くまでつき合ってくれた。そして、ジャーナリストとして私たちにしてほしいこと——すなわち問い正すこと——を常に手本で示してくれた。私が最終の写真や記事をレイアウトするとき、後ろから「それはそこでいいの？」「これが最終の最終？」「他に加えたいものはない？」と訊いてくる彼女の声が今でも耳に残っている。彼女は常に問い続けた。この状況にどう対処するのがベストなのか、私たちはどんな人間になるべきなのか、どんなメッセージを世界に伝えたいのか、どうすれば卓越した新聞ができるか、私たち生徒やうちの学校をどのように見せたいか、と。

その年、全米ジャーナリズム教育協会の総会で、私たちの新聞は「最優秀賞」に選ばれた。全米1位である。モンタナ州の弱小校が、10倍、20倍の予算やリソースを持つような大きな学校に勝ったのだ。リンダ・バリューの指導のもと、私個人も、写真、レイアウト&デザイン、ニューライティング、調査報道の部門で、全米および地域の1位と2位を獲得した。その後私は編集長になった。私の卒業後も『イニワ』紙は10年にわたって、さまざまな優秀賞を受賞し続けた。

リンダ・バリューは、資金不足の高校の、資金不足のジャーナリズム・プログラムを指揮していたにもかかわらず、常に経験の浅い新入生を受け入れ、国内外の最高賞を受賞するような秀でた若手ジャーナリストに育て上げた。同紙は、高校新聞界で表彰されるほぼすべての部門で1位を獲得し、リンダは、おそらくわが国で史上最多の受賞歴を誇る高校ジャーナリズム教師となった。

何が彼女をこれほどまで卓越させたのか？　その要因は3つに絞られる。①私たちに見方・考え方を教えた。②私たちを挑発した。③卓越したパフォーマンスにチームを駆り立てる手本を示した。

高校を中退しようとしていた私の決定的な転機となったあの日、リンダ・バリューは、たった1回の会話で、私の人生を永遠に変えた。彼女がいなければ、あなたはこの本を読んでいなかっただろう。

ACTION 2 のまとめ

「人を成長へと駆り立てる」マイノート

あなたが良い影響を与えようとする人のことを考えて、次の文を完成させよう。

人間性

1 私が良い影響を与えようとする人は、次のような性格的長所を持つ……

2 その人は、もし……すれば、長所をさらに伸ばせる。

3 その人は、おそらく……の領域において、自分に厳しすぎる。

4 もし私がその人の人間性を向上させる方法を教えるとしたら、こう言う……

5 その人の人間性を向上させる意欲を駆り立てるとしたら、おそらくこんなことを言う……

対人関係

1 その人の、人とのかかわり方のこんなところを変えてほしい……

2 その人が、私が望むほど人と通じ合えないことが多いのは、彼／彼女が……だからだ。

3 その人はどんな刺激を受ければ、他の人ともっとうまく接するようになるか……

貢献

1 その人がしている最大の貢献は……

2 その人が十分に貢献していない領域は……

3 その人にぜひもっと貢献してほしいことは……

ACTION 3

やり方の模範を示す

ハイパフォーマーたちは、**大きなマインドシェアを割いて、自分のロールモデルとしての役割について考えている。**彼らの71パーセントが、そのことを毎日考えると答えている。家族、チーム、そしてより大きなコミュニティにおける良き模範でありたいと。

もちろん、人の手本になりたいという思いは誰でも同じだ。しかし、私がハイパフォーマーたちを見て発見したのは、**人に影響を与えることについて、彼らは普通の人よりずっと頻繁に、ずっと具体的に考えている**ということだ。つまり、ロールモデルというと、良い人間――親切、正直、勤勉、寛大、愛情深い人――であることとイメージするのが一般的だが、ハイパフォーマーが考えているロールモデルとは、それだけではない。彼らはそれより一歩踏み込んで、自分がどんな行動を取れば人がついてきてくれるかとか、人に特定の成果を達成してもらうためにはどう手助けすべきか、といったことを考えている。「マザー・テレサみたいになりたい」というような考えではなく、「特定の行動の模範を示して、人に見習ってもらったほうが、特定の結果に向かうことができる」と考えている。

誤解を避けるために言っておくが、ハイパフォーマーも、良い人間、良き模範と思われたい気持ちは持っている。だがそれはあくまで人間的な一部分であって、彼らをハイパフォーマーたらしめるのは、自分がどのように行動すれば、特定の相手の人間性を向上させることができるか、特定の成果が得られるか、という意図に意識を集中させているところだ。

それがどういうことか、本章の冒頭で取り上げた、アパレル会社CEOのファンの事例に戻って説明しよう。

彼は、新任のデザイン責任者ダニエラと対立していた。私はそんな彼に、彼女やチーム全体に対してもっと良いリーダーにならなければとダメ出しし、「究極の影響力モデル」を提示した。ファンと一緒にそのモデルに沿って、状況を整理し、彼は、ダニエラが、彼女自身の役割、チーム、そして会社をどうとらえてほしいのか探っていった。そしてダニエラのあるべき姿、対人関係、貢献について、彼女にどのような挑戦を促せるか話し合った。

もう1つ大事なのは、**2人の立場を反転させて影響力モデルを考えてみた**ことだ。つまり、**もしダニエラがリーダーで、このモデルに基づいてファアンに助言するとしたら、どんな見方・考え方を彼に助言し、どんな課題をぶつけてくるか、彼に想像してもらった**のだ。

彼の最善の推測では、ダニエラは、ファアンに自身の役割、チーム、そして会社についてどうとらえてほしいと望むだろう？　彼女は、彼のあるべき姿、対人関係、貢献について、何を促すだろう？　彼女の視点に立って影響モデルを検討するのは、彼にとってやりにくかったようだが、そのおかげで彼はある考えに目覚めた。それは、ダニエラが社内で影響力を広げようとしていることを、自分は、リーダーシップというより脅威と受け止めていたかもしれないと気づいたのだ。ダニエラは、ファアンや、会社の現状に対し、実はプラスとなるような、壮大な挑発をしていたのではないかと、気づき始めた。

もちろん、彼女の視点についてはあくまでも推測だが、確実にわかっていたのは、**ファンが状況を変えたければ、彼が変わらなければならない**ことだ。そのためには、彼に、それまでの自己防衛的マインドセットとは大きく異なる、ロールモデルとしてのマインドセットを身につけてもらう必要があった。

その考え方を開拓するために、ファンが人生で最も影響を受けた人たちについて話してもらった。その話から、究極の影響力モデルの構成要素を抜き出し、なぜその人たちが彼にそれほどまでの影響を与え、挑発し、見方・考え方を教えたのかを、具体的に示した。

彼が最も感化を受けた人は、父親と、最初のビジネスパートナーだった。その話を聞いた後、私は、彼らの価値観や精神をファンの会社に取り入れて、2人のレガシーを受け継ぐ方法がないか尋ねた。「彼らのすばらしいところを、どのように、あなたの会社やあなた自身のリーダーシップのスタイルに取り入れられるでしょう？　その2人から示された模範を、あなたが自分の会社の人たちに示す方法はないでしょうか？」と言った。この会話が彼を揺さぶったのは明らかだった。こんなことを考える人はあまりいないからだろう。

そして私は言った。

「では、本題に戻りましょう。あなたの会社のそんなにも多くの人がダニエラを手本と見なすのはどうしてだと思いますか？」

ほんの数分前は、ダニエラについて何もいいことを言わなかった彼だが、悔しいながら感心する点をいくつか探し出した。1つには、彼女の歯に衣着せぬ物言いを――個人的には嫌いだが――尊敬していた。というのも、彼自身が彼女の歳のときはそんな度胸を持ち合わせていなかったからだそうだ。そして、彼女がまたたく間に自分のビジョン実現に人びとを巻き込み、彼の一部の支持者をも奪っていったことに感心していた。また、彼女の根気強さも褒めていた。そして皆がダニエラを手本と見なすのは、彼女のほうがフアンよりも、皆に前を向くよう鼓舞していたからではないか、と彼は考えていた。

私は一瞬、このワークが功を奏しているのかいないのかわからなかった。彼は、悔しい思いをしているのか、それとも新しい視点でものを見られるようになったのか。

そこでもう一押ししてみた。

「ファン、どうでしょう？　あなたもいつか、ダニエラの良い模範になれないでしょうか？　彼女が会社の人たちに示したみたいに、そしてあなたのロールモデルたちがあなたに示したみたいに」

この最後の質問ですべてが氷解した。ファンに光が差したのがこの目に見えた。彼が何カ月も抱えていたフラストレーションがスッと取り除かれたかのようだった。

すべての波乱を水に流し、自分が再び模範となるにはどうすればいいか問うとき、人生に奇跡のようなことが起こる。

ファンは、この状況の中で自分が模範になるには、ダニエラに求めていることを、まず自分自身が示さなければならないと気づいた。つまり、**かたくななスタンスを貫くのではなく、問いを立てながら人びとを導く**必要がある。皆の考えに耳を傾ける必要がある。彼女にリーダーシップをとらせる必要がある。いつかダニエラに自分の考えを受け入れてほしいと望むなら、まずは自分が彼女の考えを受け入れる必要がある。

尊敬されたいなら、自分も同様に彼女に敬意を払う必要がある。だが、一番大事な気づきは、ファン自身が父親やビジネスパートナーに教え込まれた価値観を実現していないということだった。

「私は怒りっぽいような気がするが、あの２人はそんなリーダーシップのとり方を私に望まないだろう」

飛行機が目的地に到着するまで、ファンは究極の影響力モデルを何度も見直し、アーロンと私と一緒にアイデアを出し合っていた。

全社会議の会場に到着すると、ファンは、アーロンにも私にも内緒で、会議のアジェンダをすべて投げ出す計画を立てていた。その代わりに、チーム全体に究極の影響力モデルを教える研修とし、その過程で、ダニエラの味方についた人たちも含め、グループ全体と本当の対話をしようと計画していた。続いて、団結したグループとして皆に、自社や、競合相手や、市場をどう見なすべきか、問いただす。そして、個々がリーダーとしてどのように向上できるか、チームとしてどのように成長できるか、会社としてどうすれば市場にもっと大きく貢献できるか、計画を考えるよう促す。

彼は、熱意にあふれ、受容的で協力的な態度で、かつ皆の意欲をかき立てていた。それは偽物ではない。彼のそれまでとはまったく違う態度にチーム全体が驚き、好感を持っているのが見て取れた。

研修が終わると、ファンはチーフデザイナーのダニエラを前に呼んだ。彼は、自分が彼女や、チーム、そしてブランドに対して抱いていた誤った考えを認め、自身が、人間性、対人関係、貢献に関してどんな課題を抱えていると思うかを共有した。そしてダニエラに、彼女の究極の影響力モデルを共有してくれないかと頼んで、自分は席に着いた。

ダニエラは、最初は驚いて、慎重に話を進めていたが、ファンが彼女に声援を送り続け、もっと話してほしいと促した。そして2時間が過ぎた。その間ずっと、彼は座ったまま彼女の話に耳を傾け、さらなる見解を求め、メモを取った。

話が終わると、彼は皆を促して、スタンディングオベーションで彼女をたたえた。夜のチームディナーでは、ダニエラがファンと乾杯する際、私が仕事で見てきた中で最も心のこもった、感動的な音頭をとった。

帰りのフライトでファンが私に言った言葉が忘れられない。
「本当に影響力のある人間になるための本当の資質は、被影響力（影響を受ける力）だったりするかもな」

ACTION 3 のまとめ

「やり方の模範を示す」マイノート

1 私がもっと優れたロールモデルになって人間関係とキャリアに向き合うとしたら、最初に取り組みたいことは……

2 私のリーダーシップと優れた模範を今本当に必要としている人は……

3 どうやってその人の模範になるか（いくつかの案）……

4 10年後に、私の身近にいる5人が私をロールモデルと呼んでくれるとしたら、私についてどんなことを言ってほしいか……

汚れなき成功者

私が、他者への影響力の話をしたり、究極の影響力モデルを共有したりすると、必ず受ける質問がある。それは操作についてだ。それはきっと、誰もが、過去の交際相手や友達、ビジネス相手にコントロールされ痛手を受けた経験があるからだと思う。また、消費者が本来買えないような物を買わせるために、見方・考え方を教えたり、挑発したりするマーケターやメディアの上層部がいることも知っている。本章で述べた「影響力」は、他者を操作したり、悪い意味で感化したりするのにも適用できてしまうだろうか？　もちろんその可能性はある。

私の願いは、本章から、一段上の奉仕について、いくらかの洞察を得てもらうことだ。ハイパフォーマーは、人を操作するようなことはしない。それは、究極の影響力モデルの図が交差している真ん中の部分――すなわち人の模範になるという理想――

が彼らにとって、原動力として魅力的すぎるからである。当然ハイパフォーマーなら、人のことを操作しようと思えばできる。ただそんなことをしないだけだ。なぜそんなことが言えるのかというと、私は、世界中のあまたのハイパフォーマーをインタビューし、追跡し、トレーニングし、コーチングしてきた過程で、彼らのチームや、家族、愛する人たちを知ることになったからだ。ハイパフォーマーの周囲の人たちは、操作されているなどと感じていない。信頼され、敬われ、鼓舞されていると感じている。

他者を操作することで、のし上がることはできるだろうか？　もちろん、短期的になら、可能だ。しかし人を操作・支配する人（マニピュレーター）は、最終的にはすべての橋を自ら燃やす――すなわち孤立無援の状態となる。そういう人は、人間関係や心身の健康面で長期的にうまく行きはしない。もし成功したとしても、それは偽りと不和と毒々しいエネルギーの上に築かれたものだ。もちろん、マニピュレーターがよくできた人の仮面をかぶって大きな外的成功を収めている極端な例もあるだろう。だがそれは、まれな例外的ケースだ。一握りのマニピュレーターは平均ではない。私が強調したいのは、長期的な成功を収めた人のうち、マニピュレーターよりも、ロールモデルのほうが圧倒的に多いということだ。

私がこの話をするのは、この混沌とした世の中には、黒い思惑もあちこちに渦巻いているからだ。でもそれは、私たちが光となる機会でもある。この激動の時代に私たちが考えなければならないのは、人の模範となる努力をどれだけ熱心にできるか？他者がより大きなことを考える手助けにどれだけ注力できるか？　他者の成功を助けるためにどれだけ大胆な挑発をするか？　私たちが地球で長い年月を過ごした後の世代が模範となるよう、彼らをどれだけ鼓舞できるか？　という問題である。

2 人を成長へと駆り立てる

他者の人間性や、対人関係、貢献を観察し、それらをさらに向上させるよう、積極的に促す。彼らの行動に対し、全力を尽くしたか、周囲の人にもっとうまく接することはできなかったか、より卓越した貢献や奉仕ができなかったか、と問う。

3 やり方の模範を示す

ハイパフォーマーの71パーセントが、自分のロールモデルとしての役割を毎日考えているとアンケートで答えている。家族、チーム、そしてより大きなコミュニティにおける良き模範でありたいと思っている。そこでこう自問しよう。

「私がこの状況にどう対処すれば、周囲の者たちが自分を信じ、なれる最高の自分になり、誠実さと情熱と卓越性をもって他者に奉仕するよう感化できるだろう？」

成功し続ける人の習慣 5 まとめ

他者への影響力を高める

1 人に見方・考え方を教える

誰かに対し影響力を高めたいときは、その相手が (a) その人自身、(b) 他者、(c) 世界全体について、どのような見方・考え方をすべきかを、前もって考えておく。そして常にそれを口にして伝えること。他者の見方・考え方を形成するには、こんな言い方をする。

「こう考えてみよう……」「〜についてどう思う？」「〜してみたらどうだろう？」

第6章

成功し続ける人の習慣 6

恐怖をコントロールする：勇気

DEMONSTRATE COURAGE

- 苦労を尊ぶ
- 真の自分や野心をさらけ出す
- がんばるモチベーションとなる相手を見つける

電話で起こされ、しわがれ声でハローと言って時計を見ると、午前2時47分だった。女性の声で「あなたにぜひ見てもらいたいものがあるんです。SNSですごい数の誹謗中傷を受けていて、危険を感じています」

「えっ?」。私はベッドで上体を起こしながらつぶやいた。電話の主は、有名人クライアントの1人、サンドラだった。彼女は、オーバーに騒ぐところがある。

「危険って、どんな? 大丈夫ですか?」

「ええ、今のところは。でも、今送ったリンクをクリックしてもらえますか?」

クリックした先は、サンドラが映っているYouTube動画だった。【告白】というタイトルがついていて、30万回以上再生されている。私は「ちょっと待って」と言いながら手探りでシャツを着て、寝ている妻をこれ以上邪魔しないよう、寝室を抜け出した。

キッチンに降りてやっと話せるようなった。彼女は必死な口調で続ける。「とにかく動画を見てもらえますか? コメントも見てもらえますか? それで折り返し電話ください。いいですか?」と言って電話は切れた。

その動画は、サンドラが座って、カメラに向かってしゃべっているだけのものだった。彼女は開口一番、世間に対して正直でなかったところがあると言った。これまで仮面をかぶっていたと。いつも明るくハッピーに見せかけているが、カメラとメディアは、本当の姿を映し出さない。皆さんを欺いてきたことを申しわけなく思っている。これからは、自分の抱える苦難についてもっと正直に伝えていく。そのことを皆さんに知ってほしかった。——という内容だ。

私は真っ先に拒絶反応を起こした。わざとらしい感じがするし、タイトルも釣りっぽい。感情的な面持ちでストーリーを語っているも、詳細がいっさいない。「ああ、かわいそうな有名人。いろいろたいへんだって知ってほしいのね」という感想は引き出せても、話が具体性に欠けるので、まったく響かない。コメントを見ても、ほとんどの人が私と同意見だった。たくさんの人が彼女を揶揄し、そうでない人は、詳細を聞きたがっていた。同情の声は少ない。それは皆が薄情だからではなく、動画の内容が曖昧だからだ。共感できるものがいっさいないのである。

私はサンドラにメッセージを送った。

「動画を見てコメントを読みましたが、あなたがさらされている危険とはどんな危険ですか？　動画のウケは良くなかったみたいだけど、別に大丈夫だと思いますよ」


するとかの女から、返信が来た。

「いや、わかりません。明日ランチできますか？」


私はランチの約束をし、会話を終えた。私はあきれて首を振り、落ち着いてコメントを読み続けた。イライラして眠りに戻れそうになかったからだ。

そして明日のランチで何を話そうか想像し始めた。

「ブレンドン、私は、あなたの言うとおりに勇気を出したつもりだったの」

もっと頻繁に本当の自分を出したほうがいいというのも、私が言っていたことじゃないかと言うだろう。そして、これまでの経験に鑑みれば、私を責めるか怒鳴りつけるだろう。彼女は、私の継続的クライアントの中ではまれに見る、喜怒哀楽の激しい人だ。それでも続けているのは、心根はいい人だとわかっているからだ。

でもやはり明日は、言いたいことは決まっているが、本心をぶつけないようにしなくてはならない。動画をアップしたことは褒めておいてから「サンディ、残念ながら、動画を上げるというのは、勇気のうちに入りません」と言うつもりだ。

でもそこで、私の思うところを延々とまくしたてないよう注意せねばならない。それは、最近「勇気」という言葉が滑稽なほどインフレを起こしていることについてだ。私はこの話になると毒づいてしまうところがある。最近は、誰かがSNSに今回のような、初めての日記みたいな動画を投稿しただけで、拍手喝さいして「よく勇気を出したね！」と褒めなければならない風潮がある。ブレインストーミング・セッションで誰かがアイデアを出したら「よく勇気を出したね！」、子どもが競走でゴールインしたら、ビリでも「よく勇気を出したね！」と。

だが、お願いだ。動画の投稿は、たしかに本章の習慣2の「真の自分や野心をさらけ出す」に当たるが、単に注目されたいとか、何か言いたくてやっている場合も多い。誰もがやっているようなメッセージの発信を、勇気と言えるのだろうか？ 今日1日でも10億人が何かを投稿している。その人たちは皆、勇気ある人なのだろうか？ また、職場のブレインストーミング・セッションでアイデアを出すことは、仕事でやっているのだから、勇気をたたえるハグなどしなくても、「すばらしいアイデアだ」とコメントするだけでよくないだろうか。また、がんばりもせずに59位でゴールインした子どもに、泣き言を言いっぱなしで、参加さえ嫌がっていたのによく勇気を出してゴールインしたねと褒め、ダブルハイタッチをしてやる必要は本当にあるのか？

そんな自分の心の声に、毒づいているなと感じるも、独白は止まらない。アメリカ独立戦争中に、大陸軍を率いるジョージ・ワシントンが、氷に閉ざされたデラウェア川を渡って、優勢の敵軍を攻撃した。それこそが勇気だ。宇宙飛行士がカプセルを操縦して地球と月のあいだの大いなる暗黒の中を飛行した。それこそが勇気である。ローザ・パークスがバスの中で自分の席を譲ることを拒否し、公民権運動に火をつけた。**それこそが勇気というものだ！**

サンドラには、本来こう言ってやるべきなのだ。

「いいですか。なにも、革命に勝つとか、歴史的な社会運動を始めるとか、英雄や殉教者になる必要はないのだけれど、あなたの投稿のような小さな利己的行為は、人生の最後に誇れるような勇気ある行動には該当しません。人生の最後に誇れるような勇気ある行動というのは、先の読めない状況や現実的なリスクがあったり、大きな利害がかかっていたりする状況でも、安全や報酬、成功の保証なしに、大義や自分以外の人のために何かをすることをいうんです」

そうだよ、明日は、そういう勇気ある行動について話そう。そう考えながら、ベッドに戻った。

翌日、サンドラと会うカフェに向かう車で、私はサンドラの考える勇気とはどういうものだったのか、考えをめぐらせた。サンドラへのコーチングをこれだけ続けているからわかっていた。彼女は、勇気の定義をとらえ直す必要がある。私は確信していた。

サンドラは、他の客の目につかないよう、サングラスをかけて、カフェの一番奥のブース席に座っていた。私は席に着くと、ひと呼吸し、このセッションで学んでほしいことを吐き出そうとした。良いコーチは受容的に振る舞わなくては、と自分に言い聞かせる。そこがあまりうまくできていなかったので、努力しようと思った。

「始めましょう、サンディ。元気ですか？」

「動画がもう130万回再生され、ほとんどの人に酷評されてます」と意気消沈している。

「それについてどう思いますか？」

「私は誇りに思ってました。あれを投稿するのは怖かったけれど。ただ、当然ながら、もっといい反応を期待してました」


私は、彼女の「怖かった」という発言にひっかけて、真の勇気とは何かの説教を始めようとしたが、ウエイトレスがオーダーを取りに来た。私は紅茶を注文し、サンドラはコーヒーをおかわりした。すると、彼女は言った。

「何か食べませんか？　今日は長くなりそうなんで。私は本当にあなたの助けが必要なんです」


私は、長いセッションなど予定していなかった。たかがくだらない動画のために？

沈黙が流れた。

私はしびれを切らして本題に入った。

「では、サンディ、この件の何がそんなに怖かったんですか？　動画については、今更どうこうできるとは思えないので、放置しましょう。今週の後半に、さらなる詳細を伝える動画を出してもいいですね。そのうちほとぼりが冷めるでしょう。こういうことは収束するもんです」

するとサンドラのサングラスの下から涙がこぼれ落ちた。

「サンディ、大丈夫ですか？」

「怖かったというのは、動画のことだけじゃないんです、ブレンドン。私は、勇気あることをしたつもりでした。あれは助けを求める叫びだったのだけど、バカなことをしたと思ってます」

そう言って泣き出したので、私は身を乗り出して彼女の手を取った。

「ちょっと、大丈夫ですか？」

いったい何事なんだ？　何があったのか？

サンドラはコーヒーを一口すすると、さりげなくサングラスを外した。目のまわりが真っ黒だった。

「えっ、サンディ！」。私は息をのんだ。「どうしたんですか？」

彼女は少しすすり泣いてから教えてくれた。

「夫です。もっとずっと前に言うべきでしたが、実はずっと……彼から虐待を受けてたんです。長いあいだ、ビクビクしていました。それで昨日、そんなんじゃいけないと思って、あの動画を投稿したんです。それが第一歩になればいいと……」

言葉が涙に溶けていった。

私は後悔の波にのまれた。私の推測こそ愚かだった。私としたことが、とすぐさま自分を責めにかかった。**ある人が最初の一歩を踏み出したなら、それは、他人がどう思おうと、勇気あることなのだ。**

「夫が動画を見て怒り狂ったんです。投稿する前によく考えればよかった。でも何かしないと、と思ったんですよ。わかりますか？」

サンドラと私は、それから3時間かけて、彼女の避難と、滞在先と、これからのことを計画した。彼女はそのまま家に戻らず、友達に荷物を取りに行ってもらった。そして夫のもとを去り、けっして振り返らなかった。

サンドラは、彼女自身のデラウェア川を渡ったのだ。自分の人生に革命を起こした。そして私に、勇気について教えてくれた。

ハイパフォーマーは、勇気ある人たちだ。私たちの調査データは、勇気とパフォーマンスの高さが有意に相関していることを示している。実際、勇気のスコアが高い人ほど、成功し続ける人の6つの習慣「HP6」の他のスコアもすべて高い。つまり、人生で大きな勇気を身につけた人は、「明確性」「エネルギー」「必然性」「生産性」「影響力」のすべてにおいてレベルが高い傾向にあるのだ。

勇気は、サンドラの事例のように、あなたの人生に革命を起こせる。事実、私たちのコーチング介入の経験では、勇気を出すことは、ハイパフォーマンスの基盤となる習慣だと言える。

勇気を出すというのは、世界を救うとか、何か壮大なことをしなければならないわけではない。この予測不可能な世界で、本当の変化を起こそうとして一歩踏み出すことも立派な勇気だ。サンドラにとってのそれは動画の投稿だった。小さな一歩にすぎないが、その投稿によって、彼女は次の大きなステップを踏む自信をつけ、最終的には自由を取り戻した。たかが動画投稿だが、彼女にとっては、最初の勇気の灯だったのである。

私たちはアンケート調査で勇気の度合いを調べるために、回答者に、次のような記述が自分にどの程度当てはまるか、あるいは当てはまらないかを尋ねた。

- 私は言いにくいことでも、自分の意見ははっきり言う。
- 私は人生の困難や緊急事態にすばやく対応し、回避したり先延ばししたりしない。
- 私は怖いと思いながらも行動を起こすことが多い。

また次のような、あまりポジティブでない記述も、どの程度当てはまるか採点してもらった。

- 私は本当の自分を表現する勇気がない。
- 私は、たとえそれが正しいとわかっていても、自分が批判や嘲笑、脅威にさらされてまで、誰かを助けようと思わない。
- 私は、自分の安全地帯を超えるような行動はめったにとらない。

何万人ものデータを分析して明らかになったのは、**ハイパフォーマーは、恐怖を感**

じながらも行動を起こすと答える人の割合が、普通の人よりもはるかに高いことだ。

この事実は、インタビューやコーチングセッションでも見て取ることができる。ハイパフォーマーは皆、自分にとって勇気とは何かをよくわかっており、どんなときに勇気を出すべきかも明確に説明できる。

誰でも、人に勇気について考えるよう言われたり、ヒントを出されれば、自分がとった勇気ある行動を１つや２つは思い出せるだろう。

しかし、勇気さえあれば誰でもハイパフォーマーになれるわけではなく、「明確性」「エネルギー」「必然性」「生産性」「影響力」のすべてを併せ持っていなければならない。何度も言ってきたように、ＨＰ６は、そのすべてが連動して、長期的成功を生み出すのである。

ところで、人の勇気の「ある・なし」を決めるのは何だろう？　私たちの調査では、年齢も性別もあまり関係ないことがわかっている。自分にはすごく勇気があると自己申告する傾向にある人は、次のような特徴を持つ。

- 挑戦に勝つことが好きだ。
- 自分はアサーティブだと認識している。
- 自分は自信を持っていると認識している。
- 自分はハイパフォーマーだと認識している。
- 自分は同輩よりも成功していると認識している。
- 人生全体に満足している。

この結果はたしかに理にかなっている。挑戦することが好きなら、困難や障害に臆さず立ち向かうだろうし、自信と行動力があるタイプの人なら、必要なときに行動できるだろう。だが、**幸福度が高い**（満足している）**人のほうが勇気がある**、というのはどういうことか？

理解に苦しんだ私は、20人のハイパフォーマーに構造化面接を行って調べてみた。彼らはこんなことを言っていた。

「自分が幸せならば、自分の心配をせずに人に注意を向けられる」

「幸せだと、自分はとてつもないことができると思えるようになる」

「人生に満足できるような境地に達するには、それなりのセルフコントロール力を身につける必要がある。その能力があるなら、不確実な状況でもコントロールできるという自己効力感も持てるだろう」

それぞれ、優れた説明だったが、幸福感がどのように大きな勇気に結びつくのかについては、明らかに統一した意見がなかった。

これは勇気についての一般的な事実を示している。それは、どの角度からアプローチしても説明が難しいということだ。勇気というものは、ほとんどの人にとって、定義することさえ難しい。まして習慣として考えるなどなおさらだ。勇気は、私たちが研究する人の特性のどれにもまして、持つ人だけが持つ人間の美徳であると思われているようだ。しかしそれは間違いなのだ。**勇気は、誰でも身につけられるところが、むしろスキルに近い。勇気を理解し、安定的に発揮できるようになれば、すべてを変えられる。**

恐れを感じながらも行動し、成し遂げる

「勇気は、怖いもの知らずであるということではなく、恐れを感じながらも行動し、成し遂げることだ」というマーク・トウェインの名言には、心理学者たちも同意している。しかし、勇気を発揮しているうちにやがて恐れを感じなくなることは、多くの領域で起こり得る。

たとえば、心理学者たちは、パラシュートの訓練生のほとんどが、初めて飛行機から飛び降りるときは恐怖を感じ、勇気を振り絞る必要があるが、繰り返すうちに自信がついてきて、怖さを感じなくなってくる。やがて、飛行機から飛び降りるという行為が、日常的に感じられ、爽快ですらあり、もはや恐怖を感じることはなくなる。研究では、爆弾処理班や、兵士、宇宙飛行士も同様である——すなわち、恐怖に直面する経験を積めば積むほど、恐怖やストレスを感じなくなることがわかっている。

この現象は誰にでも生じる。**何かの成功体験を積めば積むほど、慣れていく。だからこそ今からもっと勇気ある人生を生きることが重要なのだ。恐怖に立ち向かう、自分を表現する、人助けをするといった行動は、やればやるほど、楽に、ストレスを感じずにできるようになる。**

しかし、誰かが恐怖に立ち向かうと起きることはそれだけではない。**勇気は、パニックや、臆病と同じように、伝染する**ことがわかったのだ。あなたが人生に恐れを抱いている姿を子どもたちが見ていれば、彼らはそれを肌で感じ、真似するようになる。もちろん子どもだけでなく、チームや、あなたが指導する相手や、サービスする相手にも恐れは伝染する。あなたがもっと頻繁に勇気を出すことが、社会全体が美徳を身につける入り口となるのだ。

勇気の種類

勇気を定義し、分類するのは難しい。勇気という言葉が具体的に何を意味するかについてさえ、研究者のあいだでも意見がまとまっていない。結局、意見が一致しているのは、人がどんなときに勇気を出すのか、ということくらいだ。人が勇気を出すのは、リスク、恐怖心、行動を起こすに足りる相当な理由が存在するときである。

それでも、さまざまな種類の勇気について考察してみることは有益だ。

まず**肉体的勇気**とは、崇高な目標を達成するために危険な状況に身を置くことを指す。たとえば、車にはねられそうな人を助けに交差点に飛び込む、あるいは生きるために病気と闘うといったたぐいの勇気である。

そして**道徳的勇気**は、大きな善のため、自分が正しいと信じることのために、他者を擁護する意見を述べたり、苦難に耐えたりする勇気を指す。見知らぬ人がいじめられているのを止めたり、不当な法律に抵抗してバスの後部座席に座ることを拒否したり、物議を醸すようなテーマについて自分の考えを述べる動画を投稿したり。世の中のために、価値観を守ったり、理念を主張したりする無私の行為だ。その要となるのは、社会的責任や、利他の心、「正しいことをする」精神だ。

精神的勇気は、周囲に同調せずに本来の自分を表現し、たとえ誰かに嫌われる恐れがあっても、世界にありのままの自分を示すため、あるいは、たとえ個人的な小さな成功であっても、人として成長するために、自分の不安や、心細さ、恐怖心に立ち向かうことを指す。

日常的勇気は、まったく先の読めない状況（たとえば新しい町に引っ越すなど）や、健康問題、苦痛（支持されそうにないアイデアを提案する、職場で嫌なことがあっても毎日出勤するなど）があっても、ポジティブな姿勢を保ったり、行動したりすることだ。

以上の分類はどれも決定的なものではなく、互いに両立し得ないものでもない。これらの用語は勇気を概念化するのに役立つ。

大切なのは、自分にとって、もっと勇気を出すとは何を意味するのかを定義し、それを実践しながら生きることだ。

私自身にとっての勇気とは、**リスクや、恐れを感じても、逆境、あるいは人の反対に遭っても、崇高な目標、あるいは人生を向上させる目標のために、やると決めたことを決行すること**だと思っている。

私にとって重要な定義は「崇高」と「人生を向上させる」という部分だ。なぜなら、恐怖に立ち向かう行動のすべてが勇敢とは言えないからだ。たとえば、自爆テロ犯も、勇気の条件を満たしているように思われるかもしれない。間違いなく恐怖を感じていても、やると決めたことを決行しているし、自分なりの崇高な目標を持っている。また、最低でも刑務所行きのリスクを冒して空き巣を働くのも同じである。

そうした行為は勇敢と言えるだろうか？　ほとんどの人がノーと言うだろう。なぜなら、たとえ勇気の条件をある程度満たしていても、彼らの行為は、少なくとも社会の大多数にとっては、危険だったり破壊的だったりするからだ。**危害を加えない**というのは、勇気の大事なポイントである。

また、否定されることを恐れながら行動を起こすことも、そのすべてが勇敢とは言えない。たとえば、ティーンエイジャーが、仲間に受け入れられるために、高いベランダから飛び降りる危険行為は勇敢に思えるかもしれない。だが承認されたいがために怖さを乗り越えるというのは、勇敢と言えるだろうか？　一部の人はイエスと言うかもしれないが、**ただの同調とか愚行**と言う人もいるだろう。

そして、**大胆な行動をとること＝勇気とも限らない。**しそうだと思われていることをしないのも勇気だ。その好例が、非暴力デモだ。売られたケンカを買わずに立ち去って自分の身体を守るのも勇気。弱腰に見られようとも言い争いに加わらないのも、自分の品位を保つためなら、勇敢な行動だ。

きれいごとに聞こえるかもしれないが、**定義というのは重要だ。**勇気とは、多くの人が思っているように、恐怖を乗り越えることのみを指すのではない。勇気を出したその先に、あなたがどんな結果を求めているかが非常に重要だ。また逆に、良かれと思ってしたことでも、結果的に誰かを傷つけてしまえば、それも勇敢な行動とは見なされないだろう。実際、多くの人から勇気ある行動と見なされるのは、きちんとやり遂げられたり、良い結果に終わったりするケースだけである、という研究報告があるのだ。たとえば、あなたが自分の意見を主張し始めたものの、誰かに遮られたとたんにやめてしまったとしたら、あなたは、自分が勇気ある行動をしたと考えるだろうか？　あるいは、誰かが溺れている人を助けようとして川に飛び込むも、２人とも溺れてしまったとか、２人とも救助が必要な結果になったという場合、それは勇気ある行動か？　それとも単なる向こう見ずか？　おそらく後者だろう。

とはいえ、勇気に関する私たちの調査結果の根底には、ある明確な傾向が見られた。それは、**ハイパフォーマーは、たとえその行動の結果に恐怖や、高いリスクや、不確実性を感じても、総じて、行動に出る傾向が強い**ということ。この10年、数多くのハイパフォーマーの話を聞いてきた私はこう結論づけている。

人には、自分ではやってみるまで予測もできず、けっして知り得ないようなすごいことをやってのける能力がある。

私が聞かせてもらった話は、驚きのストーリーばかりだった。1人のハイパフォーマーが、疑念や恐怖に直面するも、一念発起して誰かを助けたりする。彼らの勇気は、最初から持ち合わせていたわけでも、思索の末に見いだしたわけでもない。行動が、彼らの心を目覚めさせ、道筋を開いたのである。彼らは、いつかの未来を願っていたわけでもなく、うじうじと悩んだりもせず、ただ行動した。行動せずに良い成果をあげたいと願うのは、助けを求めずに助けを願うのと同じだとわかっていたのだ。

また、人生の進路を変えた人たちの話もたくさん聞いた。勇気を出して仕事を辞めた、虐待的な関係から抜け出した、新しい町へ引っ越した、というエピソードだ。勇気ある行動というと、一歩前に踏み出すことをイメージしがちだが、ある意味後戻りする勇気を奮ったという人も多かった。昔あきらめた夢を追いかけるといった話だ。夢をいったんあきらめても、あなたの心が達成したかったと思い焦がれているなら、その苦しみを癒すのは行動しかない。軌道修正に遅すぎるということはない。

逆に、ハイパフォーマーの口から聞かれなかったのは、先延ばしにしたとか、長いあいだ愚痴を言い続けたという話だ。泣き言を言い続けると気力が失われる。不平不満があれば、すぐに進歩に向けた現実的な取り組みで対処しないと、意志が萎えてしまうのだ。何十人ものハイパフォーマーに言われた。

「愚痴を言わずに行動せよ」

インタビューに答えてくれた人の多くが、勇気ある行動は自然発生的なものだと語っていたが、私の心に最も響いた話――そして、習慣としての勇気が再現可能であることを最もよく表している話――は、勇気ある行動が計画にのっとって実行されたエピソードだった。その人たちは、自分が何を恐れているのか心得ていて、覚悟と準備をしたのである。勉強し、メンターを見つけ、恐怖心に立ち向かった。私たちは、恐怖心を自分の成長計画に変えることができて初めて、習熟の道に踏み出せるのだ。

ここでさらに私の個人的見解を述べることもできるが、あなたにとって勇気をもって生きるとはどういうことなのかを決めるのは、最終的にはあなた自身だ。勇気のあるなしは、他者が決めることではない。人生の現段階で自分が勇気をもって生きていると言うに足りるのか、見極めることが重要である。
皆の思考を手助けするために、私はよくこの質問を投げかけている。

もし、未来の最高のあなた——自分が想像しているよりさらに強く、能力が高く、成功している、10歳年上の自分——が、今日玄関に現れ、あなたの現況を見たとしたら、その未来のあなたが、今のあなたの人生を変えるために、今すぐとれと助言する勇気ある行動は何だろう？　今のあなたに、どんなふうに生きろと言うだろう？

この質問をもう一度読んで数分じっくり考えてみよう。
私はこの質問を実にたくさんの人にしてきた。あなたの答えは知らないが、1つだけ推測できるのは、未来のあなたは、けっして控えめに行動しろとは言わないだろうということ。最高のあなたなら、人生を突き進めと言うはずだ。その助言どおりにするには、基礎以上の知識が必要だ。恐怖心や障害を新しくとらえる視点が必要なのである。それが、これから学んでもらう3つの行動だ。

ACTION 1

苦労を尊ぶ

これほど多くの人が勇気ある生き方をしていないのはなぜなのか？　皆、自分の意見を主張すべきだとわかっていながら、そうしない。恐怖心に立ち向かいリスクをとりたいと思いながら、そうしない。もっと大胆になり、もっと大きな夢に向かって努力し、意義深く尊いやり方で人助けをすると言いながら、そうしない。

これは、コーチングの仕事を始めたばかりの私にとって、最も歯がゆい問題の1つだった。多くのクライアントが、ビジョンや、大きな夢を語ったり、模範的な人生を送って変化を起こしたいと口では言う。でも何も行動を起こさないのだ。すばらしい人生を送りたいとは言うが、そのための新しい習慣について話をすると、たいてい忙しいとか怖いとか言ってはぐらかす。よそのセミナーでつくったビジョンボードを私に見せるも「ではビジョンボードはできているので、今度の月曜日から実践する飛躍行動のトップ3は何ですか？」と訊くと、まともな返事も計画も出てこない。勇気あ

ビジョンボード
夢や目標、決意などを可視化して一枚のボードにまとめたもの。

る行動は、100枚のビジョンボードに勝る！　と理解できていないのだ。

あなたも、なかなか大胆な行動がとれない人、あるいは自分自身に、イライラした経験はあるだろう。その問題の本質は何だったのか？　そしてどうすれば解決できたのだろう？　実は、こうしたことはマインドセットの問題だと、私は学んだ。**今日の私たちは、奮闘することを避けているために、社会全体で勇気を失っている。**そしてその選択によって、人格と強さが未熟な状態で止まっているのだ。ちなみに、人格と強さは、重要な勇気のもとである。

どういうことか説明しよう。私たちは今、歴史上類を見ない時代に生きている。かつてないほど多くの国や地域社会が、かつてないほどの豊かさを手にしているのだ。だが、そのような恩恵の裏には——人びとが苦労を嫌うようになるという弊害もある。今の時代は、本格的な努力や、試行錯誤、困難、粘り強い辛抱を必要とするようなアドバイスはウケない。楽で便利なことがもてはやされる。皆、少しでも困難の兆しが見えると、すぐに結婚や学校や仕事、友人関係をやめてしまう。日常生活で困難の兆候が見えるや否や投げ出すような人が、本当の恐怖や脅威に直面したら、それに耐えられる確率は果たしてどのくらいだろう?

勇気を出すために必要な強さを身につけるには、まず人生の基本的な困難や不都合にもっとうまく対処できるようになる必要がある。ちょっとしたことでイラッとするのをやめて、苦労を、人格向上の一環と思うようにしなければならない。**苦労を尊ぶことを覚えなければならない。**

残念ながら、私の業界でも「苦労」は人気がなくて売れない。常に言われるのは、たとえば、私のアドバイスやカリキュラムなら、複雑さと難しさを軽減し、もっと魅力的にしたほうがいいということ。「努力を強いてはだめ」なのだそうだ。「ブレンドン、難しい手順が多すぎると実践しないからだめだ。レベルを落とせ。簡単にしろ。小6でもわかるようにするんだ。人は努力したがらない。だから簡単にできることをやらせないと」と(これらはすべて、本書に執筆中に言われたことだ)。

こうしたコメントの前提にあるのは、人びとは怠け者で、挑戦を嫌い、成長を犠牲にしてでも楽することと確実性を求める、という認識だ。私たちは、この前提をどれだけ頻繁に吹き込まれているだろう。特に、メディアの世界全般において取り上げられる「コツ」や「ハック（うまい、ずるい手口）」のすべてが、生活を限りなく簡単にして、人を苦痛や負担から引き離そうというテーマで構成されている。自分の長所だけに意識を向けよう。そのほうが気分が良くなり、人にもよくしてあげられる。わざわざ欠点と向き合って苦しむ必要はない。それは不快な体験であり、努力に値しない。すべてをアウトソーシングしよう。本当のスキルを学ぶ価値はないからだ。ダイエットだって、魔法の錠剤でハックすれば、ひどい食生活を変えないで済む。

　インターネットミームやメディア、インフルエンサーが私たちに寄ってたかって吹き込んでくる。苦労なんてするものではない、人生は楽に流れるべきで、そうでないなら間違った道を歩んでいる、と。その影響で、私たちの能力がどんなことになっているか、考えてほしい。**その影響で、私たちが勇気ある行動を起こす確率がどうなっているか、考えてほしい。**

私たちが人びとに、簡単なことだけをするよう言い続けていたら、難しいことをしようなどと誰が考えよう？

朗報なのは、今、世界中の人びとが、手っ取り早い解決策や、ハックや、いわゆる特効薬ではできないこともあると気づき始めていることだ。もともと知っていた常識を思い出し始めている。その常識とは、卓越性を達成するには、懸命な努力や、自己規律、退屈しそうな日課が必要で、学習に常につきまとう苛立ちや、私たちの心と魂、そして何より勇気が試されるような逆境も必要である、ということだ。ハイパフォーマンスには、真の意図が必要だし、難しい習慣を身につける必要もある。本書で紹介する研究が、その重要な事実を把握する一助になれば幸いだ。本書の習慣は、実行可能だが、やはり長期にわたって意識を集中させ、奮闘し、忠実な努力をする必要がある。

私たちより上の世代なら、苦労を避ける選択肢がなかった時代の話をするだろう。昔は皆、何の困難もなく、情熱だけを追い求める快適な人生など望めないことをわかっていた。平坦な道のりなど期待しなかった。艱難辛苦は、人格を形成する動力源だと言うだろう。彼らが支持した理想とは、手を汚して、誰よりも懸命に働き、たとえ苦難に直面しても壮絶な根気強さで夢に向かって努力するという姿勢だ。そういう努力が、人をより優れた、より有能な人間にすると考えられていたからだ。困難に見舞われても、落ち着きと威厳をもって対処する人間が尊敬を得て、リーダーになった。

懐古主義のように聞こえてしまうかもしれないが、これは真実だ。**偉業を達成した人の中に苦労を避けたという人は1人もいない。**皆、苦労と対峙し、がっつりとかかわった。真の難題が自分を追い込み、能力を伸ばし、出世させてくれるのだから、しっかり向き合う必要があるとわかっていたのだ。彼らは苦労を尊ぶことを学んだ。**苦労を覚悟し、歓迎し、糧として、より多くを与える原動力にするというマインドセットを身につけたのだ。**

人生の葛藤や、困難、ひどく厄介な状況にまっすぐ向き合うことで、私たちは、恐怖心の壁を、1つひとつ取り崩していく。このマインドセットは、他のどの考え方よりも、私の著書の根底に据えられている。前著『自分を貫く』『自分に自信を持つ方法』『奇跡が起こる遊園地』を読んでもらえれば、私が、ほぼ崇拝といっていいくらい、苦労を深く尊重していることがわかるだろう。

苦労は、あなたの成長の旅路の、必要で、重要で、ポジティブな一環だととらえられるようになったとき、真の平穏と、自己の力を見いだすことができる。

それができないと、壊滅的な状況になる。苦労を嫌ったり、恐れたりする人は、やがて愚痴ばかりになり、モチベーションを失い、投げ出してしまう。

苦労を尊ぶ姿勢は、私たちの最新の調査でも、勇気の予測因子であることが証明された。勇気ある人は、「人生の新たな課題に挑むのが大好きだ」「障害や抵抗に遭っても目標を達成する自信がある」という記述が当てはまると答えている。ハイパフォーマーたちは、ともかく課題に挑戦することや、失敗、学びや成長に伴う困難をいとわないのだ。そして、新しいことに挑むのが大好きで、困難に遭遇する可能性があっても、目標を達成できる自信を持っている。過去のたいへんだった経験について彼らに聞いてみると、パフォーマンスや、成長や、成功のために自分の安全地帯から出ざるを得なかった状況のことを、嫌な経験としてではなく、むしろ崇拝するかのように話してくれた。

私たちの発見は、成長マインドセットを持つ人びとに関する数十年におよぶ心理学研究の結果とも一致している。そうした人たちは、自分は向上できると信じ、挑戦が大好きで、困難から逃げずに取り組む。彼らは他の人ほど失敗を恐れない。なぜなら、自分は学習でき、努力と鍛錬によって、向上できるとわかっているからだ。彼らはそうした姿勢のおかげで、**人生のあらゆる分野で、長期にわたって、よりモチベーションが高く、物事をより執念深く追求し、よりレジリエンスが高く、より成功する。**

一方の「固定マインドセット」を持つ人は、信念も行動もすべてその正反対だ。彼らは、自分の能力、知性、性格特性は変わらず、固定されていて、限定されていると信じている。自分が変わって成功することはないと思っているため、自分の「生まれながらの」強みと能力を超えた物事に直面すると、すぐに恐怖心を抱く。彼らは失敗を嫌がる。なぜなら彼らは、失敗を、自分自身の評価に直結するものととらえているからだ。ミスやエラーによって、自分が無能に見えてしまうと思っている。また、簡単にできないことはすぐあきらめる。これらがいかに破壊的かを示す研究報告がある。**固定マインドセットの人が挑戦を回避する確率は、成長マインドセットの人の5倍**だという。これは、私たちが観察したハイパフォーマー対ローパフォーマーの比較とも一致する。

人生における避けられない苦労や、ミス、厄介な状況、困難を覚悟したり、それに耐えたりする意志がない人は、いばらの道を歩むことになる。勇気がないと、自信も、幸福度も、成功度も低くなる。それはデータで証明されている。

2つの人間の物語

人間の物語には、奮闘記と成長記の2つしかない。そして、前者なくして後者を記すことはできない。その浮き沈みが私たちの人間味を育てる。人生、山もあれば谷もある。喜びも絶望も、勝利も敗北も経験しながら、幅広い人間に成長していく。

皆、それをわかってはいるのだが、困難な状況に陥ると忘れがちだ。ちょっとした苦労もいとう人が多いが、それはやめなければならない。物事を忌み嫌っていると、その対象が、実際よりどんどん大きく恐ろしいものに膨れ上がってくる。私たちは、自分が苦労によって破滅させられるか、成長するかのどちらかしかないことを受け入れる必要がある。そしてどちらを選ぶかは結局自分次第という、厳しい現実もだ。どんな困難に陥っても、次にどうするかを選ぶのは自分自身なのだ。だが選べることに感謝しよう。

人生での困難をありがたく思うのを超え、崇拝するような気持ちを抱くこともできる。ハイパフォーマーたちの話を聞いて明らかになったのは、**卓越するためには、苦労を、強さとハイパフォーマンスへの足がかりと見なせる自分になる必要があるということだ**。苦労は成長過程の一部であり、どんな価値ある活動分野にも欠かせない一部であるというとらえ方は、ハイパフォーマンス精神の一環なのだ。そして、苦労を受け入れる決断をしたときに、私たちの内面の奥底から勇気が引き出される。

私が今直面している苦労は、必要なものであり、私が貢献し、強くなり、自分と愛する者たちのより良い未来をつくり上げる糧となる。

ただし、苦難の道を尊ぶというのは、ただ逆境を受け入れ、パンチをかわしながら、改善の努力を何もしないということではない。苦難に立ち向かい、学ぼうとする姿勢があれば、**最高の自分を引き出せる**というマインドセットを取り入れることを意味している。辛いときもあるだろうということを受け入れれば、現実感覚と覚悟を持って目覚め、問題を予期しそれに対する心づもりができ、二流のリーダーなら倒れてしまうような変化の風が吹いても、落ち着いていられる。
そうした、エンゲージメントとアクションを志向する傾向も、ハイパフォーマンス精神の1つの特徴だ。人生で避けられない困難がある？ ならば、全精力を注いで取り組もう、というスタンスだ。押しつぶされそうなときでも、散歩に出て、呼吸に集中し、その問題を避けるのではなく、考える。問題を直視して「私が今すぐとるべき正しい行動は何か？」と問う。まだその行動を起こす準備ができていないなら、計画し、勉強し、霧が晴れてあなたがリーダーとして召喚されたときのために備える。

ではこのセクションの締めくくりに、私の受講生が役に立つと言っている2つの格言を紹介しよう。

1つめは、私が陸軍特殊部隊の隊員にコーチングをしていたときに教わったものだ。それは、兵役の苦難に耐えなければならないことを説く**「最悪なことを受け入れろ」**という有名な格言だ。
兵役には最悪だと思うこともままある。最悪な訓練。最悪なパトロール。最悪な天気。最悪な状況。でもそれらを避けることはできないし、文句を言うわけにもいかない。**ただ対処し、立ち向かい、耐え抜いて立ち上がれと自分に命じなければならない。**最悪なことを受け入れなければならない。私が、軍隊について最も尊敬していることを1つ挙げるとすれば、それは、兵士たちが文句を言わないことだ。不平不満は尊重されず、繰り返されもしない。私はそこに感動している。人生のいかなる領域でも、世の中に奉仕する機会の恩恵を得たなら、そのための努力について不平を言ってはならないのだ。

苦労を受け入れ尊ぶのに役立ちそうな2つめの格言は、**「あなたはやり抜くことができる」**である。自分のポテンシャルが認めてもらえない、自分のビジョンが共感されない、自分がどうなるかわからない、怖いからといって、あなたに資格がないことにはならない。空が曇っているからといって、太陽がないことにはならない。

物事がうまくいくことを信じよう。世間ではよく、苦しいときは「自分が受けている恩恵を数えよう」と言われるが、私としては、恩恵に期待しようと言いたい。宇宙は豊かで寛大だから、良いことが向こうからやって来ると信じていい。自分自身と未来を信じようというのは、困難な状況にある人への究極のメッセージだと思う。

私は脳挫傷で苦しんでいたとき、こんな言葉をカードに書いて財布に入れて持ち歩いていた。

「忘れるな。君は自分で思っているより強い。そして未来には、良いことが待っている」

ACTION 1 のまとめ

「苦労を尊ぶ」マイノート

1 私が人生で直面している苦労は……
2 この苦労に対する視点を変えるとしたら、どうとらえるか……
3 この苦労から何かすばらしいものが得られるとしたらそれは何か……
4 人生における不可避の苦難に今後どう向き合っていくか……

ACTION 2

真の自分や野心をさらけ出す

私は前著『自分を貫く』で、人間の主要な動機は、自由であること、本当の自分を表現し、制約を受けずに夢を追い求めること、そして、いわゆる個人の自由を体験することだと主張した。私たちが奮い立つのは、恐怖心や同調圧力に妨げられないと感じるときだ。自分に忠実に生きてこそ――すなわち、ありのままの自分、本当の気持ち、本当の願望や夢を表現できてこそ――正真正銘の自分であり、自由なのだ。だが、それには勇気がいる。

誰だって、束縛され、周囲に同調しながら生きたいとは思わない。しかし『自分を貫く』を出版すると、個人の自由を実現することがいかに難しいかを述べる手紙やコメントが何千通も送られてきた。世間に、本当の自分をありのまま、堂々と見せることは、大きなリスクを伴う。人はよく、自分らしくありたいと口にはするが、現実にそれをすると、多くの批判や拒絶を招く。自分のありのままの姿を見られたら、体裁を保てなくなる、周囲の期待に応えられなくなる恐れがある。

しかし、私に言わせれば、誰かの期待どおりの自分や実力に達する努力をすべきなのは、その誰かがあなたを応援するロールモデルであると信じているときだけだ。誰かがあなたを信じ、あなたにすばらしい可能性を見いだしてくれているのであれば、もちろん、それに応えようとすべきである。

あなたを疑ったり、軽んじたりする相手のことなど考えなくていい。そんな人たちをわざわざ喜ばせようとする必要はない。自分らしい人生を生きよう。懐疑的な人たちの承認は求めなくていい。他者の承認を求め、それが満たされても、その喜びは長続きしない。人に認められても、すぐに物足りなさを覚え、キリがなくなる。


となると、残された道は、**真の自分を表現し、自分の夢を追い求めることだけ**だ。それをすれば、批判は免れない。だが、それも苦労の一環として最初から覚悟しておけばいい。何をしても常にジャッジはつきまとう。常に曇りの日があるのと同じだ。**批判に揺さぶられて信念を曲げてはならない。**自分の夢を信じるなら、その道から逸れてはならない。希望で魂をときめかせることに誰の許可もいらない。

正直に告白しよう。多くのハイパフォーマーたちの話を聞いてから、私は、あなたが批判や抵抗に遭うようにと願うようになった。なぜなら、それは、あなたが自分自身の道を進み、偉大なものを目指しているあかしだからだ。

最近、誰からも横目で見られたり、「何様のつもりだ?」「それ本当に大丈夫か?」と言われたりしていないなら、もしかすると、あなたの生き方は大胆さに欠けるのかもしれない。

こうした話は以前にもしたことがあり、その後、あるファンの人から反論のメッセージをもらった。「でもブレンドン、私はありのままの自分を誇りに思っていないので、そんな自分をさらけ出したくありません。自分を恥じているわけですから。真の自分は、人に見せたいものではないんです」と言ってきたのだ。私はこう答えるしかなかった。

「いいですか、もしあなたが真の自分を恥じているなら、あなたがまだ真実を見つけていないということなんです」

自分を小さく見せなくていい

『自分を貫く』の読者からの感想で1つ意外だったのは、真の自分をさらけ出すこと自体とはまた別の恐れだった。自分が人から低くジャッジされるのが怖いのではなく、自分のベストを出したら、他者に引け目を感じさせてしまう恐れがある、という意見を寄せた人が多かったのだ。**周囲の人たちが劣等感を抱いてしまう可能性があるので、自分の本当の野心や、喜び、力を表現することに躊躇を感じている**のだ。

彼らは、周囲に劣等感を持たせないよう、自分の夢は最小限に語り、大きな考えは封印し、自分自身のレベルを下げ、口調も控えめに、低姿勢を心がけるべきだと考えていた。

そういう心配を寄せてきた読者にはよく、私があらかじめスマホで自撮りした動画を送っている。そこではこんなことを言っている。

いいですか。絶対に控えめに立ち回ったりしてはダメです。高い目標を持っていることを悪いと思わないでください。あなたの魂にその夢が宿ったのは、それなりの理由があってのことなんですから、あなたには、それを尊重してあげる義務があります。周囲を安心させたり、機嫌を取ったりするために自分を押し殺してはいけません。自己開示しないことは、謙虚さではなく、嘘をつく行為です。あなたの本当の考えや、気持ちや、ニーズ、夢を周囲がわかっていないとしたら、それは彼らのせいではなく、あなたのせいです。あなたのポテンシャルが理解されない壁があるのは、彼らの理解力や野心が欠如しているせいではなく、あなたが黙っているせい、弱みをさらけ出さないせい、力が足りないせいです。もっと自分のことを伝えれば、あなたのことを支え、元気を与え、引き上げてくれるような、本当の人間関係が築けるでしょう。そして、たとえその人たちに支えてもらえなかったり信じてもらえなかったとしても、あなたは、少なくとも自分の人生を生き、少なくともすべてをさらけ出し、少なくとも自分の心の希望と魂の使命を尊重したことになります。そうしてすべてを表現した先に、あなたの自由があるのです。いいですか。一段階上のパフォーマンスは、一段階上の真実から始まるのです。

本章は、説教がましくなっているが、これはとても大事なことなのだ。今でも、本を読んで数年経った読者から、このメッセージに助けられたという声が寄せられる。だからあなたもこのメッセージをそばに置き、今度、誰かに気をつかって自分の夢を封印しようと思ったときに、声に出して読めるようにしておいてほしい。

だからどうかおつきあい願いたい。あなたの人生で、一段階上の勇気を出せるようにするには、一段階上の自己開示、つまり、あなたの本当の自分、望み、実力、覚悟について、正直にオープンにすることが必要だ。それをしにくくしている唯一の障害は、**他者を不快にしないよう、自分を小さく見せたほうがいいかもという考え**だ。

だが、それを謙虚さだと勘違いしないでほしい。自分を小さく見せるのは本当の野心を偽る行為だ。神や、宇宙や、運が授けてくれた才能、そして自らの努力の賜物に罪悪感を抱いていることになる。またそれはこそこそした行為でもある。他者への気兼ねを手放さない限り、それによって、永遠に、本当にありのままの自分でいることも、満足することも、真の可能性を発揮することもできなくなる。それによって、目標が下方修正され、卓越性も失われてしまう。いったい何のためにそこまで落ちる必要があるのか?

あなたはこんなふうに考えるかもしれない。**私の意欲や願望が、周囲に引かれるのではないか。私の野心はよく思われないのではないか。嘲笑されるのではないか。だから目立たないようにしているのが一番。ともかく、野心も勤労意欲も、下げ気味にしておこう。**

私は、この誤った考えのあらゆるバージョンと変化形を耳にしてきた。だがあなたの心に刻みつけるべくもう一度言う。このような考えは謙虚とは違う。恐れであり、偽りであり、抑制であり、思春期の子どものような心配だ。この考え方をしていると、血の通った純粋な人間関係が損なわれる。他者に引け目を感じさせないように自分を小さく見せておけば、短期的には、たしかに人間関係が楽になるかもしれない。けれども、こんな弊害もある。

誰も、仮面をかぶった人間とはつきあいたがらない。

もしあなたが、5年つき合っている知人から、ある日突然こう言われたとする。

「君は本当の僕を知らない。今までずっと、すべてを正直に言っていなかった。僕の本当の夢のこと、君には黙っていたんだ。反応が怖かったし、心の狭い君が機嫌を損ねると思ったから」

こんなことを言われたあなたは、どんな気持ちだろう？　相手との距離を縮めるだろうか？　動揺するだろうか？　そしてどんなリアクションを返すだろうか？

あなたはきっと驚き、傷つくはずだ。あなたも、隠すことで他の人を傷つけたいだろうか？

よく聞いてほしい。もしあなたが、人に合わせるためや、人に引け目を感じさせないために、自分の本当の考えや夢を語らずこらえているなら、それは相手や他人のせいではない。あなたが、自分の首を自分で絞めているのだ。そしてついでに、人間関係から生気を絞り出している。

私は、世界中のたくさんの人たちが、歪んだ「謙虚さ」を装って、自分を苦しめているのを見てきた。「まわりの臆病者たちの機嫌を損ねるから、私は輝かないほうがいい」――などというのは、謙虚でもなんでもない。お願いだからやめよう。

これまでずいぶん多くの人の反応を見てきた私には、あなたが思わず言いたくなることがわかる。こんなことを思っていないだろうか？　いやいやブレンドン、あなたはわかっていない。私の夫が……コミュニティの人たちが……うちの社内が……うちの母親が……私のコーチが……私のファンが……うちのブランドが、どんな人間なのか。私の［（あなたの言い訳）］状況が……。

さあ、今度は私が否定する番だ。

あなた以外の誰もあなたを黙らせることはできない。あなた以外にあなたのセルフイメージを小さくできる人はいない。そして、あなた以外に、あなたの心を開き、あなたにフルパワーを発揮させられる人はいないのだ。

ありのままでいられない、弱みをさらけ出せないことを「あの人たち」のせいにすることもできるが、今日という日を選んで、たとえ人の反感を買う可能性があっても、自己開示を始め、全力で生きるようにすることもできる。一部の人にバカにされるのではないか？　愛する人が信じてくれなかったり、離れていったりしないか？　仲間にクレイジー呼ばわりされ、のけ者にされないか？　近所の人やファンに「身のほど知らず」と嫌われないか？　そうした疑念に1つひとつ答えるならば、どれも可能性はある。だが、律儀に皆が望むレベルに自分を合わせるのと、自分にとって正しいことを主張するのと、どちらが高潔だろう？　結局、人生のテーマは恐れなのか自由なのか、自分に問わなければならない。一方の選択肢は檻、もう一方が勇気なのだ。

このテーマに対する私の情熱は果てることがない。いろいろなところでたくさんの人にコーチングしてきたからわかるのだが、いつか、誰か――私か、あなたのメンターの1人か、あなたの心の奥底からのささやき――が自己開示をするようあなたを説得するだろう。

あなたが、会ったこともない一介の著者の言うことを聞く筋合いはない。だがもし、私がどうにかここまであなたの関心を引きとめたのなら、どうかもう少しだけ私につき合ってほしい。あなたが気をつけなければならないのは、抑制が、目に見えぬストレスとなって、長期にわたり、あなたの心と人生に重くのしかかることだ。そしてあなたの周囲の人びとに、あなたの本当のすばらしさと能力を隠し立てすることになる。さらに悪いことに、それによって、あなたにふさわしい人たちがあなたの人生に現れなくなってしまう。

私はそういうケースをいつも見ている。成績のいい人が、密かに努力する選択をしたために、一段階上の成功を達成できないケースだ。そういう人は、自己開示や主張をしたがらない。「身の丈をわきまえた」「現実的」で「分別のある」人間であろうとし、周囲の人を「上機嫌にし」「安心させ」ようと努める。彼らは、自分のすばらしいアイデアを胸にしまい込んでいるだけでなく、助けを求めないという、もっと致命的な過ちを犯す。助けを求めなければ、あなたにふさわしい人があなたの人生に入ってこられない。だからもし、宇宙があなたの望むものを与えてくれないとしたら、それは、いろいろなことに気を取られたり、黙っていたりするあなたが何を求めているのか、宇宙が知らないだけなのかもしれない。

最近、あるオリンピック金メダリストにコーチングをした。私が「あなたのキャリアで最大の収穫があったのはいつですか?」と訊くと、彼女はこう答えた。
「私が、ついにオリンピック金メダルの夢を口にし始めたときです。それから急に、人びとが私を正しい方向に導いてくれるようになりました。何をすればいいのか、どんなスキルが必要なのか、誰に相談すればいいのか、プロはどんな道具を使っているのか、最高のコーチは誰なのかなどを教えてくれました。それで学んだんです。自分が人生で何をしたいのか、口を開いて屋根の上から大声で叫べば、村の中には、私ができない理由を叫び返してくる愚かな連中も出てくるでしょう。でも、村の指導者たちがこぞって手伝いに来てくれる。そういうふうに、人生はすばらしいと思います」

あなたの人生にしかるべき理由でかかわっている人たちは、真のあなたに耳を傾けてくれる。彼らはあなたの野心に拍手を送り、喜んで本当のあなたに会おうとしてくれる。あなたが真実を伝えたこと、ありのままを見せたこと、自分たちを信頼したことに感謝してくれる。人を信頼して真実を伝えれば、本当の人間関係と愛情の黄金の価値が、失われた宝物のように姿を現す。さらなる勇気を出すには、過去にあなたを支えてくれた人たちに対してそうする義務があると自分に言い聞かせよう。彼らがあなたに与えてくれた力に報いるためにも強くあり続けよう。お世話になったすべての人への返礼として、不平を言わず、行動しよう。批判せずに、応援しよう。同調せずに、真の自分を生きよう。利己的にならず、奉仕しよう。楽な道を選ばず、成長と並外れた人生を目指してがんばろう。

そして、あらゆることが崩壊しそうなときこそ、今後の自分自身が形成される瞬間なので、最高の自分を出すようにしよう。

日々気軽に話す

ありのままの自分で他者と関係を築くために最も重要なのは、相手に自分の本当の望みを伝えることだ。それを相手に承認してもらったり、手伝ってもらったり、アイデアを出してもらったりする必要はない。相手のことは巻き込まなくていい。ポイントは、宇宙があなたに開かれているのと同様に、あなたも人に心を開く勇気を持つことなのだ。毎日、自分の考えていることや、気持ち、夢見ていることを人に話す、というのをやってほしい。その結果、目の前の人が即何かをしてくれるわけではないが、世の中何があるかわからない。もしかしたら、遠隔力が働いて、あなたの必要とする時間と幸運と運命のさざ波が1つにまとまり、あなたのもとに、次のステップへのヒントを届けてくれるかもしれない。それは、**あなた自身の勇気によって発掘された宝の地図**と言える。

この「真の自分や野心をさらけ出す」という習慣は、あなたの知り合いの一人ひとりに、折り入った話をして回るとか、大事な人たちの前でかしこまり、これまで言えなかった理由をすべて打ち明けるとか、これまでの人生や哲学を語る動画を撮るとか、そういうことではない。ただ、自分の考えや目標や気持ちを人に話すことを、日常の習慣にしようということだ。毎日、あなたの本当の考えや望みが伝わるような何かを共有しよう。たとえば「あのさあ、今日考えてたんだけど、僕は◯◯するのが大好きだから、△△を始めようかと思うんだ」というように。

- 本の書き方というのを調べてみようと思うんだ。自分は伝える価値のあるストーリーを持ってると思うから。
- 毎日ジムに通い始めようかと思ってさ。もっと生き生きとエネルギッシュに過ごしたいから。
- 転職先を探そうかと思ってるんだ。仕事にもっと情熱を感じたいし、もっと評価されたいから。
- 新しいコーチを探して、何人かに連絡をとってみようと思う。もっと高いレベルで競技したいから。

こんな、気軽な話し方でいいのだ。話の構成もシンプルだ。あなたは何を話したいだろうか？　何でもいいので話そう。そして毎日思い切った行動をしてそれを実現させよう。

ACTION 2 のまとめ

「真の自分や野心をさらけ出す」マイノート

1　すごくやりたいけれど、まだあまり人に話していないこと……

2　もっと「私らしい」日常を過ごすとしたら、何をするか……

3　もし自分をさらけ出して誰かにからかわれても、こう言って一蹴する……

4　これから人に話して手伝ってもらいたい大きな夢は……

ACTION 3

がんばるモチベーションとなる相手を見つける

2006年、私は有り金をはたいてしまった。本書であなたにやれと鼓舞してきたことを実行した——すなわち行動を起こした——結果だ。私は著者兼コーチになるために仕事を辞めた。その夢を皆に話した。

多くの人たちに狂っていると思われた。そこには私自身も含まれていた。本の書き方も出版の仕方も知らなかった。私は名前も知られていないし、頼るコネもない。当時は、Facebookも、YouTubeも、iTunesもまだ黎明期にあり、自分の声を発信するのはたいへんなことだった。

私が発信したかったのは、自分が交通事故の経験から学んだこんな教訓だ。人生の終わりには、自分の生涯が幸せだったかどうかを自問することになる。そのとき何を問うかを今はっきりさせることができれば、毎朝目覚めたときから、人生の終わりに満足に答えられるよう、意識して生活できる。私にとってのその質問は「私はしっかり生きたか？　人を愛したか？　重要な存在だったか？」であると学んだ。

このシンプルなメッセージを多くの人に届けたかったので、私は毎日遅くまで、ウェブサイトのつくり方や、オンラインマーケティングのやり方を勉強していた。

本当にすっからかんだったので、彼女のアパートに転がり込み、母の古い裁縫部屋から借りてきた折り畳みの机を「デスク」にし、部屋がとても狭いので、ベッドを脇机代わりにして、そこに請求書や、メモや、恐怖心を積み上げていた。

私の私生活の暗黒時代だった。モチベーションとハイパフォーマンスの習慣を専門にしようという男が、そのどちらもほとんど持っていない。ただ執筆とコーチングという、自分の望みだけははっきりしていた。冷蔵庫に「ストレスを感じているときこそ、大胆かつ勇敢であれ」というホラティウスの有名な格言を貼っていた。しかし、どちらの目標にも近づくことなく、日にちばかりが過ぎていた。

カフェで他の人たちがパソコンを叩いているのを見て、こんなことを思ったのを覚えている。僕はなんてインチキなんだ。みんなああして働いてるのに、僕はほとんど何もしてない。そして立ち上がって、公園を歩き回りながら自分に言い聞かせた。もっとやる気が出るような環境に自分を持っていかなきゃいけない。こうして歩けば、頭がすっきりして、もっといい文章が書けるようになるだろう。そうやって何週間、何カ月と、公園をぐるぐる歩き回ったが、頭の中はずっとモヤモヤしたままだった。自分のモチベーションが、夢のレベルに追いついていなかったのだ。

そして習慣も同様だった。スマホのアラームを使ったリマインダーや、メンタルトリガーを設定し、毎朝同じ時間に起床して、執筆を始めようと思っていた……が、その前に、執筆のためのパーフェクトな状態に入るために、パーフェクトな緑茶をいれたり、最高のオムレツをつくったりしていた。そういう習慣だけはわりと続き、汚れた食器のほうが、書けたページ数より多くなっていった。すべての習慣がすばらしい結果につながるとは限らない。重要な材料が抜けていれば、なおのことだ。

だが、あるふとした瞬間に、すべてが変わった。

ある夜、先に寝ていた私は、彼女が寝室に入ってくるところを見た。私を起こさないように、そして私がベッドの上に散らかしていた請求書やメモを落とさないように気をつけて、そうっと布団に入ってきた。

人生の最愛の人が請求書に埋もれて寝る姿に、胸が締めつけられた。

私は、狭いアパートを見まわした。一文無しの自分が家賃も入れられなくて、あるのは2人の愛だけのアパート。役立たずで惨めな自分が、1章はおろか1ページも書けず、夢見た使命も達成できずに座っているだけのアパート。私は思った。**これは、僕の望む2人の生活じゃない。彼女にこんな生活をさせちゃいけない。**

その瞬間、私の中で何かが弾けたというか、開けたというか、はまった。それまでの私のパフォーマンスは、自分の人生の志向やニーズだけを思ったらそれでいいかもしれない。でも、自分のモチベーションの弱さや、だらしない習慣のせいで、この女性の人生を台無しにしてなるものかと思ったのだ。皆に狂っていると思われた私を信じてくれた女性。私を食べさせてくれた女性。つき合ってまもない頃、恥ずかしそうに「愛してる」と告白してくれた女性である。

自分が勇気を出したことを実感するときというのは、何か、断固たる決断をしたときだ。それは、えてして自分のためではなく、誰かに尽くしたい、誰かを愛したい、誰かのためにがんばろうと思う気持ちからくる。この女性のために奮闘して、人気著者兼コーチになり、どんな障害があっても、人の役に立つことに集中し、とにかく成功するまでがんばるか、それとも……それともどうするのか？　いや、他に選択肢はなかった。

あの瞬間から、私は、夢を追いかけることにもっとしっかり集中しようと決めた。もう、いろいろなことに気を取られて日々を無駄にしない。もっと大きなことを考え、ちまちましたビジネスで自分の了見を狭くするのはやめよう。もっと大きな変化をもたらせるよう、自分の専門分野で奮闘して、自分の声を轟かせよう。批判者のことなど気にとめず、人生にポジティブな姿勢と前進を求めている人だけに、誠心誠意を尽くそう。そして、あの女性と結婚しよう。そう決心した。以来、望みどおりの人生を2人で歩めるようがんばろうという思いが、私のモチベーションと最大限の貢献度を保っている。

私のストーリーは、たいして珍しい話ではない。本章を書きながら、ハイパフォーマーの中でも最高レベルの人たち（HP6それぞれの平均スコアが最高の人たち）へのインタビューを思い返してみたが、やはり、彼らに共通する姿勢は、私の話と似通っていた。

ハイパフォーマーは、自分のためより、世のため人のために何かをすることが多い。人に尽くすことの中に、勇気を出す理由や、集中し卓越性を発揮する目的を見いだしているのだ。

インタビューした最高のハイパフォーマーたちは皆、自分を卓越へと駆り立てている誰かの話をしていた。皆それぞれに、卓越する理由があり、その理由は、多くの場合、特定の目的や集団のためではなく、特定の人だった。それは、子どもたちや従業員、親戚一同、地域社会のニーズなど、複数の場合もあったが、たった1人の人を挙げるケースが大多数を占めていた。

私がこの話をするのは、今の私たちの文化では、人生の目的を見つけようと推奨されることが多いからだ。たいてい「世界を変える」とか「何百万人に恩恵をもたらす」ような、偉大で崇高な大義を見つけるのがよいとされている。多くの人がそれを探し求め、中には、人生の高い目的を見つけられる人もいる。そんな目的が持てたらすばらしい。

私たちの、勇気に関する画期的研究で示されたのは、**自分以外の崇高な目的のために行動する人びとの中でも、ハイパフォーマーの場合は、その崇高な目的が、たった1人あるいは数人の人間であることが多い**ということだ。

だから、今すぐ自分の目的を見つけろと言われている若い人は、そんなに遠くを見る必要はない。身近な誰かがあなたを頼りにしているかもしれない。そうして人を助ける中で、新たに発見できる自分自身の力もあるだろう。そして目的探しは必要ない中高年は、自分が次に登る山を探しながらも、まわりの人たちを忘れないようにしよう。

私の調査で、火を見るよりも明らかだったのは、ハイパフォーマーの勇気は、どのような理由で引き出されたにせよ崇高で、その動機は称賛に値するものだったことだ。そこには、人間の善意があった。それは、以下のようなインタビューの答えを見れば明らかだ。

「彼女が私を必要としていました。そのときは、彼女を助ける以外の選択肢は考えられませんでした」

「彼らに苦しんでほしくなかったのです」

「誰も気にかけていない様子でした。そんなところに私が行き合わせたのです」

「彼のためにやりたかったんです。彼もそれを望んだはずです」

「皆が見て見ぬふりをしているようだったので、私が立ち上がったんです」

「私はレガシーを残したい。だから自分のメンタルブロックを外して、やってみることにしました」

「これは、物事を、最初より良い状態にして去るための行動です」

「愛が勝つはず。だから私は戻っていったんです」


時として、とっさの勇気が出るような状況もある。だが、たいていの場合は、何か、あるいは誰かのことを、長年にわたって深く気にかけてきた末の表現、あるいは行動であることを、私は発見した。だからまず、あなたが大切に思う物事や人を見つけることから始めよう。そして与える。今日から、何かを深く気にかける。今日から何かのために立ち上がる。そうすることで、いざというときに勇気がわく。

ACTION 3 のまとめ

「がんばるモチベーションとなる相手を見つける」マイノート

1 今週私が、愛する人が私の力を必要としているためにとる、勇気ある行動は……

2 今週私が、信じる大義のためにとる勇気ある行動は……

3 今週私が、自分の夢をかなえるためとらなければならない、勇気ある行動は……

複雑な世の中で勇気を出す

宇宙の複雑さが減らないのと同じように、人生はなかなか楽にならない。でもあなたは強くなっていく。より多く貢献し、よりうまく対処し、批判や苦難にさらされてもより自分に忠実で意識的であることを学んでいく。するとやがて、障害が小さく見え始め、道が自分のものになっていく。だから、何があっても、自分を信じ、前のめりで行こう。あなたが次の勇気ある一歩を踏み出せば、一段階上のレベルが開かれる。そうしたステップをどんどん踏んでいけば、自尊心を持って過去を振り返れる。では、本章の冒頭で共有した話に今一度戻ろう。

人生の最後に誇れるような勇気ある行動とは、先の読めない状況や現実的なリスクがあったり、大きな利害がかかっていたりする状況でも、安全や報酬、成功の保証なしに、大義や自分以外の人のために何かをすることだ。

これは、私も身に染みて感じている。なぜなら、過去に2度、人生の終わりに直面したことがあるからだ。ホスピスで死にゆく人たちと向き合い、彼らがどんな話をするのか、どのように人生を回顧し、何をしておけばよかったと思い、何を大切に思い、彼らの自尊心や誇りやレガシーがどこから来たか、知っているからだ。

そしてこのようなことを学んだ。ほとんどの人にとって、勇気ある行動をとることは、まれな出来事ではあるが、それらは記憶に残り、小さな出来事と同じくらい、自己認識や人生観の形成に影響する。だから、より大きな勇気を発揮できるよう、常日頃から次のような問題を考えるようにしてほしい。今から心の準備をしてこそ、必要なときに、本当のやさしさと勇気をもって奉仕することができるのだ。

- プライベート生活で、やれば家族の生活を永続的に向上させられるのに、たいへんそうだから避けてきたことは何か?
- 職場でできることの中で、大きなリスクを伴うが、やれば状況が一変し、人びとの役に立つことは何か?

- 自分より気高いものへの道義的責任を示すような決断を私が下せるとしたらそれは何か？
- いつもなら緊張や不安を感じてしまうような状況に立ち向かうにはどうすればいいか？
- 怖いけれども、その変化を起こせば愛する人の助けになることは何か？
- 良いことだが、自分の人生をレベルアップさせるために捨てる選択肢もあることは何か？
- 身近な人たちに言いたくても言っていなかったことは何か？　そしていつ、どのように勇気をもってその真実を宣言しようか？
- 私を必要としているのは誰か？　今年いっぱいは、この人のために奮闘しようと思う相手は？

以上は、勇気ある考えや行動を駆り立ててくれる質問だ。これらを常日頃から自分に問いかけ、本章の習慣を実践すれば、このような真実にたどり着くだろう。喧騒から離れた心の奥底では、愛が心を包み込み、夢が待ち受ける。そこでは恐れを感じない。

2 真の自分や野心をさらけ出す

人間の主要な動機は、自由であること、本当の自分を表現し、制約を受けずに夢を追い求めること、そして、いわゆる「個人の自由」を体験することだ。この欲求に従って、あなたの本当の考えや、気持ちや、ニーズ、夢を、常日頃から周囲の人に話すようにしよう。周囲の機嫌を取るために、控えめに行動したりしない。真の自分を生きよう。

3 がんばるモチベーションとなる相手を見つける

私たちが高い能力を発揮するためには崇高な目的が必要だ。ハイパフォーマーの場合は、その崇高な目的が、たった1人の人であることが多い。その人が安全でより良い生活をできるようにがんばりたいと思う傾向があるのだ。人は、自分のためより、世のため人のために何かをすることが多い。人に尽くすことの中に、勇気を出す理由や、集中し卓越性を発揮する目的を見いだしているのだ。

成功し続ける人の習慣 6 まとめ

勇気を出す

1 苦労を尊ぶ

幸運にも、学んだり、奉仕したりする機会を得たなら、そのための努力について不平を言ってはならない。苦労は、あなたの成長の旅路の、必要で、重要で、ポジティブな一環だととらえられるようになったとき、真の平穏と、自己の力を見いだすことができる。自己啓発や夢を追いかけるには避けて通れない苦労を嘆いていないで、困難を崇拝するような気持ちを抱こう。

世界３万人のハイパフォーマー分析でわかった
成功し続ける人の６つの習慣

発行日　2024年7月19日　第1刷
　　　　2024年9月20日　第2刷

Author　ブレンドン・バーチャード
Translator　和田美樹　翻訳協力：株式会社トランネット（www.trannet.co.jp）
Book Designer　カバー　竹内雄二
本文・DTP　小林祐司

Publication　株式会社ディスカヴァー・トゥエンティワン
〒102-0093　東京都千代田区平河町2-16-1 平河町森タワー11F
TEL　03-3237-8321（代表）03-3237-8345（営業）／FAX　03-3237-8323
http://www.d21.co.jp

Publisher　谷口奈緒美
Editor　三谷祐一　牧野類

Distribution Company
飯田智樹　蛯原昇　古矢薫　佐藤昌幸　青木翔平　磯部隆　井筒浩　北野風生　副島杏南
廣内悠理　松ノ下直輝　三輪真也　八木眸　山田諭志　鈴木雄大　高原未来子　小山怜那
千葉潤子　町田加奈子

Online Store & Rights Company
庄司知世　杉田彰子　阿知波淳平　大﨑双葉　近江花渚　滝口景太郎　田山礼真　徳間凜太郎
古川菜津子　藤井多穂子　厚見アレックス太郎　金野美穂　陳玟萱　松浦麻恵

Product Management Company
大山聡子　大竹朝子　藤田浩芳　三谷祐一　千葉正幸　中島俊平　伊東佑真　榎本明日香
大田原恵美　小石亜季　舘瑞恵　西川なつか　野﨑竜海　野中保奈美　野村美空　橋本莉奈
林秀樹　原典宏　牧野類　村尾純司　元木優子　安永姫菜　浅野目七重　神日登美　小林亜由美
波塚みなみ　林佳菜

Digital Solution & Production Company
大星多聞　小野航平　馮東平　森谷真一　宇賀神実　津野主揮　林秀規　斎藤悠人　福田章平

Headquarters
川島理　小関勝則　田中亜紀　山中麻吏　井上竜之介　奥田千晶　小田木もも　佐藤淳基
福永友紀　俵敬子　池田望　石橋佐知子　伊藤香　伊藤由美　鈴木洋子　藤井かおり　丸山香織

Proofreader　株式会社鷗来堂
Printing　シナノ印刷株式会社

・定価はカバーに表示してあります。本書の無断転載・複写は、著作権法上での例外を除き禁じられています。
　インターネット、モバイル等の電子メディアにおける無断転載ならびに第三者によるスキャンやデジタル化もこれに準じます。
・乱丁・落丁本はお取り替えいたしますので、小社「不良品交換係」まで着払いにてお送りください。
・本書へのご意見ご感想は下記からご送信いただけます。
http://www.d21.co.jp/inquiry/

ISBN978-4-7993-3046-3
SEKAI 3MANNIN NO HIGH PERFORMER BUNSEKI DE WAKATTA SEIKOUSHITSUDUKERUHITONO
6TSUNO SHUUKAN by Brendon Burchard
© Discover 21, Inc., 2024, Printed in Japan.